U0694015

英汉对比研究丛书

Contrastive Studies of Rhythmic Types
in English and Mandarin

英汉语节奏类型
对比研究

许希明————— 著

外语教学与研究出版社
FOREIGN LANGUAGE TEACHING AND RESEARCH PRESS
北京 BEIJING

图书在版编目（CIP）数据

英汉语节奏类型对比研究 ／ 许希明著. —— 北京：外语教学与研究出版社，2018.1
（2024.1 重印）
（英汉对比研究丛书）
ISBN 978−7−5135−9832−3

Ⅰ. ①英… Ⅱ. ①许… Ⅲ. ①语音－对比研究－英语、汉语 Ⅳ. ①H311②H116.4

中国版本图书馆 CIP 数据核字 (2018) 第 022222 号

出 版 人　王　芳
项目负责　李海萍
责任编辑　毕　争
责任校对　陈　阳
封面设计　郭　莹
出版发行　外语教学与研究出版社
社　　址　北京市西三环北路 19 号（100089）
网　　址　https://www.fltrp.com
印　　刷　北京九州迅驰传媒文化有限公司
开　　本　650×980　1/16
印　　张　20
字　　数　320 千字
版　　次　2018 年 3 月第 1 版 2024 年 1 月第 6 次印刷
书　　号　ISBN 978-7-5135-9832-3
定　　价　74.90 元

如有图书采购需求，图书内容或印刷装订等问题，侵权、盗版书籍等线索，请拨打以下电话或关注官方服务号：
客服电话：400 898 7008
官方服务号：微信搜索并关注公众号"外研社官方服务号"
外研社购书网址：https://fltrp.tmall.com

物料号：298320001

目 录

序

　　概语言学是口耳之学，希明同志和我都有感于，中国人学说英语，英语腔不足，欧美人学说汉语，汉语腔不像，于是想做点儿理论上的探讨，对这种缺陷，也许有所补益。节奏这个东西，要研究它，可以作声学的测量，获得实在的数据，但最终，还是要依人的感觉为准，物理的节奏要在人的生理心理上，产生共振的律动才有意义，可以说，没有节奏感就没有节奏。希明同志是一名经验丰富的英语教师，对英语的节奏有节奏感。我没有专门教过英语，但大学的专业是英语播音，所以也有英语的节奏感。至于汉语的节奏感，应该是中国人都有的，但是最熟悉的东西，往往最容易被忽视，加上很多人说话写文章，都带翻译腔。要体会中国话本来的腔调，多读唐诗宋词、骈文韵文是一个办法。总之，作节奏韵律的研究，不能从先入为主的理论出发，切身的感觉体验很重要。这个话对作其他的语言研究的也适用，对节奏韵律研究就更重要了。

　　语言学是比较之学，要通过比较来研究语言，这是吕叔湘先生生前大力提倡的。2009 年，美国著名的语言学家理查德·拉森——"生成语法"有以他的名字命名的"拉森壳假说"（Larson's Shell Hypothesis）——应邀到北京大学演讲时，对我们中国的同行说，"只从汉语看汉语是看不清汉语的"（We cannot figure out Chinese using only Chinese）。他说得对，说得好，是个警句。我要是当时在场，想接着说"只从英语看英语是看不清英语的"。西方学者提出的语言理论，我们一定要好好学习和借鉴，但也得看到，那些理论还多多少少带有"印欧语中心"色彩。他们的视野确实比我们开阔，我们不如，但是中国语言学者对英语的了解，还是超过欧美语言学者对汉语的了解。英语和汉语的比较研究，已经有了很多的成果，但是语音韵律方面还有待加强。

　　比较不同于比附，比较是科学的方法，比附不是。西学东渐，中国人大力研究汉语的语法，开始的时候（现在还没有根本改变），就是比附英语的语法范畴，结果是"圆凿方枘，扞格难通"，以至于吕叔湘先生和朱德熙先生晚年都呼吁，要"大破特破""彻底摆脱印欧语的眼光"。对汉语节奏韵律的研究，也免不了比附，比如拿汉语的双音节比附英语的音步（foot），拿汉语的双字组比附英语的韵律词（prosodic word）。比附法以找"同"为主：你有我也有，你有这个我也有这个。比较法以找"异"为主：你有那个我不见得有，我有这个。你英语有词重音，我汉语基本没有，但是有字的声调，这个你没有。中国人学说英语，要有英语腔，关键是轻重音的交替，外国人学说汉语，要有汉语腔，关键是声调和连读变调。这个差别其实是人人都能感受到的，可研究者却反而视而不见。这本书不仅重视这种感受，还不满足于表面的感受，从音系学理论上深入阐释，难能可贵。研究的初始阶段，比附也许是可行的、需要的，研究要深入，就要转向比较法。习惯于比附的人替自己辩解，说语言研究最终要找到人类语言的共性或共核，还给比附挂上一个好听的名称，叫"彰显语言的共性"。但是共性和个性是一个铜板的两面，没有语言的个性，哪来语言的共性，不把语言的个性搞清楚，怎么谈得上找出语言的共性呢？在节奏韵律的研究上，希明同志和我都强调比较法的重要，我们是志同道合。

希明同志谦虚，说他对汉语节奏特点的理性认识，得益于我的观点，其实我的那点儿认识，也是从赵元任先生那篇经典文章"汉语词概念的节奏与结构"（Rhythm and Structure in Chinese Word Conceptions）得来的，我们都是得益于赵先生的观察和洞见。经典要反复阅读，认识才会不断加深，经典也不妨有多种译本。希明同志早就出版过专著《英语重音动态研究》，他阅读了大量国外的文献，进行了详细的梳理，对英语节奏的理性认识比我深，我从他那儿学到许多东西。

最近重读赵元任那篇文章，我想把汉语的节奏特点，归纳为以下四点：1）单音调（单音节就是节奏单位，因为每个音节都带声调，长度响度大致相同）；2）伸缩性（因为单音调，所以音节组合自由，形成音节数目不等的、方便好用的节奏模块）；3）凑双四（因为单音调，所以形成强势的双音节和四音节，对伸缩性施加限制）；4）带内容（因为每个音节都带意义，节奏变化不是纯风格变化，是带语法意义的风格变化）。我愿意把我的心得跟希明同志继续交流，共同推进英汉的节律比较研究。

沈家煊

2017.5.26

前言

语言研究三要素：语音、词汇和语法。几十年来，我国在英汉语词汇和语法研究上几乎穷尽各个层面，取得了累累硕果。但语音研究，尤其是节奏研究，一直受到冷落，因而产出成果无论在数量上和质量上都相当薄弱。语言三要素的研究显然已经处于严重失衡状态，原因可以归纳为：1）语音研究概念抽象，错综复杂，人称隐学，致使科研难做，成果难产，使不少学者望而却步，知难而退。2）国内语音研究起步较晚。由于历史上的种种原因，学术界无法适时了解西方的文献资料，故而缺失整体把握、准确判断学术信息的基础。3）在国内迄今为数不多的语音研究中，有的成果借鉴西方的理论，联系汉语实际，得出令人信服的结论；有的成果机械套用，缺乏解释力，常常引起争议，反倒增加了日后研究的难度。

我的专业是英语。在武汉大学求学期间，能够聆听美籍华裔教授许海兰先生的讲座与英语录音，在河南大学研读研究生课程时又有华籍美裔教授吴雪莉先生的授课，实乃三生有幸。两位学者地道的英语口语，抑扬顿挫的优美节奏深深印记在我的脑海里。我深知，把握重音是讲好英语的基础，重轻交替是英语节奏的理想效果。多年的教书生涯使我认识到，中国学习者讲英语带有较为明显的汉腔汉调，主要原因就是重音把握不准，缺乏强弱交替的节奏模式，症结就是汉语声调模式产生的负迁移作用。

感性知识的不断积累，促使我研读文献，进行理论上的思考。20 世纪 90 年代，我在外语类核心期刊上发表两篇语音方面的文章（署名"许曦明"），算是为后来的研究打下了一点儿必要的基础。2008 年出版专著《英语重音动态研究》（上海交通大学出版社），在社会上引起较大反响，2009 年获得浙江省第十五届哲学社会科学优秀成果奖二等奖，2013 年荣获教育部第六届高等学校科学研究优秀成果奖二等奖。国内学者也对《英语重音动态研究》给予高度评价 1。譬如周流溪教授评价说，作者"提出从动态角度把握英语重音规律是讲好英语之关键的观点，是对英语教学的重要贡献。在国内学者论述英语语音问题的著作中，重点如此突出而又探讨如此深入的，实以该书为最"；论述"内容丰富，立论精当，令人耳目一新，是值得充分肯定和大力推介的"。徐盛桓教授认为，"动态"是全书研究的主线，通过"动态"所引发的重音的变化，"说明了英语的音节、语调、节奏、语音流变等重要的语音现象同重音的关系，而不是作孤立静态的叙述，使英语这些重要的语音现象得到辩证的说明，使语音规律的总结获得一个一以贯之的机制。这是英语语音研究具有方法论意义的开拓，因此有较大的理论价值。综观全书，有独创性，有一定的理论深度，显示作者有较高的学术水平"。马秋武教授评价该书"提出了许多富有创见性的观点和看法，其主要贡献体现在：国内对英语重音的研究尚处在起始阶段，这本专著正好为改变这一现状作出了积极的贡献；作者试图揭示重音与其他音系现象之间的关系，这使得该研究具有更高的学术价值；作者把语音教学与音系理论相结合，使其对语音教学问题的研究更有深度、更具说服力；作者关于汉腔英语问题的研究，无疑对英语教学有着重要的指导意义"。王宝童教授在该书序言中说，作者"细心研读了国内外大量有代表性的学术著作，得其精妙，下笔著文，像国医师配方那样自如地信手拈来，旁征博引，得出自己的结论，发出独特的声音，使人不能不服"，称赞该书是"解决国人学习英语困惑的锦囊妙计"。我愿借此机会，衷心感谢四位专家对前期成果《英语重音动态研究》的评价，正是他们的鼓励给了我继续相关研究的底气和勇气。

2011 年，"英汉语节奏类型对比研究"有幸获得国家社科基金项目立项，这既是一种动力，更是一种鞭策。六年多来，在不断充实英语节奏研究内容的基础上，我的大部分时间和精力用在研读汉语相关著述以及国内外最新的音系类型学文献上。经过不懈努力，终于完成国家社科基金项目"英汉语节奏类型对比研究"，评审结果较为圆满。多位匿名评审专家给予较高评价，在此摘录一位专家的评审意见：1）主要创新点在于研究视角和研究方法。选题以英

---

1 2009 年，应宁波大学校方邀请，北京师范大学博士生导师周流溪教授、河南大学博士生导师徐盛桓教授、上海同济大学博士生导师马秋武教授分别为拙著《英语重音动态研究》写出评价意见书。仅在此摘录几句。

语和汉语节奏类型的对比为切入点，对英汉语言节奏类型的异同进行了详尽比较，为语言学界研究节奏类型的特点提供了一种新的观察视角和思路。研究方法基于定性与定量结合、描述与解释并用、静态与动态并举等多种分析模式，从而使研究结果更加全面。2）主要研究特色包括：成果旁征博引，参考了大量文献，展示了作者广泛的阅读量、详细的文献梳理以及扎实的理论基础；研究框架清晰，采用纵向与横向结合的研究思路，对比分析内容丰富；论证详细，例证充分，从微观到宏观层面进行英汉节奏类型的探讨，具有较强的概括性。3）主要建树体现在：通过英汉语节奏类型的多维度对比，发现英语和汉语节奏变化的理据，即英语节奏是重音观照下的动态系统，而汉语节奏主要体现在声调的变化上；发现英语的重音和汉语的声调虽然同属超音段音位，却隐含着不同的节奏类型；发现英语和汉语不同的节奏属性：英语音步由重音驱动，汉语音步由声调决定。研究成果有助于全面了解英汉语言节奏方面的各自特点，无论对帮助中国人克服汉腔英语，还是帮助外国人避免洋腔汉语都具有很强的指导意义和应用价值，无论对中国英语教学还是对外汉语教学都具有很强的借鉴作用。在此，谨向诸位匿名评审专家表达由衷的感谢。

　　语音研究是一个错综复杂的问题，它与词义、语法和语用功能相互交织，密不可分。本书主要探讨英语重音和汉语声调在节奏属性、音节结构、诗歌韵律、重音名实、构词理据、音步类型、语调表现以及语音实现等方面的异同点。众所周知，学术界已就英语的重音节奏类型达成共识，汉语也在声调研究上取得了丰硕成果，但在如何看待汉语重音、音步类型和节奏属性上仍然见智见仁，至今尚无定论。本研究的切入点是音系类型观，不同于音系共性观的视角，出现不同看法似乎在所难免。拙作有些看法尚不成熟，论证难免挂一漏万，甚至出现错讹之处，权作引玉之砖。无论如何，但愿拙作能为相关研究提供一些参考，深化学界对英语重音和汉语声调的认识，进而丰富语音学与音系学研究的内涵，并为构建汉语的韵律理论框架略尽绵薄之力。

许希明
2017.5.10

第一章 绪论

顾名思义，在题为《英汉语节奏类型对比研究》的书名中，最为重要的关键词是"节奏"（rhythm）。节奏是一个抽象概念，不易为人们所理解，但与重音（stress）、声调（tone）、语调（intonation）等超音段音位（suprasegmental phoneme）或超音段特征（suprasegmental feature）密不可分。虽然"节奏自身并不承载多少语言信息，而是用信号帮助讲话者传递语言，但没有节奏组织就难以传递语言信息"（Allen，1975），节奏的重要性由此可见一斑。重音与声调也是抽象概念，前者之于英语，后者之于汉语，乃是母语者耳熟能详的术语。翻阅英汉词典，重音和声调的标记符号常常映入我们的眼帘，二者附在音节上，与音节不离不弃，相依相伴。而且，载重音节（stress-bearing syllable）和载调音节（tone-bearing syllable）又分别伴有词义和字义，其间具有密不可分的互动关系，促使我们去思考，去分析，去探索。在这种意义上，对比英汉语的节奏类型就是考察重音和声调的音系属性。

1.1 节奏的概念

节奏就是事物在发展过程中周而复始、交替出现的有规律运动：静与动、轻与重、强与弱、长与短、高与低、升与降、呼与吸、进与退、立与行、沉与浮、显与隐、明与暗、寒与暑、冷与热、风与雨、合与分、生与死……循环交替，周而复始，永不停息。

1.1.1 自然节奏的感知

节奏是一种自然现象，世间到处充斥着万事万物的运动，小如原子，大如星系，从诞生到消亡，无不遵循一定的节奏规律。宇宙既是承载节奏的巨大物体，又是表征节奏的多彩物象（physical image）。从四季的更迭，昼夜的交替，潮水的涨落，到钟表的摆动，音乐的旋律，再到人的行走跳跃，心跳呼吸，自

然界的节奏无处不在。郭沫若先生曾用下面一段话阐述自然界的节奏万象:

> 宇宙间的事物没有一样是没有节奏的:譬如寒往则暑来,暑往则寒来,寒暑相推,四时代序,这便是时令上的节奏。又譬如高而为山陵,低而为溪谷,陵谷相间,岭脉蜿蜒,这便是地壳上的节奏。宇宙内的东西,没有一样是死的,就因为都有一种节奏(可以说就是生命)在里面流贯着。(郭沫若,1926/1995)

世间生命无不受到自然节律的制约,人类生于斯而长于斯,长于斯而感于斯,无疑会在潜移默化中受到自然节奏的影响和制约,促使人体与自然界产生同步效应,人们称之为"生物钟效应"。说到自然界与人类身心之间的节奏关系,朱光潜先生认为二者是相互应和的:

> 艺术返照自然,节奏是一切艺术的灵魂⋯⋯在生灵方面,节奏是一种自然需要。人体中各种器官的机能如呼吸、循环等等都是一起一伏地川流不息,自成节奏。这种生理的节奏又引起心理的节奏,就是精力的盈亏与注意力的张弛,吸气时营养骤增,脉搏跳动时筋肉紧张,精力与注意力亦随之提起;呼气时营养暂息,脉搏停伏时筋肉弛懈,精力与注意力亦随之下降。我们知觉外物时需要精力与注意力的饱满凝聚,所以常不知不觉地希求自然界的节奏和内心的节奏相应和。有时自然界本无节奏的现象也可以借内心的节奏而生节奏。(朱光潜,2004:93-94)

"自然界的节奏和内心的节奏相应和"的观念也可以从西方学者那里得以印证。譬如 Laver(1994:524)论证说,节奏感知似乎是我们体验时域中几乎无处不在的事物成分,人们好像特别擅长听辨音乐中的节奏节拍,对音乐的规律性特别敏感。如果某个音乐节拍跑了调,人们马上会意识到。节奏感知不仅是分析性的,可预见的,而且也是建设性的。就时域中契合的感官材料而言,人类的认知体系似乎难以抗拒节奏建构的诱惑力。例如,闹钟有规律的嘀嗒声常常从感知上分成两个(或更多)的滴答序列,在任意往复的节奏排列中,一个滴答声听起来支配着另一个滴答声,同样的例子是步履循环可以感知到的节奏⋯⋯在持续的计时中,刺激感知系统的因素是有规律的,而节奏排列则是由认知系统叠加的（superimposed）。

事实上，节奏有和谐的声音，也有不和谐的声音，这种物理现象会形成人类身心感应的一个预期"模型"。请看朱光潜先生的描述：

> 听音乐时，比如京戏或鼓书，如果演奏者艺术完美，我们便觉得每字音的长短、高低、疾徐都恰到好处，不能多一分也不能少一分。如果某句落去一板或者某板出于情理地高一点或低一点，我们的全身筋肉就猛然感到一种不愉快的震撼。通常我们听音乐或歌曲时用手脚去"打板"，其实全身筋肉都在"打板"。在"打板"时全身筋肉与心的注意力已形成一个"模型"，已潜伏一种预期，已准备好一种适应方式。听见的音调与筋肉所打的板眼相合，与注意力的松紧调剂，与所准备的适应方式没有差讹，我们便觉得"谐"，否则便觉得"拗"。（朱光潜，2004：96）

凭借对音乐和戏剧常识的把握，人们的身心模型必然会产生相应的预期，与预期值合拍的就是"谐"，使人产生融合快感；与预期值相悖的就是"拗"，使人产生厌倦心理。当然，音乐节奏与语言节奏存在的形态和规律既有相似点，也有相异点。音乐节奏更严格更整齐，而语言节奏更复杂、更灵活。但就具体的语言来说，所谓"谐"和"拗"也有不同。对英语而言，"谐"的节奏支点体现在重音指派（stress assignment）与分布上；对汉语而言，"谐"的节奏支点体现在声调指派（tone assignment）与变调（tone sandhi）上。如果指派不当，就会产生"拗"。

1.1.2 语言节奏的定义

节奏，又称节律，它存在于世界上各种各样的语言中。我们已经看到许多关于语言节奏的定义，有的描写较为简单，有的较为复杂；有的针对性较强，有的较为全面。摘录若干定义如下：

> ① 节奏 话语中重读音节和非重读音节的模式。语言使用重音的方式，对语言的节奏有很大影响。（例略）节奏在韵文结构中起重要作用。（《语言与语言学词典》，R. R. K. 哈特曼，F. C. 斯托克著，黄长著、林书武等译，

上海辞书出版社，1981：300）

② 节奏 一般指语句中各音节的长短快慢。语句的节奏由句中各意群来组成，相当于音乐中的拍子。语言的每"拍"包括一到三个音节，以双音节为最普遍。拍子的长度常视整个语句的速度以及意群的主次而变，不像音乐拍子那样严格。（《中国大百科全书·语言文字卷》，中国大百科全书出版社，1988：494）

③ 节奏 一般是指在一定时间内交替出现的现象。音乐里讲的节奏，是指音的长短关系和强弱关系有规律性的组合，语言的"节奏"是语言的异同轻重缓急、高低变化、停顿间歇在一定时间内互相配合交替出现关系的组合。它是由音色、音量、音高、音长四个要素构成的，其中任何一个要素在一定时间内有规律地交替出现，都会造成节奏。（《汉语语法修辞词典》，张涤华、胡裕树等主编，安徽教育出版社，1988：222-223）

④ 节奏 又称"节律"。语言的节奏由作为语音基本要素的音长、音强、音高等在语言运用中所形成的长短、高低、强弱、轻重的规律性再现所构成。不同民族的语言节奏的构成各有其特点。印欧语以重音或音长为节奏构成的基本要素，如英、俄诗歌节奏用的是轻重律，而希腊诗和拉丁诗的节奏用的是长短律；汉语以声调和语调为节奏构成的基本要素。在传统的汉语声律中，节奏表现在作为声调体现的平仄的交替变化格式上；而"平平仄仄，仄仄平平"是其基本形式。由于本句抑扬相间，上下句抑扬相反，曲尽顿挫之妙，形成鲜明节奏。诗文律句的节奏都是这种形式的适当变化。（《语言学百科词典》，上海辞书出版社，1993：99）

⑤ 节奏 在言语或诗歌中由凸显的要素有规则地间断出现所产生的知觉模式。这些要素可能是重音（如英语）、音节（如西班牙语）、重型音节（如古希腊语）或莫拉（如日语）。（《语音学和音系学词典》，R. L. 特拉斯克编，《语音学和音系学词典》编译组译，语文出版社，2000）

⑥ 节奏 按其一般涵义用于音系学，指言语中可感知的单位突显的规律性；这种规律性可用重读对非重读音节、音节长度（长对短）或音系（高对低）等型式或这些变项的组合型式来说明。（《现代语言学词典》，戴维·克里斯特尔，沈家煊译，商务印书馆，2004：310）

定义①似乎更偏重重音语言，忽略了声调语言的特点。其他几个定义则出现了几个关键词：时间、模式、反复。王雪松（2011：17-18）解释说，只有一定的时间段落，才可能承载节奏单位，容纳模式内容，呈现反复规律；而模式实现特定的节奏单位类型；无反复就构不成规律。定义还注意到，这种反复的方式，时间的间隔都不作严格量化的规定，只求大致有规律即可，就是说这是一种心理感知，而非客观事实。从声音出发，这是以上论述的共识，差异和焦点在于声音模式的内容和形式。语言不同，导致语言模式的不同。暂时撇开模式的内容，就形式而言，大部分论述都强调对立，譬如高低长短轻重疾徐抑扬曲直等等。其实对立是最普遍的方式，但过于简单，一是某些节奏要素之间并非是鲜明的对立关系，二是节奏要素并不总是以两两相对的方式出现，而是彼此组合在一起构成更复杂的类型。正如罗常培、王均（1981/2002：164）所言，"语言的节律就是音和音的相对关系和组合关系"。节奏模式的多元化破除了单一反复带来的单调，变化原本就是节奏的应有之义。

除了上述词典的节奏定义外，学术界也有不少独到见解。譬如吴洁敏、朱宏达（2001：29-30）认为，"节奏是语音的对立因素成周期性组合的结果。节奏存在于语音链不同的层次中，又表现在各个方面。它存在于整个言语活动中，它使静态的语言变成了动态的语言"。再如，王洪君（2008：124）把"语音的节奏"定义为"音流中倾向于等距离重现的、有区别性的超音段要素的交替"。概言之，人类语言虽有相似和类似的节奏模式，但其间也呈现出错综复杂的节奏类型差异。

1.2 语言节奏研究综述

迄今为止，学术界讨论最多的就是重音定时（stress-timed）节奏型和音节定时（syllable-timed）节奏型[1]，通常称之为二分法（dichotomy）。虽然存在一些争议，但已经形成基本共识。围绕二分法还衍生出重音支点（stress-based）和音节支点（syllable-based）的节奏术语，这可以看作二分法的延伸研究，而不是另起炉灶的又一类型，毕竟二者虽有差别，但概念上密不可分。

---

1 -timed 有多种汉译，除"- 定时"外，还有"- 计时"和"- 节拍"等译法。

1.2.1 重音定时型与音节定时型

Pike（1945）率先使用术语"重音定时语言"和"音节定时语言"来指称不同的语言节奏，认为前者指重音间隔的音长（duration）或多或少是不变的，因而不受音节数目的约束；相反，在音节定时语言里，音节时长或多或少也是始终如一的。他把英语作为重音定时语言的典型，把西班牙语作为音节定时语言的典型。Abercrombie（1967：97）的分类似乎更加绝对，认为世界上的语言要么属于音节定时节奏，要么属于重音定时节奏，前者的周期性循环由音节生成过程所支撑，音节复现为等时长（isochrony），法语、泰卢固语（Telugu）和约鲁巴语（Yoruba）可划归音节定时型语言；重音定时节奏的周期性循环由重音生成过程所支撑，即重音复现为等时长，英语、俄语和阿拉伯语可划归重音定时型语言。其实早在 18 世纪，语音学家 Joshua Steel 就指出，英语重音出现在固定的时长间隔中。20 世纪 30 年代末，Classe（1939）试图通过实验证明英语重音之间有规律的时长间隔，他虽然没有提出等时长的概念，但为相关的节奏定义提供了理论基础。不过他的结论是，等时长仅仅出现在特定的场景中。Lloyd James（1940）则用"机关枪节奏"（machine-gun rhythm，指音节定时语言）和"电报机节奏"（morse code rhythm，指重音定时语言）的形象表达来区分两类不同的节奏模式。

二分法的概念一经提出就有一定的不确定性，原因是难以获取客观的数据以证明它的可靠性，因此受到不少学者的挑战。譬如，Roach（1982）质疑说，任何语言都不是纯粹的音节定时或者重音定时，所有语言都会显示出或多或少的两类计时特征。Dauer（1983）的实验数据显示，重音计时类语言（如英语），其音长测量并不比音节计时类语言（如西班牙语）更有规律性，因此英语和西班牙语之间的节奏感知差异与重音间隔之间的时长毫无关系。不同语言的音系特征造成了节奏的多样性，它们不能构成二分法，取而代之的应该是连续体。节奏划分与连续体结伴而行，语言含有音节定时的音系属性越多，就越接近连续体的音节定时端；相反，语言含有重音定时的音系属性越多，就越接近连续体的重音定时端。Miller（1984）据此将语言节奏简称为音节定时和重音定时的"连续体"（continuum of syllable/stress-timing），意指任何语言都有音节定时和重音定时成分，不过在不同的语言中，两种成分的多寡是不一样的。有些语言的音节定时成分更为突出，而有些语言的重音定时成分更为突出。Laver（1994：523）指出，没有绝对的实验数据显示二分法的规律性。最好的说法是，证据有时显示出有规律的节奏定时特征，通常解释为对话语成分不同结构同一性的偏离。针对将法语定义为音节定时的观点，他评论说，除非法国人置这种结构变异于不顾，设法采用完全成功的时长补偿策略来保持音节时长的相对不变性，那么，在音节类型含有不同结构和音值的语言词库中，频率会使法语节奏完全脱离音节定时的模式而使之扭曲（Laver，1994：528）。

许多例证显示，绝对地把某种语言定义为重音定时或音节定时无疑失之偏颇。对此，Halliday（2000：293）认为，在广义上，二分法基本上是合理的，但在狭义上，"虽然某些语言适合此类或彼类，但有些语言则更像是两类的结合体"。很显然，他的看法比较接近"连续体"的观点。然而，Nespor（1990）的音系观表明，在重音定时和音节定时之间，节奏既不是二分法，也不是连续体，因为语言节奏处于二者之间，如重音定时的波兰语，具有高音节的复杂性，没有元音弱化；还有音节定时的加泰隆语（Catalan）、具有低音节的复杂性，带有元音弱化。Grabe & Low（2002）通过测量元音时长、元音之间的时长间隔，计算出元音和间隔元音的原始成对变异指数（rPVI）。而且通过成对的平均音长，将测量的每对之间的绝对差值进行了分离，并据此测算出元音时长的正常成对变异指数。他们根据坐标图解结果和相关研究，将18种语言划分为五种类型：1）重音定时型（英国英语、德语、荷兰语、泰语）；2）音节定时型（泰米尔语、西班牙语、法语、新加坡英语）；3）莫拉定时（Mora-timed）型（日语）；4）混合（Mixed）型（波兰语、加泰隆语）；5）未定（Unclassified）型（爱沙尼亚语、希腊语、卢森堡语、马来语、汉语普通话、罗马尼亚语、威尔士语）。总体上看，Grabe & Low 的五种划分之间仍有相当大的重叠交叉，同样可以指向节奏的连续体。

Kohler（2009）以 Classe（1939）的学术思想为基础，对二分法之争进行了反思，认为节奏结构不是一种孤立现象，它与话语的语法组织和语用组织具有互动作用。Classe（1939）的看法是，"……在正常的口语中，意义是主要的东西，其他方面的考虑都不能超越意义。另外，我们一般的口语习惯倾向于极度轻视差异，但又没有完全抹去差异"。Lehiste（1973）曾对含有四种节律音步的英语句子进行录音，音步有单音节类和双音节类，如 Jack likes black dogs.

（单音节类）、Never visit busy cities.（双音节的短－长类）、Jack has told me all about it.（双音节的长－短类）以及 Always comfort needy orphans.（双音节的长－长类）。在四种节律音步中，句尾音步的平均音长都明显长于其他三个音步，这说明句尾可以延长。在任何一种类型中，第二和第三音步均有十分相似的音长。两种结果证实了 Classe 可比条件下的等时长假说。两种句中音步表明，从单音节到双音节的增加时长，音步内有短－长分布，也有长－短分布。这样，音步时长的调整就满足了音节的制约条件。

Kohler（2009）据此认为，就 Classe 的制约条件，即节奏结构与语法、语义和语用之间的互动关系而言，不能证明英语深层节奏的等时长是错误的。假如某些制约条件得以完成，即组合中的语音结构和音节数相等，组合的语法结构相等，组合之间的连接也相等，那么这种等时音步的强势就会出现在表层结构。因此 Kohler（2009）质疑说，Dauer（1983）的分析缺失 Classe 的制约条件，是一件不幸的事，这等于将节奏研究的问题重新拉回语言学表征的原点。在 Kohler 看来，要推进口语和语言的节奏研究，有必要转向由 Classe 首创，Lehiste 跟进的研究路线，并将其延伸至远比音段时长、音节或音步更多的变项。变项就是基频（音高）、音长、音量、音质这些潜在的节奏参数，而语言节奏的本质就是促使这些变项的循环往复与句法和语义组织产生互动。

1.2.2 重音支点与音节支点

O'Connor（1973：197）指出，"英语以及其他许多重音语言的节奏以重音为支点"[1]，即以重音为基础，简称"重音支点节奏"（stress-based rhythm）。

---

[1] 文献表明，所谓 basis 或 -based 在英语中并不是一个新词，只是迄今为止，汉语通常译为"以……为基础"或"基于……"。将 stress-based rhythm 译为"以重音为基础的节奏"或"基于重音的节奏"，将 syllable-based rhythm 译为"以音节为基础的节奏"或"基于音节的节奏"，这样处理没有问题，但不够简练，多少会影响汉语行文的表达，故此我们分别将二者译为"重音支点节奏"和"音节支点节奏"，同时也为下文的"声调支点节奏"（tone-based rhythm）作好铺垫。所谓"支点"，《现代汉语词典》（2012 年版）给出两种释义：①"杠杆上起支撑作用，绕着转动的固定点"。②"指事物的中心或关键"。英语 -based rhythm 指的就是以 ×× 为支撑而构建的"节奏"模式，因此"-支点节奏"应该是恰当的汉译。

Allen（1975）正式使用与此对应的术语"音节支点节奏"（syllable-based rhythm），理由是，许多语言虽然缺失英语那样的重音重征（stress accent）[1]，但所有的语言都有重读/重征（accent）。Allen 分析说，英语轻读音节在音质和音量上都会"弱化"，其节奏模式就是重读音节与插入的所有轻读音节，即某种聚集弱拍的交替。因此，重音节奏就是交替性节奏（rhythm of alternation）。当非重读音节保留原有语音（如法语和日语）时，其节奏模式如同音节捆绑重读，融为一体。因而，音节节奏就是连续性节奏（rhythm of succession），意指连续出现的非弱化音节。Allen 自己认为，其解释完全对应于 Pike（1945）的"重音定时"和"音节定时"观。从讨论的内容看，这里所称的重音节奏就是重音支点节奏，音节节奏就是音节支点节奏。

根据 Dauer（1983）的分析，英语和西班牙语都有词汇重音，传统上分别被视为重音定时节奏和音节定时节奏的语言。她认同并且主张用术语"重音支点"来指称所有语言的节奏，认为没有必要再用对应的术语"音节支点"，理由是任何语言都有重音成分，而英语是真正意义上的重音支点节奏，其他语言的重音成分有多有少，由此形成重音支点的连续体现象。Laver（1994：529）的观点稍有不同，他建议用较为普通的术语"重音支点"和"音节支点"来取代术语"重音定时"和"音节定时"。在他看来，重音节奏应当结合音节突显进行考察，而重音支点节奏应当视为"突显支点节奏"（prominence-based rhythm）。为此，他提出三种考察方法：1）通过操控重音等级区分音节突显；2）通过音节值（syllable weight）区分音节突显，在部分意义上，音节值就是基于音节音段组构成分的音系概念；3）在音节值的一般制约内，通过音节单个音段的响度特征来区分音节突显（Laver，1994：512）。Bertinetto（1988）则认为，支点观与二分法一脉相承，既然有纯音节格律（pure syllabic meters），就有音节支点节奏，"即使没有得到他人的支持，二分法（重音定时与音节定时）的基本理据可能有赖于诗律两个主要体系的对立，即以'重音计数'

---

1 stress 和 accent 虽然都可以译为"重音"，但二者的所指和内涵有差异。迄今为止，stress accent 通常译为"力重音"或"音强重音"（王洪君，2008：222）。我们将其译为"重音重读"，与上述译法并不矛盾，目的在于区分"重音"与"重读/重征"的层级差异，从而形成与"声调重读"（tone accent）的对比视角（详见第 4 章）。

（stress-counting）和'音节计数'（syllable-counting）为基础的对立"。

需要说明的是，尽管西方有学者提出重音支点和音节支点的观点，但最终并没有取代二分法。谈到语言节奏时，语言学家们使用最多的术语还是重音定时和音节定时，他们据此或深入研究，或批评质疑。但不可否认，重音支点和音节支点的视角更加注重事实，也更具解释力和说服力。这里提及重音支点和音节支点的相关研究，目的在于扩展学术探索的视野，为厘清英汉语的节奏类型差异增添一个观察窗口和路径。

事实上，音节定时或音节支点是人类口语发展的初始阶段。Allen & Hawkins（1978）和 Adam（1979：86）的研究发现，儿童的早期话语都有较浓的音节定时节奏音，随着功能词和多音节词中轻读音节的发展，儿童开始掌握成年人的节奏类型，原因是他们的生理机制还不够完善，口语表达还不够流畅。音节定时节奏的语言背景是这样，重音定时节奏的语言背景也不例外。Adams 的论述很有启发性：

> 有迹象表明，音节定时节奏是所有语言学习者早期言语的典型特征（characteristic feature），而重音定时节奏似乎是儿童语言发展稍晚时期出现的一种附加特征（extra feature）……（Adams，1979：86）

所谓"附加特征"是，儿童只有在掌握音节定时节奏的基础上，才能逐渐驾驭重音定时节奏的特征。如果认可 Adams 的观点，那么我们就可以假设，在世界上所有的语言社团中，初识音节定时是儿童语言发展的必经之路。在此基础上，不同语言社团的儿童再遵循各自母语的节奏类型深入发展。譬如，英语母语者会趋向重读音节与轻读音节交替的节奏发展模式，而汉语母语者会趋向音节指派声调的节奏发展模式。

许多学者试图用二分法来界定汉语的音节类型。虽有极少学者将汉语定义为重音定时型，但绝大多数学者（如桂灿昆，1985；王桂珍，1990；Roach，2003：37；Lin & Wang，2007；沈家煊、柯航，2014 等）视其为音节定时型，这已经成为学术界的基本共识。桂灿昆先生的论述最具代表性：

> 英语计算拍节的时间以重音为主，汉语则以音节数目为主。所以英语在这方面的特点是"重音计时"，而汉语在这方面跟法语或西班牙语颇相近，

可以说是"音节计时"……在汉语口语中，除了一些轻声语助词念得轻快较含糊外，一般每个字都念得清清楚楚。当然音节也有轻重之分，但没有像英语那样明显，那样重要；而每个字所占的时间都大致相等。(桂灿昆，1985：308，310)

无论如何，二分法虽有争议，但基本上已经成为学术界的共识。不少学者认为，就英语、德语和其他重音定时语言的节奏而言，等时说仍然是令人信服的高度概括。譬如 Leech（2001：105）认为，如果没有二分法这一基本原则，就无法进行有意义的节奏分析。根据 Hogg & McCully（1987：223）的观点，二分法虽有争议，但这一分类还是有根有据地概括了英语的节奏特征。Halliday（2000：293）论证说，在自然言语中，突显音节出现有规律的间隔，这是英语的强烈趋势，英语母语者乐见自己的音步（即节奏单位）之间呈现大致相等的时长。

基于上述，我们总体上赞同学术界将汉语划归法语之列的音节定时类型，但仍有补充和完善之处。因为法语和英语均属重音语言系统，前者为固定重音型，后者为自由重音型，其间的主要差异是法语音节之间的时长大体相等，且词尾音节载有默认重音，而英语音节之间必须轻重交替，强弱搭配。汉语虽然划归法语之列的音节定时或音节支点型，但"与法语相比，汉语音节是更加完整、更加响亮的单位"（Sapir，2002：189），其间显然存在着载重音节与载调音节的音系类型差异。或者说，相似的音节定时型仅仅是汉语和法语之间的表象之一，二者之间的本质差异应当而且必然体现在声调和重音的音系属性上。如果仅仅停留在已有的定论上，那么很难客观全面地揭示汉语的节奏特征，因而很有必要深入探讨。不过，在总体认可汉语作为音节定时型的前提下，我们将声调界定为汉语的节奏类型，作为音节定时型的亚类或补充。

1.3 国内节奏研究概览

20 世纪 60 年代至 70 年代，生成音系学理论研究在西方国家蓬勃发展。由于我国当时特殊的原因，相关学术信息没有及时译介到国内。进入 80 年代后，徐烈炯、王嘉龄、刘润清等国内学者开始关注生成音系学理论，并将一些颇有影响的理论介绍给中国学者。三十多年来，国内的语音研究大多集中在两个方面，一是译介西方的语音学与音系学理论，二是借用西方的音系理论对汉语的某些领域开展针对性研究。一些学者借鉴西方相关的音系学理论，在汉语中的应用方面作出了积极贡献。譬如，王嘉龄先生的汉语轻声音系研究、王洪君教授的汉语非线性音系研究、马秋武教授的汉语音节与连读变调的音系研究等，均为国内音系学研究的代表作。在我国基础研究相对薄弱的情况下，这些适时输入与研究无疑是必要的，前者为我国的英汉音系研究与教学注入了新的内容和方法，后者填补了汉语研究某些领域的空白。总体上看，国内译介方面的研究成果居多，而针对性的研究成果很少。客观地说，国内从事语音研究的队伍势单力薄，很难形成规模，产出的成果相当薄弱。汉语音系学研究的主力为海外一批华裔学者（如包智明、张洪明、端木三、冯胜利、许德宝、侍建国、林燕慧、林华等），他们运用生成语法理论撰写出不少以汉语为研究对象的专著和论文，对汉语音系的分析和解释达到了相当的深度（马秋武，2006）。尽管如此，他们对汉语节奏的看法却大相径庭，分歧很大。

国内最早研究英语节奏的学者当属桂灿昆先生。早在 1978 年至 1983 年间，他就在《现代外语》上发表系列论文，主要论证了英语重音及其节奏理论问题。相关内容集中体现在其专著《美国英语应用语音学》（上海外语教育出版社，1985 年）中，他的研究成果对国内的英语重音研究起到了很大的推动作用。另一位介绍英语重音的学者是王洪君教授，其著作虽然名为《汉语非线性音系学》（1999/2008），但书中多处谈到了英语的重音问题，内容涉及非线性音系学的渊源、音节结构、节律特征、自主音段等。此外，她还比较了英汉重音之间的差异，并对汉语重音的本体特征进行了深入思考（王洪君，2001，2004）。包智明等学者的合著《生成音系学理论及其应用》（1997/2007），结合西方的重音理论讨论了汉语的节奏，深入浅出地介绍了节律音系学、词汇音系学、句法音系学等生成音系学等，帮助国内学者进一步了解相关的理论体系。何善芬（1999，2002）对英汉轻重音进行了比较，重点论述了英汉轻音在语法、语义、节律诸方面的异同点，此外还对英汉语的语调等进行了比较。许曦明（1997，2008）提出英语重音的动态理论，揭示重音与音节、节奏、音变、语调等语音现象之间的互动关系，重点分析重音观照下饱满元音与弱化元音相互转换的变化规律，并将其归纳为一个一以贯之的机制。冯胜利在其专著《汉语韵律句法学》（2000）中，从句法层面对重音的韵律特征进行了详细的解读。刘现强的专著《现代汉语节奏研究》（2007）设专节讨论了英语重音的历时变迁，并且考察了汉语的节奏分类问题。马秋武教授在译介音系学方面发表数十篇研究成果（详见国内外语类核心期刊），其中不少内容涉及汉语的声调与节奏问题。

实际上，汉语（普通话）的节奏研究始于 20 世纪 80 年代，而且首先在美国音系学界得到重视（王洪君，1999/2008：123）。几十年来，学术界尝试从现代语言学的角度探讨汉语的节奏问题，迄今已经发表一些研究成果。成果的价值在于改变了传统的观察视角，吸纳了西方语言学研究的方法，而且在一些基本和具体问题上有所突破。但有的学者将汉语节奏比附在英语重音的音系类型上，认为"节奏实际上就是重音，因此节奏论就是重音论"；汉语的"很多重音规律跟英语是一样的"，"音步一律有重音，而且一律是左重"，在词层和短语层都是如此。这一立论忽略了汉语作为声调语言系统的类型归属，过分强调英汉音系中的共性特征，淡化、回避甚或否定汉语声调的基本属性，缺乏一定的说服力和可信度，因而一直备受质疑。而且，这种观点混淆了英语作为重音语言系统、汉语作为声调语言系统的类型差异，也无法合理解释汉语母语者讲英语带有汉腔汉调、英语母语者讲汉语带有洋腔洋调的问题。

汉语韵律研究将近百年，刘莉李（2007）在肯定成绩的同时，尖锐地指出两点不足：其一，汉语学界虽有几种新说，但难以形成共识，因此韵律理论亟待创新；其二，"韵律现象的实证性研究多系'各自为政'的零件式离散研究，缺乏从韵律格局出发的俯瞰式研究，因而难以整合"。总之，"能统摄全局的韵律理论因有分歧并缺乏系统操作性而难以指导实证性研究的深入，而实证性研究又因缺乏可供操作的理论指导而各自为政，难以自然整合形成攻关之势进而逼近汉语韵律实质"。10 年已经过去，刘莉李教授洞察的问题至今仍未解决，但已经开始引起不少学者的关注，这是一个可喜现象，也是一个良好开端。

进入 21 世纪以来，学术界开始反思并注重汉语节奏的本体研究，虽然存在或多或少的分歧，但都在试图找出契合汉语本体的节奏类型或韵律系统。譬如陈源泉先生最早使用"音步"来讨论普通话节奏，但在其后来的著作（Chen，2000/2001）中却弃"音步"而改称"（普通话）最小节奏单位"，其原因"多半是不同意普通话的节奏是重轻交替，因而弃用'音步'这一术语"（王洪君，1999/2008：125）。Bao（2003）、包智明、曹垆文（2014）从类型学的角度，断然否定了汉语具有重音系统那种节律结构的观点，认为汉语的声调系统摇摆于声调和重读（accent）之间，所以变调域应该建立在重读分析，而不是重音韵律分析的基础上。张洪明（2014a）认为，汉语缺乏轻重、长短、高低、强弱等二元节律凸显特征，并指出汉语在"音步"与"韵律词"研究中存在诸多问题。许曦明（2008）揭示了英语"强者更强，弱者更弱"的节奏特征，同时考察了汉语声调"字正腔圆"的韵律诉求。

沈家煊、柯航（2014）摆脱"二字＋顿"的窠臼，将"单字＋顿"的交替往复假设为汉语节奏的基本音步（primary foot），不是"蜕化音步"，而是未充实或可充实的"虚松音步"；双音节是"衍生音步"，是经过充实的"紧实音步"或"强势音步"。许希明、沈家煊（2016）认为，英汉语重音的音系差异在于，英语属于重音重读（stress-accent）型，而汉语属于声调重读（tone-accent）型。重音和声调处在同一音层，作为各自音系的内部证据，均受位居较高音层重读的控制。重读充当话语组织的语用功能，可能与载重音节和载调音节相重叠，或用于词层突显。同时指出英语词重音的节律结构及其组合特征以及汉语词声调的音高特征及其聚合机制，并考察了重音指派给英语多音词，声调指派给汉语单音字的对应依据。沈家煊（2017a）进一步指出，英语的节奏模式是"单│音节"和"双│音节"，而汉语的节奏模式是"单音│节"和"双音│节"，前者"音节"指 syllable，后者"节"指节奏单位（rhythm unit）。这种区分具有音系类型学上的意义：英语双音节是基本音步和标准音步，单音节不能独立成步，两个相邻的等重音节也不能构成一个合法音步。与此相反，汉语单音节可以组成一个基本音步，并衍生出双音节和多音节音步。这种观点为解释汉语的音系类型提供了理据，也为澄清汉语的词重音之争、节奏类型之争乃至"字本位"与"词本位"之争提供了新视角。

本节最后有必要提到赵元任先生关于汉语节奏的论述。赵先生是举世公认的语言学大师，又被尊称为中国现代语言学之父。早在 20 世纪初，他就开始研究汉语的语音问题，并发表许多开创性的研究成果（详见吴宗济、赵新那 2002 年主编的《赵元任语言学论文集》，商务印书馆），在学术界产生了广泛而深远的影响。1968 年，赵先生出版英语专著 *A Grammar of Spoken Chinese*（《汉语口语语法》），这部经典著作既有高屋建瓴的学术视野，又有细微入里的精辟分析，透彻而严谨，兼具广度和厚度，为汉语语法与语言理论，尤其是为语音研究作出了卓越贡献。1975 年，他在 83 岁高龄发表一篇题为 "Rhythm and Structure in Chinese Word Conceptions"[1] 的英语论文，题目首字就是"节奏"，由此可见他对汉语节奏的重视程度。该文鲜明地提出汉语"以字为主、以词为辅"的观点，并以贯穿全文的关键词"节奏单音调"（rhythmic monotony）为主线，详细论证了汉语字词之间的交叉关系。这篇经典文献既是他对汉语疑难问题进行长期反思的结晶，更是他对汉语整体认知的学术升华。但凡研读过这篇文献的学者，无不得到学术上的启示。如潘文国（2002）的"字本位"观、王洪君（2004）的"松紧节奏"观、许希明（2013）的"声调支点节奏"观、沈家煊、柯航（2014）的"单音节音步"观，均从不同的视角尝试解释汉语的结构类型或节奏属性。总之，以汉语的基本事实为依据，力求揭示汉语的本体特征，这是赵元任先生为汉语学界留下的一笔宝贵财富，值得我们珍惜与传承，更值得我们学习与借鉴。

1.4 音系类型学的视角

音系学研究就是揭示音位之间各种对立的区别特征和组合关系，把千变万化的具体语音抽象化，整理为一套简单易行的语音体系，并对世界各种语言的音系性质作出概括性解释。诚然，人类语言存在着普遍性的音系特征，但这种特征是相对的，重音语言有重音语言的音系特征，声调语言也有声调语言的音系特征。正如音系学的功能观所言，在承认人类语言普遍共性的同时，要

---

1 该文于 1975 年发表在《台湾大学考古人类学报》（第 37-38 期合刊，第 1-15 页），1976 年载入 *Aspects of Chinese Sociolinguistics: Essays by Yuen Ren Chao*, Selected and Introduced by Anwar S. Dil. Stanford: Stanford University Press. 275-292。

兼顾语言的特殊性，因此音系研究要尊重具体语言的具体音系环境（汤朝菊，2015）。

由于音系共性观无法解释错综复杂的语音现象，因此受到许多学者的挑战。如 Evans & Levinson（2009）以几十年的跨语言研究成果为依据，考察了世界上 6000 到 8000 种语言的多样性，结果显示，在描写的各个层面，语言彼此都有本质上的差异，难以发现任何简单的共有结构属性。Hyman（2008）质疑说，"音系共性"（phonological universal）的属性虽然已经引起学界的关注，但一个结构或者相关的语音系统并不等于语音上的发音和声学属性。一种语言如果没有音系，就很难想象它可能会是什么样子。朱晓农（2012：39）的批评更有针对性，"汉藏语音系学是基于音节的音系学，它跟基于音位、区别特征的欧美音系学从基本单位开始就有所不同……从长远看，把所有人类语言的音系的结构关系归结为一些抽象规则，是可尊敬的学术理想。不过，在语音类型研究还没达到一定程度，这个长远理想只能看作是遥挂天边指引方向的北斗，而不能作为一种实际研究的路子"。张洪明（2014b）则发出"音系学作为舶来之品，如何洋为中用？"的呼声。

本研究从音系类型学的视角对比英汉语的节奏类型和属性。根据定义，类型学"通过互有区别的最重要属性，为世界语言分类提供一种原则方法"（Hageège，1992：7）。它"以一种全局性的视野对语言加以观照，从而形成了一种跨语言（跨方言、跨时代）的研究领域"（刘丹青，2003）。而语言"对比的分类研究要设定分类标准，标准要求对内具有一定的一致性（即同一类型中的成员具有相同的类型属性），对外具有排他性（其他类型的成员不应该具有本类型成员中的类别属性）"（金立鑫，2011：2）。对汉语节奏而言，"排他性"意指重音不能作为节奏支点，而只能围绕声调构建其节奏类型，这样才能为汉语的音系研究提供坚实的基础，才能"增强论证的说服力，使结论经得起反问和追问"（沈家煊，2012）。重点在于两个"证据"：

> 一是要重视内部的证据，二是证据要有系统性。内部的证据就是语言自身的证据，特别是语言的形式上的证据，脱离语言的形式去谈意义至少在语言学领域里没有什么意义。……内部证据为主，外部证据为副（辅），主次不分，必然难以服人。语言自身的证据还要有系统性，要顾及全面

的语言事实，又要分清主次……更不能捉襟见肘、顾此失彼，甚至前后矛盾。（沈家煊，2012）

早在 20 世纪 20 年代，Sapir（2002：45-46）就指出音系的"内部系统"问题，"任何一种语言都有纯客观的独特语音系统，它只能通过艰辛的语音分析才能获知。这种系统的背后是一种更受限制的'内部'或'理想'系统，天真的说话者或许难以洞察得到，但已经将它作为一种既定模式，即心理机制嵌入他们的意识中"。Liberman & Prince（1977）根据"英语是重音语言，不是声调语言或者音高重读语言"的基本事实，提出"节律重音理论"（metrical stress theory）。其"核心观点是，在重音语言中，每个话语都有一个节奏结构，作为话语音系实现和语音实现的组织框架"（Hayes，1995：8）。Liberman & Prince 和 Hayes 之所以在节律重音理论上取得公认的学术成就，就是因为他们抓住了"重音支点"这个重音语言的内部系统或内部证据。

基于上述观点，本研究将重音和声调看作英汉语的"内部系统"或"内部证据"，尝试揭示两种语言节奏类型的异同点。从感知的角度看，语言学家们早已注意到音系类型之间的差异。桂灿昆先生借用音乐术语，十分形象地将汉语比喻为"断奏音"，将英语比喻为"连奏音"：

> 汉语属于断奏音，就是说，连续发出的各个音之间有间断。而英语却属于连奏音，就是说，连续出现的音圆滑无间断。打个通俗的比方说，汉语说话就像钢琴的跳动音，各个音节之间都听得出明显的分界线；而英语说话却像小提琴的滑动音，一连串的音节之间听不出什么分界线。汉语的句子又好比一串串的珠子，虽然串在一条线上，但珠子与珠子之间还是有明显的间隔；而英语的语句则像一股流水，虽波纹起伏，但平滑无间。（桂灿昆，1978）

Greenberg & Kaschube（1976）的比喻也非常经典，"如果重音是君主式的（monarchic），音长是寡头式的（oligarchic），那么我们可以说，声调则是民主式的（democratic）"。Hyman（2006）对此的解读是，"君主式"须有一个而且只能有一个国王或王后，这相当于重音音步中的"强制性中心"，即音步的支配节点。"民主式"指的是，在一个非限定性的声调系统中，一个词可以含有不止一个高调。所谓高调，指一个词内或音步内的中心或支配节点。

Hyman（2009）将世界语言划分为重音原型（stress prototype）和声调原型(tone prototype)[1]，且将英语和汉语普通话作为两类原型的代表。根据 Hyman 的解释，重音在形态层是抽象的节律结构，而声调则表现为词层上的音高特征。二者本质上毫无共同之处：重音是一种结构属性（structural property），其音节在节律层级上排列为相对的重轻关系，而声调则是一种特征属性（featural property），指对比性的相对音高。这一观点与他先前的论述相一致，即韵律类型学的深层应包括：1）彻底性（exhaustivity）：所有系统都可以指派给一种类型；2）唯一性（uniqueness）：任何系统都不能指派给两种类型；3）非连续性（discreteness）：类型不能重叠（Hyman，2006）。就此而言，重音系统还是声调系统，二者必居其一，不能相互重叠，不能混为一谈。换言之，声调语言难以捕捉到重音语言的属性，重音语言也难以捕捉到声调语言的属性。

对于西方的理论，我们应该进行梳理和分析，然后基于汉语事实，借鉴并吸纳其中的营养成分，而不是机械照搬，更不能刻舟求剑。关于这一点，不少学术大家早就告诫学界后人，"从语言事实出发才是研究语法的正确的道路"，为了"表彰中国语法的特征，汉语和西洋语法相同之点固不强求其异，相异之点更不强求其同。甚至违反西洋语法书中之学说也在所不计"（王力，1943/1985：23）。朱德熙先生分析得更为细致：

> 对外来的东西可以学习、吸收、借鉴，这并不错。问题是你老跟别人走，看不到自己的特点，就不对……我们的汉语有我们自己的规律，但到现在为止，我认为仍受印欧语的影响，不知不觉的影响。这个东西使得我们不能往前走，问题早就提出来，但摆脱不了，这是因为先入为主。各个学科都有这个问题。科学最可怕的是一种教条，或者是框框……先入为主和传统观念对科学的束缚非常大。（朱德熙，1982）

1　Hyman（2006，2009）提出，由于音高重音（pitch accent）缺失原型，因而世界语言分为声调（tone）和音步重音（stress accent）两类即可。理由是，既然语言可以在声调原型与重音原型之间进行选择，那么其间可能存在着诸多难以分类的语言。Hulst（1999，2011）则主张将音高重音另划一类。目前，"音高重音语言的归属仍旧是争议不断的话题"（李兵、王晓培，2014）。基于重音原型和声调原型的音系类型划分，我们分别把重音和声调看作英汉两种语言的内部系统和内部证据，而且均受话语层 accent 的控制。

对于"先入为主"的现象，培根（2008：18）早就批评说，"人类理解力总是先入为主，一旦认可了一种意见便会想方设法来加以证明。即便他们找到了许多相反的实例，不是忽略轻视就是借口排除。他们墨守成规，拼命维护结论的权威性"。又说，"'权威'是建立在真理的基础上的，只有真理才是永远存在的，而权威并不等于真理。因此我们不应该折服于'权威'，要相信时间才是最权威的，会检验一切真理"（同上：46）。沈家煊（2017b）也对学界的"先入为主"现象提出质疑，他在《〈繁花〉语言札记》题记中说，国内"作家受翻译腔的影响久矣，语法学家受印欧语眼光的支配久矣"。语法研究是这样，包括节奏在内的语音研究也是如此。无论何种研究，如果"语言事实跟语言理论有矛盾，那就应该以语言事实为准，自己去理清思路，提炼理论"（徐通锵、张宜，2004：308）。一言以蔽之，学术立论必须遵循"有一分证据说一分话"的原则。

1.5 本书的理论意义与学术价值

本研究将超音段音位重音和声调作为切入点，并用音系类型学的视角对比英汉语的节奏类型，这一立论应该是语言学界的首次尝试。拙作主要探讨英语重音支点和汉语声调支点在节奏属性、音节结构、重音类型、构词理据、音步构建、话语语调以及语音实现等方面的异同点。其理论意义和应用价值体现在：1）为澄清汉语的词重音之争和节奏类型之争提供一种新的研究思路，推进汉语节奏的深入研究，有助于建构汉语的韵律理论；2）深化学术界对英语重音和汉语声调的认识，丰富语音学与音系学以及英汉语对比研究的内涵；3）为语法、词汇和语义的语音界面研究提供参考依据，促进语言学研究的整体发展；4）通过区分英汉语节奏类型的音系差异，深化汉腔英语与洋腔汉语的研究，为语音教学大纲的修订和教材编写提供可靠的参考依据，为更新英语教学和对外汉语教学的内容和方法提供一定的理论支撑。

1.6 本书的立论与主要内容

基于汉语节奏研究的现状，本书以重音和声调为切入点，对英汉语的节奏类型之间的异同进行较为详尽的梳理与对比。立论与主要内容如下：

第一章"绪论"考察语言节奏的"重音计时"型与"音节计时"型及其衍生的"重音支点"与"音节支点"观。学术界通常将汉语划归"音节计时"型，我们支持这种划分，并据此将声调界定为汉语的节奏类型，作为音节定时型的亚类或者对它的补充。在回顾国内节奏研究的基础上，本书采用音系类型学的视角，把声调视为激活汉语节奏的动力，并分别将重音和声调看作英语和汉语的"内部系统"或"内部证据"，尝试揭示两种节奏类型的异同点。

第二章"英汉音节结构对比"分析英语的多音节性结构和汉语的单音节性结构，前者繁杂而严谨，为重音指派提供了节奏上的契合点，后者简单而松散，形成声调指派与节奏模式的自然对接。我们据此认为，英语多音节划分必须考虑到重音指派，汉语的单音节性应该从声调指派的视角进行考察。在这种意义上，英语重音指派和汉语声调指派，又与两种语言系统的不同音节结构和节奏类型相契合。

第三章"英汉诗律节奏类型对比"显示，英汉诗歌节奏虽然属于人为打造的韵律模式，但与各自的自然语言节奏密不可分。英语的重音节奏型与汉语的声调节奏型，其音系属性在诗歌节奏中均有体现。英汉律诗的物质属性虽说不同，但可以分别通过重轻格和平仄律进行变通和调整，这种变通和调整是盈亏互补，且有一定的规则制约。就韵律而言，英语韵律资源不够丰富，所以换韵较多，显示一种变化美。汉诗韵律资源丰富，因而隔行间韵用得最多，且一韵到底，彰显一种重叠美。

第四章"英汉重音的音系差异"区分了重音可预测、重读不可预测以及其他方面的概念差异，并将重读假设为控制英语重音和汉语声调的音层，它可能与载重音节和载调音节相重叠，以显示词层突显，也可以作为话语组织的语用功能。其次，将重音和声调设定为同一层级，属于音系类型属性，作为"内部"系统（Sapir 语）或"内部证据"（沈家煊语）。重音和韵律词是英语音系的内部系统，而声调和单音字是汉语音系的内部证据，前者表现出词重音的节律结构及其组合特征，后者显示出汉语词声调的音高特征及其聚合机制，而重读则是两种语言的外部证据和共享特征。再次，处于较低音层的词重音和词声调以及多音词和单音字，都有可分析、可预测的音系表现。

　　第五章"英语词汇重音与汉语词汇声调的对比"考察了重音指派给英语多音节词，声调指派给汉语单音节字的对应依据。从声学的音系属性看，音强是英语的本质属性，音高是汉语的本质属性。从两种语言的节奏内部属性看，英语词重音和汉语词声调的差异性体现在多音节词与单音节字、词重音规则与词声调规则、词重音功能与词声调功能等方面。前者提供了词义对比的音强模式，后者提供了词义对比的音高模式，二者均有清晰的交际功能。音系内部属性模铸的结果是，汉语母语者对声调非常敏感，而在习得英语时经常伴随着"重音盲点"与汉腔汉调，英语母语者对重音非常敏感，但在习得汉语时总是显示出"声调盲点"与洋腔洋调。

　　第六章"英汉音步类型对比"针对汉语的音步类型之争，提出汉语的声调节奏类型以及声调音步的观点。由此说明，汉语等重步不仅存在，而且是原型或本来式，不过因语法、语义和语用需要，重读驱动下的声调对比会使某些音节突显，某些音节趋弱，而且可能与词层突显相重叠，继而出现右重式和左重式。比较而言，英语重音节律音步以多音节作用域为基础，易于形成"君主式"或主峰性的节奏单位，构成相对轻重的交替往复效果。汉语声调音步以单音节作用域为支点，易于形成"民主式"的节奏单位，其间难以形成有规律的强弱对立，但载调双音节之间的交替时常伴有重读，显示出音高变化的对称状态或准对称状态。

　　第七章"英汉语调对比"分析了术语 tone 在英汉两种语言中的不同结构与概念，支持将英语的 tone 译为"音调"，以区别于汉语"声调"的译法，由此显示声调语言与非声调语言的音系差异。英语词重音在话语中可能会受到语调的制约或控制，但作为英语音系的内部证据，重音仍然起到支点作用，从而在语言交际中有效地传递信息内容。汉语字调与语调就像"小波浪跨在大波浪上的关系"，二者相互交织与叠加。为了保证顺畅的口语交际，字调在语调结构中必须保证自身的调域范围与意义，二者既相对独立，又相互依存，并形成对立统一的和谐格局。

　　第八章"英语节奏的语音实现"描述了英语重音与语音实现，尤其是元音变异之间的关系。重读音节催生饱满元音，轻读音节孕育弱化元音，二者之间的动态变化与英语多音节结构和重音指派密切相关。元音从饱满到弱化乃至省略，这种音变过程是一个连续体，虽然可以感知，但难以描述，其间有许多音位不可能也没有必要进行标记。故此，轻读音节中的饱满元音并非真正意义上的饱满元音，而是打了折扣的过渡音。弱化乃至脱落是重音驱动使然，表现出音系结构的平衡性与省力原则；避免弱化是交际的需要，体现出音系结构的多样性以及读音与拼写之间的一致性。如将轻读元音读得过于清晰，反倒弄巧成拙，不仅有悖英语的节奏特征，而且极易传递错误信息。轻读元音如果全部弱化，元音配置就会变得单调乏味，语言也就失去了生命力。

第九章"汉语节奏的语音实现"重点考察了声调指派与元音实现之间的关系。在声调的作用下，汉语绝大多数音节配置的是饱满元音，以彰显"字正腔圆"的节奏诉求。从音系类型上看，英语重音指派促使元音强弱搭配，汉语声调指派孕育大量饱满元音。在重音的作用下，英语元音的配置原则是"强者更强，弱者更弱"，重音指派和元音配置体现出重与轻、强与弱、长与短、清楚与模糊这种相互对立、相互依存的动态平衡关系。英语产生大量弱化元音，汉语产生大量饱满元音，这种反差是两种音系类型作用的结果。音变连续体的理据在于，重音指派和元音变异以及声调指派与音值变化，均在动态过程中相互制约，相互依存。

第十章归纳了本书的立论与创新点，同时也指出了其中的不足之处。

除上述十个章节外，本书还有一个附录，即赵元任先生题为"Rhythm and Structure in Chinese Word Conceptions（汉语词概念的节奏与结构）"的汉译文，这是他于 1975 年在 83 岁高龄时发表的又一经典之作，文中提出许多高屋建瓴的观点，值得我们认真研读领会。20 世纪 90 年代，王洪君教授将此文译成汉语，而且是国内迄今唯一的译本，它的确为汉语研究提供了重要参考。但对照原文发现，译文存在着句式不畅、概念表述不清、概念漏译甚至误译的现象。为此，笔者重译该文，力求较为准确地呈现赵先生的学术观，使之在汉语研究中发扬光大，进而促进汉语研究的深入发展。

第二章　英汉音节结构对比

　　音节是语音结构的基本单位，也是能够凭借听觉得以感知的最小自然语音片断，又是了解音系结构的必要元素。音节之所以如此重要，原因在于许多音系序列是以音节为支配基础的。英语属于"屈折语"（inflection）类型，易于产生多音节组合的单词；汉语属于"孤立语"（isolation）类型，构词往往以单音节为基础。二者的音节结构既有相同点，但更多的是差异点。通过对比两种语言的音节结构，可以合理地解释英语重音及多音节域和汉语声调及单音节域之间的音系支点差异，并有助于厘清各自的节奏特征。

2.1 音节概述

　　人们对音节的认识是一个不断深化的过程。迄今为止，学界虽然对如何定义音节仍有不同看法，但已对音节值、音节结构以及音节响度等进行了描写，这无疑为语言节奏研究打下了较为坚实的基础。

2.1.1 音节的认知

　　音节研究具有悠久的历史，可以追溯到古代拉丁语和希腊语语法。19世纪的声学（acoustic）音节理论和发音学（articulatory）音节理论都把语音的音响性质以及发音活动视为音节的根本成因和音节定义的基础。从结构主义描写派开始到生成派的标准理论，音节的地位均遭遇冷落。在 Bloomfield 的著作《语言论》（*Language*）（1933）和 Hockett 的《现代语言学教程》（*A Course in Modern Linguistics*）（1958）中，两位学者都讨论了音位组成词首辅音群、词中元音和词尾辅音群的序列限制，但均未提及音位组成音节的限制。早期的生成音系学理论也没有把音节看成一个独立的音系单位，如在 Chomsky & Halle 的著作《英语音系模式》（*The Sound Pattern of English*，1968，简称 SPE）中，音节被排除在整个音系表征结构之外，理由是它缺失明确的语音相关物。SPE 在区别特征表中先

是采用 [元音性]，而后用 [音节性] 特征取而代之。尽管作者使用了 [音节性] 这一区别性特征，但主要是用来区别元音和半元音，即元音具有 [+ 音节性]，半元音具有 [- 音节性]。在他们看来，单词只是一系列元音和辅音的组合。

20 世纪 70 年代以后，非线性音系学对语言学作出了两大贡献，一是重新确立了音节在音系学理论中的地位，二是揭示了轻重音的节律结构。自主音段音系学、节律音系学、依存音系学等非线性生成音系学的研究表明，音节在音系结构中不可或缺。譬如 Prince & Smolensky（1993）提出的"优选论"（*Optimality Theory*，简称 OT）在语言学界产生了重大影响，OT 也是基于音节研究而发展起来的（马秋武，2001）。音节无论是作为音系规则的应用，还是作为语音配列限制的单位，在音系学中均有不可替代的作用。音节已经成为音系学理论赖以存在和发展的基础。

音节由音段构成，它大于音段，小于词素，是一个介于音段与词素之间的语音单位。典型的音节由一个元音和前邻或后邻的一个或多个辅音所构成。一般而言，音节并不是一个难以辨认的单位。不过，尽管"音节"这个术语频频出现在共时研究和历时研究中，但人们对音节的定义却是见仁见智，学界至今还没有一个公认的确切定义。音节的定义主要有四种说法："元音说"、"呼气说"、"响度说"和"紧张度说"。Kenstowicz 将音节难以界定的原因归纳为三点：

> 第一，音节结构不是一个具体的声音，它是用来表征一种语音系统的韵律结构的一个抽象单位，所以很难找到跟音节有直接对应关系的语音相关物。
> 第二，每个语言都有自己特有的音节结构，不同语言音节的语音形式差别很大，这一点只需比较一下英语和汉语的音节结构就很清楚。
> 第三，把音段序列组合成音节的过程可能会发生在比较抽象的音系底层，一些表层现象常常会干扰对底层结构的认识。（引自李智强，1997）

2.1.2 音节的结构

音节结构不是一个具体的声音，它是用来表征一种音系韵律结构的抽象单位。音节（用 σ 表示）可以分为两大部分：音节首（onset，简称 O）和韵基

(rhyme，简称 R)，韵基又可分为音节核或韵核 [nuclear，简称 N，指音节突显部分，又称音节峰 (peak)] 和音节尾 (coda，简称 C)。音节结构可用树形图描述如下：

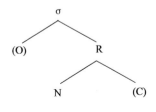

图 2-1 音节结构

从图 2-1 可以看出，音节中必不可少的成分是韵基，韵基的核心是音节核，而音节首和音节尾则是音节的可选成分，又被称作边缘成分 (marginal element) 或音节坡 (slope)。事实上，并非所有语言的音节都有上述三个成分，但唯有音节核是不可缺少的，否则音节将不复存在，而音节首和音节尾的分布则取决于某一特定语言的音节结构。

音节结构与莫拉 (mora) 理论有关。根据西方学者的论述，莫拉原本是诗律学的概念，日后引入音系学理论。莫拉上与音节联结，下与音段联结，是韵律和音段的交汇节点。莫拉具有双重作用：在音节值 (syllable weight) 上，它可以表征轻音节 (light syllable) 和重音节 (heavy syllable) 的对立，轻音节有一个莫拉，重音节有两个莫拉 (bimoraicity)。在音段长度上，它又可以表征长音段和短音段的对立。具体说来，长元音与主干音层的两个莫拉相连，短元音跟一个莫拉相连；双辅音有一个莫拉，单辅音没有莫拉 (李智强，1997)。

音节轻重的认定与音节首没有关系，但与音节核、音节尾密切相关。音节如果只有一个短元音，通常指一个音值，就会被认定为轻音节。轻音节的音节核只有一个短元音，后无音节尾。音节结构为 V 或 CV [C 是 consonant (辅音) 的缩写；V 是 vowel (元音) 的缩写]。重音节又分为两种，一种是短元音后跟音节尾，通常视为两个音值，音节结构为 VC 或 CVC；另一种是音节核为一个长元音或双元音，音节结构为 VV 和 CVV。显然，V、CV、VC 和 CVC 是最基本的音节结构形式。既然人们将音节中的长元音或双元音认定为重音节，那么音系学家们通常将后跟音节尾的音节结构 [CVVC (如 like) 和 CVCC (如

best）〕称作超重音节（super-heavy syllable），以示与重音节的区别。

2.1.3 音节与响度

人类语言的音节结构虽有不同，但也有共同的规律，而响度理论（sonority theory）则是认识音节规律的必要手段。早在一个世纪前，西方学者就提出了音节的响度序列原则（Sonority Sequencing Principle），意指"任何音节都有一个构成响度峰的音段，其前其后，或前或后，会配有若干响度值逐步递减的音段"（Selkirk，1982）。换言之，音节首的响度值逐渐由低向高上升到音节核，然后再由音节核逐渐降低到音节尾。语音有响音与非响音之分，响音指元音、流音、滑音和鼻音，非响音指擦音和塞音，又统称阻塞音（obstruent）。响度程度有高有低，响音自然要比非响音高。根据响度层级（sonority hierarchy）或响度阶（sonority scale）序列，语音的响度可按从高到低的序列排列为：元音（V）＞滑音（G）＞流音（L）＞鼻音（N）＞阻塞音（O），其中元音响度最大，阻塞音响度最小。Selkirk（1982）详细划分了音位的响度等级，响度值如表2-1所示：

表 2-1 音位响度值

音位	响度值	例音
低元音	10	/a, ɑ/
中元音	9	/e, o/
高元音	8	/i, u/
闪音	7	/r/
流音	6	/l/
鼻音	5	/n, m, ŋ/
浊擦音	4	/v, ð, z/
清擦音	3	/f, θ, s/
浊塞音	2	/b, d, g/
清塞音	1	/p, t, k/

表 2-1 显示，响音的响度值普遍大于非响音的响度值。同样是元音，其响度值也不尽相同：低元音的响度大于中元音，中元音的响度大于高元音。不难发现，元音响度的高低与嘴巴的开合程度有关，嘴巴张得越大，响度值就越高，嘴巴张得越小，响度值就越低。或者，元音的舌位越低，响度就越大；舌位越高，响度就越低。

响度序列原则为解释音节结构的性质、音节的组合规律以及音节结构的划分提供了理论依据。当然，并非遵守了响度序列原则就是合法的音节组合。阻塞音与滑音、流音的搭配非常合适，如英语音节首的 sn-、sm-、bl-、tw-、dj- 等。但阻塞音与鼻音，鼻音与滑音、流音的音节首组合则不太适宜，其中的原因比较复杂，或发音过于拗口，如 *rk-、*lp-、*zw-、*vr-、*gv-，或发音部位重合，如 *bw-、*fm- 都有双唇音，*nd-、*dl- 都是齿龈音，或响度过于接近，如 *nr-、*ln-、*nw- 等。由于英语辅音数量大，位置配列复杂，因此出现上述搭配不当的现象是不可避免的。与英语相反，汉语音节结构简单，没有辅音群[1]，而且每个音节又载有声调，因而音节分界比较简单。

需要指出，/j/ 和 /w/，虽然没有出现在 Selkirk 的响度层级中，但她把这两个音位划归等同于高元音 /i/ 和 /u/ 的响度值位置。我们知道，/j/ 和 /i/ 同处舌前很高的位置上，/w/ 和 /u/ 同处舌后很高的位置上，它们各自的差别就在毫厘之间，或者说几乎没有差别。英语称之为滑音（glide），并将其划归辅音范畴，标音符号为 /j/ 和 /w/；汉语称之为介音，将其划归元音范畴，标音符号为 /i/ 和 /u/。这一事实说明，二者虽然称谓不同，但音位几乎相等。另外，从动态的角度看，介音用作辅音还是元音主要取决于它们所处的音节位置。如果用作音节首，它们就是辅音，如英语 you /ju:/ 和 dew /dju:/ 中的 /j/，well /wel/ 和 dwell /dwel/ 中的 /w/；汉语"优"[you] 和"要"[yɑo] 中的 [y]，"万"[wan]、"翁"[weng] 中的 [w] 以及"杨"[yang] 中的 [y]。如果用作音节核，它们就是元音，如英语 yield /ji:ld/ 和 yeast /ji:st/ 中的 /i:/，wood /wud/ 和 wound /wu:nd/ 中的 /ʊ/ 和 /u:/；汉语"音"[yin] 和"英"[ying] 中的 [i] 以及"土"[tu] 和"屯"[tun] 中的 [u]。Selkirk（1982）把滑音 /j/ 和 /w/ 分别视为等同于高元音 /i/ 和 /u/ 的响度，Hogg & McCully（1987：42）把 /j/ 和 /w/ 当作 /i/ 和 /u/ 的辅音变体。/j/ 和 /w/ 的不

---

1 英语术语 consonant clusters 有多种汉译法，如"辅音群""辅音丛"和"辅音连缀"。

同分类自有他们的道理，这可能也是人们称之为半元音的理据所在。

2.2 音节结构类型对比

一般来说，元音和辅音的音节结构包括以下四种基本类型：V 型、CV 型、VC 型和 CVC 型。英汉语言的音节结构都含有这四种类型。V 型和 CV 型音节以元音收尾，称为开音节，VC 型和 CVC 型音节以辅音收尾，称为闭音节。英汉两种语言都有开音节和闭音节，英语音节尾成分丰富多彩，因而闭音节较多；汉语音节尾只有两个鼻辅音 [n] 和 [ŋ]，所以开音节比较多。在四种基本类型的基础上，音节还可以扩展为比较复杂的不同结构，其中 V 可以扩展为由长元音或双元音构成的 VV（甚或 VVV），C 也可以扩展为由两个、三个甚或四个辅音组成的辅音群，即 CC、CCC、CCCC。

2.2.1 英语音节结构

比较而言，汉语音节较为简单，英语音节较为复杂。原因在于，英语属拼音文字，音节组合可长可短，加之辅音群以及多音节构词，使得音节构成丰富多彩，复杂多变。

2.2.1.1 英语音节模板

西方学者根据响度序列层级，试图用音节模板（template）解释英语音节结构的特征。Hogg & McCully（1987：42）的模板树形图如下：

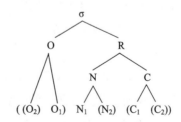

图 2-2 音节模板结构

参照 Hogg & McCully（1987：43）的描述，我们可将英语的音节模版解读如下：

1）音节由音节首和韵基组成，音节首是可有可无的成分；

2）韵基由音节核和音节尾组成，音节尾是可有可无的成分；

3）音节核、音节首和音节尾分别最多有两个成分；

4）N_1 是必不可少的音节性音位，N_2 则是可有可无的成分；

5）音节核如有两个成分，则 N_1 的响度值最高，不能低于 8，N_1 确定之后，N_2 可以是元音，也可以是响音性辅音；

6）音节核如有一个成分，N_1 的响度值不能低于 5，即由鼻音承担的音节；

7）音节首如有两个成分，O_1 必须是响音性音位，响度值最高可达 8，O_2 必须是非音节性音位，响度值最高不超过 3；

8）音节尾如有两个成分，C_1 必须是辅音性音位，C_2 必须是非响音性音位；

9）音节首和音节尾如有一个成分，则分别是 O_1 和 C_1；

10）音节首和音节尾也可以是零。

显而易见，音节内部成分之间的响度值呈现出高低／强弱分布的格局。根据以上分析，图 2-2 还可以表征为比较直观的图 2-3：

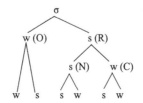

图 2-3 音节成分的强弱分布

如图 2-3 所示，s（strong）标记为强，w（weak）标记为弱。括号内的符号分别表明韵基、音节核、音节首和音节尾的位置。从音节层上看，韵基（R）是核心，当然强于音节首（O），而在韵基层，音节核（N）要比音节尾（C）强。根据响度值的高低，也可以确定音段层的强弱关系。这个图示无疑有助于我们更好地了解英语的音节结构特征。

英语的确有一些完全符合音节模板的单词，如 grind /graɪnd/、brained /breɪnd/、ground /graʊnd/、climbed /klaɪmd/、smiled /smaɪld/、scold /skəʊld/。

这类单词的音节核为长元音或双元音，而相邻的响音性辅音 /n/、/m/、/l/ 应当划归音节尾，因为模板规定，音节核部分最多只能有两个成分，元音已经占满了音节核的位置。例如，grind 的树形图可以作如下表征：

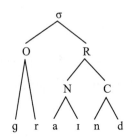

图 2-4 grind 的音节结构

事实上，大多英语单词的音节成分都与音节模板有出入，比如 brand /brænd/、bland /blænd/、clamp /klæmp/、smelt /smelt/ 和 skilled /skɪld/ 等。它们只有一个元音，按照音节模板要求，相邻的响音性辅音 /n/、/m/、/l/ 既可以划归音节尾，如图 2-5a，又可以划归音节核，如图 2-5b。以 grand 为例，其音节结构可以用树形图表征为：

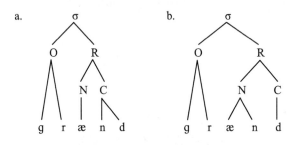

图 2-5 grand 的音节结构

按照音节模板，如果音节尾有两个辅音，那么 C_2 必须是非响音性的。为此，遇到以 /-lm/ 结尾的辅音群，音节成分的划分必须视具体语音环境灵活处理。譬如 film /fɪlm/、helm /helm/、realm /relm/，其音节尾都是响音性的 /-lm/。如果将 /-lm/ 划为音节尾，显然违背了音节模板规则，如图 2-6b。因此，只能将鼻音 /m/ 划归音节尾，而将流音 /l/ 划入音节核，如图 2-6a。

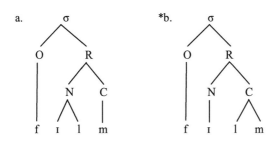

图 2-6 film 的音节结构

比较而言，mild /maɪld/ 和 field /fi:ld/ 之类的词不存在上述问题，因为音节尾辅音是非响音性的塞音 /d/，而且音节核分别由一个双元音 /aɪ/ 和长元音 /i:/ 占据两个莫拉，如果将相邻的响音性辅音 /l/ 划归音节核，反而不妥。另外，如果以 /-lm/ 结尾的音节前邻长元音或双元音，那么处在 C_1 位置上的 /l/ 只能省去，/-m/ 前移，取代 C_1 的位置，否则音节的组合就不合法，比如 calm、palm 和 psalm 只能读作 /kɑ:m/、/pɑ:m/ 和 /sɑ:m/，不能读作 */kɑ:lm/、*/pɑ:lm/ 和 */sɑ:lm/。

音节模板还显示，音节首如有两个成分，那么 O_1 应由响音性的辅音来承担，其响度值最高可达 8，最低应不小于 6，而 O_2 的响度值最高可达 3。如在 few、dew 和 cue 中，O_2 的响度值都没有超过 3，但在 new /nju:/ 中，音节首 O_2 的响度值达到了 5。如何看待这一反常现象呢？根据 Hogg & McCully（1987：44）的解释，new 的音节首原本只有一个辅音，而不是现在的两个辅音，其音变具有特殊的历史因由。中古英语时期，/j/ 在 few、dew、cue 和 new 中是个元音，即 /-iu/。后来，双元音 /iu/ 在英语中消失，其中的元音 /i/ 前移音节首，成为滑音 /j/。于是，音节核出现一个空的音位，而这个空位由 /u/ 来补充，使原有的音节核 /u/ 延长一倍，成为 /uu/ 或 /u:/。这一演变过程如 Hogg & McCully（1987：44）的树形图 2-7 所示（这里有改动）：

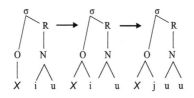

图 2-7 /i/ → /j/ 的演变过程

其中，*X*泛指任何一个可能充当音节首的辅音。经过历时演变，few、dew、cue 和 new 的读音分别变成 /fjuː/、/djuː/、/kjuː/ 和 /njuː/。Hogg & McCully（1987：44）认为，这种分析不仅可以对辅音 +/j/ 序列后跟长元音 /uː/ 的语音现象作出预测，而且还可以对许多方言中空缺 /j/ 的现象作出合理解释。

2.2.1.2 音节首与音节尾

音节模板规则可以生成许多结构不同的音节，英语有些音节结构比较简单，有些结构又颇为复杂。迄今为止，我们讨论的音节结构还没有超出 CCVVCC 的范围，但实际上，英语音节的构成，尤其是音节首和音节尾中的辅音群并非如此简单。英语的音节结构类型可以归纳为表 2-2：

表 2-2 英语音节结构类型

音节类型	例词
V	a /ə/（/eɪ/ 的弱读式）
VC	at /æt/, on /ɒn/, of /ɒv, əv/
VCC	ox /ɒks/, act /ækt/, apt /æpt/
VCCC	acts /ækts/, askd /æskt/
VV	I /aɪ/, eye /aɪ/
VVC	oil /ɔɪl/
VVCC	old /əʊld/, east /iːst/, oils /ɔɪlz/
CV	by /bə, bɪ/（/baɪ/ 的弱读式），to /tə/（/tuː/ 的弱读式）
CVC	cat /kæt/, not /nɒt/, lip /lɪp/, cut /kʌt/, look /lʊk/
CVCC	best /best/, dusk /dʌsk/, soft /sɒft/, width /wɪdθ/
CVCCC	next /nekst/, tempt /tempt/
CVCCCC	texts /teksts/, sixths /sɪksθs/
CVV	low /ləʊ/, tea /tiː/, boy /bɔɪ/

（待续）

（续表）

音节类型	例词
CVVC	height /haɪt/, make /meɪk/, note /nəʊt/
CVVCC	hold /həʊld/, find /faɪnd/, moved /mu:vd/
CVVCCC	range /reɪndʒ/
CCVC	crack /kræk/, smog /smɒg/, stuff /stʌf/, skip /skɪp/
CCVCC	thrift /θrɪft/, slacks /slæks/, smelt /smelt/, grand /grænd/
CCVCCC	friends /frendz/, fringe /frɪndʒ/, trusts /trʌsts/
CCVCCCC	glimpsed /glɪmpst/
CCVV	gray /greɪ/, cry /kraɪ/, three /θri:/, score /skɔ:/
CCVVC	broad /brɔ:d/, climb /klaɪm/, brave /breɪv/
CCVVCC	climbed /klaɪmd/, grasp /grɑ:sp/, ground /graʊnd/
CCCVC	strip /strɪp/, strong /strɒŋ/
CCCVCC	strict /strɪkt/, strength /streŋθ/, strings /strɪŋz/
CCCVCCC	strengths /streŋθs/
CCCVV	straw /strɔ:/, screw /skru:/, spry /spraɪ/
CCCVVC	spring /spri:ŋ/, straight /streɪt/, sprout /spraʊt/
CCCVVCC	straits /streɪts/, striped /straɪpt/, screens /skri:nz/
CCCVVCCC	strange /streɪndʒ/

Harris 将上述英语例词概括如下：

（i）音节首：音节首的数目最少可以是零辅音，最多可以是三个辅音（eye, pie, pry, spry）。

（ii）音节尾：音节尾的数目最少可以是零辅音，最多可以是四个辅音 (see<ø>, sick<-k>, six<-ks>, sixth<-ksθ>, sixths<-ksθs>)。

（iii）音节核：音节核成分最少可以是零元音，最多可以是两个元音。 (Harris,1994：53)

（iii）中所谓的"音节核成分最少可以是零元音"，指的是辅音成音节，简称成音节。成音节一般由辅音（鼻辅音和边辅音除外）加上鼻辅音和边辅音所构成，例如 button /ˈbʌtn̩/、bottom /ˈbɒtm̩/、bacon /ˈbeɪkn̩/ 和 people /ˈpiːpl̩/ [1] 中的词尾音节。根据 Ladefoged（2009：240-241）的解释，成音节就是突显音节，因而可以充当音节核。如在短语 hidden aims 和 hid names 中，二者表层上均有相同的音段序列 [hɪdneɪmz] 和相同的响度峰数，实际上前一个短语有三个音节，后一个短语有两个音节，因为前者中的 [n] 较之后者中的 [n]，力度要大，时长要长。再如 prism /ˈprɪzm̩/ 和 prest /ˈprest/，前者词尾有一个成音节，为双音节词，后者为单音节词。

下面举例分析英语的音节结构。先看 strip /strɪp/ 的音节首和 texts /teksts/ 的音节尾。二者的树形图分别表征为图 2-8a 和图 2-9a：

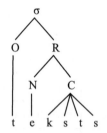

图 2-8a strip 的音节结构　　　　图 2-9a texts 的音节结构

strip 和 texts 均违背了音节首和音节尾不能超过两个成分的规则，此外其音段组合也不符合响度序列原则，二者的响度序列分别是 3-1-7-8-1 和 1-9-1-3-1-3，均出现时强时弱的无序组合。前者的音节首没有呈现逐渐上升，而是由高而低又升，后者的音节尾也没有呈现逐渐下降的组合序列，而是由低而高，然后又低再高。Selkirk（1984）基于英语音节首最多只能有两个音段位置（slot）的规则，提出音节辅助模板（auxiliary template）加以补充。在她看来，O_1 必须是响音性音位，O_2 必须是非响音性、非音节性音位，而且 /s/ + 塞音这两个音段应该当作一个独立单位。于是，strip 和 texts 的树形图可以分别改写为图 2-8b 和图 2-9b：

---

1 成音节标记法通常在鼻辅音和边辅音的下方或上方加一短杠，如 button、bottom 和 people 可以分别标注为 /ˈbʌtn̩/、/ˈbɒtm̩/ 和 /ˈpiːpl̩/，bacon 标注为 /ˈbeɪkn̩/。

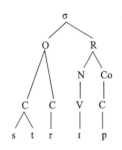 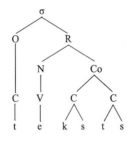

图 2-8b strip 的音节结构图　　　　2-9b texts 的音节结构

　　Selkirk 的分析法的确有助于解释 /-st/ 的响度排列顺序问题，也省却了同一辅音群过于细分的繁琐。不过，她举证的音节尾都是阻塞音之间的组合。如果遇到含有响音性的音节尾，那么有些现象可以解释，有些又难以解释。比如在 glimpsed /glɪmpst/ 中，音节尾有一个响音性辅音 /m/，由于音节核中仅有一个元音，所以我们可以将 /m/ 划归音节核，余下的 /ps/ 作为次音位，占据一个辅音位置，与其后的 /t/ 一起构成 CC。这样可以解释得通。但是碰到 ranged /reɪndʒd/ 之类的音节结构，恐怕无法解释。由于双元音 /eɪ/ 已经占满了音节核位置，所以后邻响音性辅音 /n/ 无法左移划入音节核，而 /dʒ/ 关系密切，又不能分离。作为次音位层，无论是将 /nd/ 组合在一起，还是将 /ʒd/ 搭配在一起似乎都很难自圆其说。

　　模板对英语音节内部结构的规定和制约给人们提供了解释音节的切入点，模板的总体原则毋庸置疑。但音节首和音节尾的辅音组合是错综复杂的，既有一般规则，又有特殊情况。虽然大多现象都遵循音节模板的规则，但总有一些现象难以作出合理解释。譬如，针对"s+ 塞音"组合是不合格的音节首这种说法，Frida Morolli 指出，"s+ 塞音"是一种广泛存在的跨语言音节首组合方式，这种组合与响度序列原则无关，其和谐性是由一组标记性制约条件决定的（马秋武、辛玲，2005）。

2.2.2 汉语音节结构

　　较之英语音节结构，汉语的音节结构简单多了，其中一个主要原因就是汉语没有辅音群，而韵首（音节首）和韵尾（音节尾）位置的辅音空缺现象较多。韵首空缺称作零声母，即没有辅音，韵尾即使有辅音，也只有两个响音性的 [n] 和 [ŋ]。汉语的音节结构可以归纳为表 2-3：

表 2-3 汉语音节结构类型

音节类型	例词
V	阿、姨、饿、五、鱼
VV	爱、熬、欧、叶、月
CV	八、米、摸、河、古
CVV	好、买、北、吼、略
CVC	担、本、林、当、能、领
VC	安、恩、昂
VVC	玩、元、网、翁、洋
CVVV	腿、流、教、快
CVVC	田、团、江、双

较之于英语，汉语音节显示出种类较少，结构整齐的简洁性特征。原因在于，汉语音节中的元音占绝对优势，而辅音复现率偏低。潘文国（2010：43）将汉语的音节类型归纳为下列特点：

（i）音节中最少须有一个元音，最多可以有四个音素。

（ii）音节中元音占优势，可以有 2 个或 3 个元音连排，而且以开音节居多。

（iii）音节中可以无辅音。不存在辅音群。

基于以上论述，这里再说明如下几点：

第一，在 -VVV 中，第一个 V 称为韵头，汉语界称之为介音；第二个 V 是韵腹；最后一个 V 是韵尾。韵腹是音节的核心，不可或缺，韵头和韵尾可有可无。在三个元音相邻的组合中，韵腹一定居中，如在 [iɑo] 里，[ɑ] 是韵腹，[i] 是韵头，[o] 是韵尾。

第二，汉语里的介音表征为元音，但含有辅音性质，指介于元音和辅音之间的音。已如上述，[i]、[u] 和 [j]、[w] 同处响度值几乎没有差异的音位上，无论如何称谓，实质上并无差别。

　　第三，汉语韵腹、韵头和韵尾并非一种机械的定位，而是一种动态的观照。如上所述，介音的功能相当灵活，如果处在韵腹的位置上，它就是元音；如果处在音节首的位置，它就是辅音。以 [iɑo] 为例，如果它是一个完整的音节，那么其中的 [i] 就得转写为 [y]，整个音节应标注为 [yɑo]；如果它前面有个辅音，就得将其划归韵头，如 [liɑo]。正是因为 [i] 和 [u] 不能书写为 [j] 和 [w]，所以汉语没有辅音群。

　　第四，汉语虽有 -VV 和 -VVV 的元音标记，但实际上并没有长短元音的概念。如果指派相同的声调，汉语音节中音素成分的多寡并无长短之分，譬如 [xī]"西"和 [xiāng]"香"，二者的音节长度并没有差异。音节长短的决定音素是声调类型，三声最长，二声次之，一声较短，四声最短（冯隆，1985）。我们据此也可以将汉语里的双元音乃至三元音界定为元音滑动的单元音，但本质上不同于英语短元音和长元音或双元音之间的音长差异及其词义制约。

　　第五，汉语中的 -VV 既可以是前响复韵母，也可以是后响复韵母，即韵腹既可在前，也可在后，如何称谓取决于韵母响度值的高低、开口度的大小及其相邻的语音序列。例如"楼"[lóu] 和"罗"[luó]，韵母组合均为 [o] 和 [u]，声调均相同，韵母位置无论如何变化，声调总是置于响度值较高，开口度较大的 [o] 上，而响度值较低，开口度较小的 [u] 因其所处位置不同而称为韵头或韵尾。[lóu] 没有韵头，韵腹 [o] 置前，[u] 在后，故称前响复韵母；[luó] 韵头置前，韵腹 [o] 置后，因此称为后响复韵母。诸如此类的例子还有"类"[lèi] 和"列"[liè]；"来"[lái] 和"俩"[liǎ] 等。不过，也有响度值同处一个等级位置的读音，譬如"求"[qiú] 和"回"[huí] 中的韵母，在这种组合里，前一个韵母为介音，后一个韵母为韵腹。其实，这是中响复韵母的省音结果，中响复韵母是除前响复韵母和后响复韵母之外的类型，其结构并不复杂，就是在某些前响复元音前插入介音 [i] 或 [u]，在后响复韵母前加上 [i]，如 [iɑo] 和 [iou]，但与声母相拼时，[iou] 应写成 [iu]，如"求"[qiú]，而不是 *[qióu]；或在前响复韵母前加上 [u]，如 [uɑi] 和 [uei]，但与声母相拼时，[uei] 应写成 [ui]，如 [huí]，而不是 *[huéi]。这类中响复韵母，其韵腹省略后就成了貌似两个介音的组合现象，但后者因其位置取代了韵腹，成为音节核，而且指派了声调。另外，在不同的音节组合中，同样一个韵母既可以充当韵腹，也可以充当韵头和韵尾，如

[u] 在"朱"[zhū] 中是韵腹，在"抓"[zhuā] 中是韵头，在"周"[zhōu] 中则是韵尾（许希明、杨成虎，2011：45）。

汉语韵首结构虽然简单，但在介音 [j] 和 [w] 究竟划归韵首还是韵母的问题上，学界的观点并不完全一致，不过绝大多数还是倾向于后者。根据林燕慧（2014）的归纳，依据传统音韵学的看法，汉语音节的层级结构可以分析为图 2-10 和图 2-11：

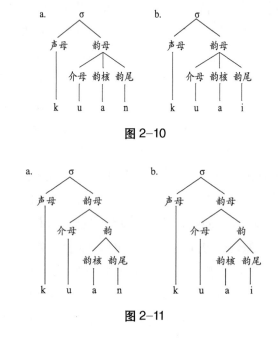

图 2-10

图 2-11

比较接近传统音节观念的分析包括 Cheng（1966）、Lin（1989）和 Bao（1995），如图 2-12 所示（图 2-12 和图 2-13 均引自林燕慧，2014）：

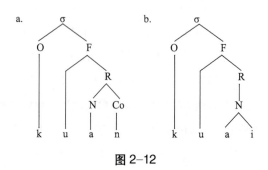

图 2-12

这里，F = final = 传统音韵学的韵母。林燕慧（2014）解释说，依据传统的韵母结构，介音属韵母，既不是韵首（音节节首），但也不属韵。这样能解释介音不参与押韵的现象。采用介音属韵的分析可以简化层级的复杂性。譬如 Bao（1990，1994）的图示分析：

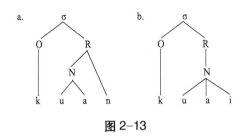

图 2-13

如果仅从音节结构的角度看待汉语介音，似乎很难阐明相关论题。理由如 2.3.3 所述。

2.3 音节的划分问题

上一节讨论了音节的内部结构。除了单音节词外，英语还有大量的双音节词和多音节词。单音节词的音节结构划分比较简单，双音节词和多音节词的音节划分较为复杂，难以确定的不是单词有多少个音节，而是难以界定词的音节界限。原因在于，英语音节的划分既要考虑到音节的内部结构，又要兼顾到语言音位系统对音节内部结构的制约作用。

音节划分（syllabification）有划分的原则，学界称之为"最大音节首原则"（Maximal Onset Principle，简称 MOP），又称"CV"规则，指的是在一个 VCV 或 VCCV 序列中，最大限度地把 C 或 CC 划归下一个音节的音节首，而不是前一音节的音节尾，将音节结构划分为 V·CV 或 V·CCV。如果不符合音位序列规则，V·CCV 就得划为 VC·CV。Gussenhoven & Jacobs（1998：151）对最大音节首原则的分析是，首先最大限度地延长音节首，然后再构建音节尾。其实，最大音节首原则名曰音节首，实际上还涉及音节尾和音节核，这一原则体现了三者之间相互制约、相互依存的关系。具体说来，制约音节首音段序列的规则对音节首的音段序列具有限制作用，制约词尾音段序列的规则也对音尾音段序列起着制约作用，同时音节首和音节尾的相互制约作用还必须统筹考虑。在双音节和多音节词中，音节首最大化的结果是，前一音节以元音结尾，即 CV，即开音节或自由音节，这种音节对所有已知语言来说都是共有的，因此它比其他任何音节结构都更加常见。当然，CV 结构的合法性受到诸如音节重读与否、开音节是否合法、辅音群是否搭配等条件的制约。

2.3.1 英语音节划分与重音指派

根据 Gussenhoven & Jacobs（1998：151）的论述，由于语言的音节类型不同，因此音节划分的方法也不同，这一差异集中体现在英汉两种语言中。本节仅讨论英语音节划分与重音指派。

用最大音节首原则来划分较为复杂的音节结构，无疑会使我们对英语的音节性质、音节组合以及音节制约有更深层次的了解和把握。以 atmosphere 为例，如果将其划分为 /æ·tməsfɪə/，将 employ 划分为 /ɪ·mplɔɪ/，则不符合道理，因为英语以 /tm-/ 和 /mpl-/ 开头不合法。音节的界限必须位于 /tm-/ 和 /mpl-/ 中间，就是把 /t/ 和 /m/ 分别前移到第一个音节里作音节尾，从而使 /m/ 和 /pl-/ 充当第二音节的音节首。只有把音节界限分别调整为 /æt·məs·fɪə/ 和 /ɪm·plɔɪ/，即 at-mos-phere 和 em-ploy，才能体现音节结构的合理布局，其中涉及重音位置问题。我们知道，atmosphere 的重音在第一个音节，如果其中的音节核仅仅是一个短元音 /æ/，那么这个轻音节就是一个不合法的结构。就是说，/tm-/ 作为第二音节的音节首有两处不妥，一是辅音群不搭配，二是不符合第一个音节重读的需要，因此必须进行音节重构（resyllabification），即将 /t/ 整合到第一个音节中去，使它成为一个合格的重读音节。

根据 Hogg & McCully（1987：52-59）的讨论，先观察 diplomat 和 diplomatic 的音节划分与重音指派的关系。如果不考虑重音指派，将二者分别划分为 di.plo.mat 和 di.plo.ma.tic（林燕慧，2014）似乎没有问题。如果从重音的角度看，两个单词的音节划分应该分别是 dip.lo.mat 和 dip.lo.mat.ic，因为前者第一音节指派重音，即 ¹diplomat，后者第一音节指派次重音，第三音节指派主重音，即 ˌdiploˈmatic。di- 和 ma- 均为轻音节，都没有资格承载重音。要解决这一问题，就必须进行音节重构，重构的手段就是令 /p/ 和 /t/ 既作为第一个音节和第三音节的音节尾，又分别兼作第二音节中音节首的第一个成分和第四音节的音节首，使之兼有音节首及音节尾的双重功能，这样的辅音称作"音节双栖化"（ambisyllabification）。只有将 -p- 和 -t- 视为音节双栖化，即 dip- 和 mat- 才能成全两个重音节，从而获得重音指派的资格。

再来考察一下 patrol 和 petrol 之间的差别。根据音节首最大原则，应将两个音节核中间的辅音尽量划归后一音节的音节首，使它的数目最大化。patrol 的第一个音节以元音 a 结尾，即 pa-，是个轻音节。如果第一音节为轻读，第二音节为重读，即 patrol /pəˈtrəʊl/，则音节划分应该为 pa-trol，这完全符合最大音节首原则。但 petrol 的第一音节指派重音，使得两个单词的音节划分显示出微妙的差异。二者可以分别图示如下：

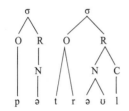 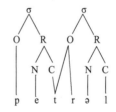

图 2-14 patrol 的音节结构　　　图 2-15 petrol 的音节结构

图示表明，对 petrol 而言，由于第一音节为重读，第二音节为轻读，但第一音节 pe- 是一个轻音节，显然不符合重音指派和音节结构的要求。采用"音节双栖化"，问题就可以迎刃而解，如图 2-15 所示。

destrier 和 destroy 也是颇为类似的两个例词，它们的拼写非常相似，唯一的差别就是第二音节的音节核不同，但实际上两个词的音节划分不同，这主要是受到重音位置的制约，前者的重音在第一音节，音节划分为 des-trier，后者重音在第二音节，音节划分为 de-stroy。重音指派位置不同，音节划分位置不同，由此产生的读音也有差异，destrier 的读音为 /ˈdestrɪə/，destroy 的读音为 /dɪˈstrɔɪ/。这里有一个令人困惑但常常又被忽略的问题，就是多音节词中 spr-、str-、skr- 等的塞音是否读为送气音呢？搞清了此类单词的音节划分，这一问题也就迎刃而解了。Hogg & McCully（1987：57）为我们提供了解惑这一难题的切入点。按照音节首最大原则，des-trier 中的 /s/ 充当前一音节的音节尾，同时又兼作后一音节中音节首的第一个成分，使 /t/ 成为音节首的第二个成分，所以 /t/ 读为不送气音是顺理成章的。类似的英语词还有 mistress、district、instrument、destiny、desperate 等。再看 de-stroy，其中的 /s/ 是第二音节的音节首，没有兼具前一音节尾的功能。既然 -stroy 是一个合格的重读音节，跟在 /s/ 后的 /t/ 当然应该读为不送气音。依此类推，astray、destain、destruct 中的 /t/ 以及 despair、despite 中的 /p/ 也是如此。

那么，actress /ˈæktrɪs/ 中的 /t/ 是否也应该读为不送气音呢？该词重音在第一音节，音节划分应当是 ac-tress，这里的 /t/ 是否读为送气音，关键在于前邻的 /k/ 是否兼有音节双栖化的功能。如果具有这种功能，/t/ 应当读为非送气音，否则应读为送气音。actress 中的 /k/ 成为前一音节的音节尾没问题，但却没有资格兼具后一音节的音节首，因为 /ktr/ 是一个不合格的辅音群，所以 /t/ 自然成为后一音节的音节首，读为送气音理所当然（Hogg & McCully，1987：59）。再如 action、actual、factor 中的 /t/ 也读为送气音。另外，apply 和 replace 中的 /p/ 也是如此，原因是前一音节不重读，清塞音 /p/ 是后一音节的首音，或者说它没有成为音节双栖化。

重音位置和音节划分的不同还会引起读音上的其他变异。以某些英语双音节词为例，它们的拼写形态相同，但词性不同，一为动词，一为名词或形容词。以 present 为例，如果是动词，重音指派在第二音节，即 preˈsent，音节划分为 pre-sent；如果是名词，重音指派在第一音节，即 ˈpresent，音节划分为 pres-ent。有趣的是，它们的元音配置随着重音移位而发生同步变化，音节重读时元音均读为 /e/，轻读时则读为 /ə/ 或 /ɪ/，甚至脱落，preˈsent 的读音是 /prɪˈzent/，ˈpresent 的读音是 /ˈprez(ə)nt/（使词尾变为成音节）。很明显，重音指派位置不同、音节划分不同造成了元音配置上的差异。了解了音节划分与重音指派元音变化值的动态关系，英语词典里看似眼花缭乱的相关问题都会迎刃而解。

2.3.2 汉语音节划分与声调指派

由于汉语具有不同于英语的音节结构，因而其音节划分必须考虑声调的因素。上文谈到，汉语介音之所以应当划归韵母，恐怕与声调吸纳韵母不无关系。以"先"[xiɑn]与"西安"[xiɑn]为例，在没有声调标记的情况下，人们很难判断诸如此类的语音标注究竟是一个音节，还是两个音节。究其原因，两个相邻的韵母 [i] 和 [ɑ] 究竟是双韵母，还是两个分离的单韵母。如将其看作双韵母，它就是"先"；如果将其看作分离的单韵母，它就是"西安"。词典标注中往往会在音节分界处加上"'"，如"西安"的标音是 [xi'ɑn]。此外，音节判断的最好依据就是声调，如果指派一个声调，它就是一个音节，一个单字，即"先"；如果指派两个声调，它就是两个音节，一个词组，即"西安"。我们可以分别把二者的音节结构分析为图 2-16：

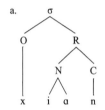

图 2-16a "先" 的音节结构　　　图 2-16b "西安" 的音节结构

我们还可以列举"西安"之类的如下词例：

双音节		单音节
a. 吉安 [jí ān]	→	肩 [jiān]
b. 堤岸 [dī àn]	→	店 [diàn]
c. 彼岸 [bǐ àn]	→	变 [biàn]
d. 弃暗 [qì àn]	→	欠 [qiàn]
e. 提案 [tí àn]	→	掭 [tiàn]
f. 皮袄 [pí ǎo]	→	漂 [piǎo]（动词）
g. 里昂 [lǐ áng]	→	凉 [liáng]
h. 护岸 [hù àn]	→	换 [huàn]

在某种意义上，汉语一个音节划分为两个音节，这是分界问题。反过来看，两个音节合并为一个音节，这不是分界的问题，而是合并的问题。分界由声调所控制。对于汉语的这种分界现象，外国学习者往往感到非常不习惯，因为在他们的母语中缺乏音节声调这种语音结构，所以在他们的读音中，我们时常听到将两个音节合并为一个音节的现象。如将"吉安""堤岸""彼岸""弃暗""提案""皮

袄""里昂""护岸"分别读成"肩""店""变""欠""抟""漂""凉""换"。

汉语音节结构虽说简单，但也有其复杂的一面。如哪些声母可以和哪些韵母结合，都有一定的限制和规律，这主要取决于声母的发音部位和韵头元音的性质。汉语所谓的"四呼"，即"开口呼""齐齿呼""合口呼"和"撮口呼"，就是针对汉语音节规律而指定的分类标准。没有韵头而以 [ɑ, o, e] 等为韵腹的称为"开口呼"；以 [i] 为韵腹或韵头的称为"齐齿呼"；以 [u] 为韵腹或韵头的称为"合口呼"；以 [ü] 为韵腹或韵头的称为"撮口呼"。韵母四呼涉及不同的唇形，因而在与声母发音部位的组合中显示出一定的规律性（徐通锵，2001：59；潘文国，2010：44-45）。显而易见，"四呼"的复杂性体现在，音节内的声母与韵母组合是否符合音理，而不是音节之间的划分原则与组合规则。

根据王洪君（2008：113-114）的分析，汉语的特点不是音节结构简单，而是词中音节和词缘音节没有结构上的差异，均符合响度原则。所谓音节结构简单，主要是比其他一些语言的词缘音节复杂，词中音节相差不大。另外，由于汉语音节第一和第二位置响度差要求较大，滑音不能出现在第二位置，所以没有复辅音声母。汉语声母位置的辅音成分不能缺少，每个音节都有一个声调，而词缘音节则没有特殊要求，因此三者的特点结合在一起，使得汉语的语素在词组中一般不会发生音节界线的变动。的确，汉语音节界线分明，结构清晰，但这只是表面现象，而上述诸多特点才是结构上的根本原因。从声调和词缘的视角考量汉语音节结构的特点，这是基于汉语基本事实的深入解读。

2.3.3 音节划分的不确定性

如上所述，英语双音节词和多音节词的音节数目并不难认定，但由于历史演变、语域不同以及音理使然，英语中的确有部分单词的音节数是不确定的，例如 every、evening、history、victory 等，从拼写形态上看，它们是三音节，但是单词中间的 /ə/ 音省略了，使三个音节成为两个音节。另有不少英语单词既可以读为三音节，也可以读为双音节。另外，我们偶尔还会遇到音节划分两难的单词，有的单词既可以认定为一个音节，也可以认定为两个音节。Clark & Yallop（2000：73）举证说，英语含有三元音的单词后如果没有 /r/，则应视为单音节词，如 hire /haɪə/、lyre /laɪə/、flour /flaʊə/；如果含有 /ʳ/，则应看作双音节词，如 higher /ˈhaɪəʳ/、liar /ˈlaɪəʳ/、flower /ˈflaʊəʳ/、coward /ˈkaʊəʳ/。还有的英语单词既可以认定为两个音节，也可以认定为三个音节。以 Clark & Yallop（1990：69）所举的 piano 和 fiasco 为例，如果把 /p/ 或 /f/ 和 /a/ 之间的音当作滑音 /j/，两个词就是双音节，即 pian-o /ˈpjænəʊ/ 和 fias-co /ˈfjæskəʊ/；如果把它当作元音 /ɪ/，两个词就是三音节，即 pi-an-o /pɪˈænəʊ/ 和 fi-as-co /fɪˈæskəʊ/。

诸如 tabling、fiddler 和 lightening 的音节划分也颇具迷惑性。这类词原本以流音或鼻音结尾，不加后缀分别是 table、fiddle 和 lighten。添加后缀 -ing 或 -er 后引发的问题是，如果原有的流音或鼻音不再保留成音节的特征，那么像 /l/ 和 /n/ 作为音节核的资格就会自动消失，这样的词仍然还是两个音节，即 ta-bling、fid-dler 和 light-ening。以 tabling 为例，其中的 /b/ 和 /l/ 成为第二音节的音节首，/ɪ/ 成为音节核，如图 2-17a 所示。如果原有的流音或鼻音仍然保留成音节的属性，那么这类词就应当划分为三个音节，即 ta-bl-ing、fid-dl-er、light-en-ing。这里，/l/ 和 /n/ 的作用类似于音节双栖化，它们的功能一是作为第二音节的音节核，二是作为第三音节的音节首。tabling 的两种树形图示如下：

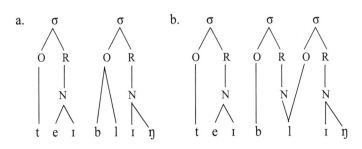

图 2-17 tabling 的音节结构

综上所述，汉语某些音节划分的不确定性在于声调是否指派，而英语音节划分的不确定性表现在辅音组合是否合法以及重音是否指派。原因在于，英语词为多音节组合，且伴有辅音群与重音指派等复杂因素，不确定性因素较多；汉语语词为单音节组合，音节结构相对简单，声调虽起作用，但音节划分较为容易，不确定性因素较少。

2.4 小结

语言都有音节，但汉语音节简单，英语音节复杂。简单抑或复杂，自有其特有的结构类型和特征。无论如何，音节是语音结构的基本单位，是解释音位分布特征的理想平台。因此，认识音节结构之间相互制约、相互依存的关系是把握语言节奏规律的基础。对比显示：1）无论是英语单音节还是汉语单音节，最少都可以是零元音（即辅音成音节）。2）英语和汉语最多都可以有三个元音，但英语这种音节类型数量较少，而且极有可能划分为两个音节，而汉语这种音节类型较多，因此开音节总量较多。3）两种语言的音节都可以无辅音，但汉语没有辅音群，而英语辅音群类型繁杂。4）英语单音节最多可以有八个音素，其中元音最多有两个，而辅音最多可以达到六个（如 CCVCCCC 或 CCCVVCCC）；汉语单音节最多可以有四个音素（即 CVVV 或 CVVC）。假如 CVVV 中的韵头（即介音）像英语那样划归辅音，那么汉语也会出现两个成分的辅音群，但绝大多数学者并不认可这种观点。5）英汉语的音节特征差异体现在：英语彰显出多音节性，汉语表现出单音节性。

音节的繁简不仅仅是其结构自身的问题，而且与超音段音位的指派密切相关。英语重音指派大多为间隔音节，有的间隔还不止一个音节，显示出多音节词指派重音的必然选择和节奏契合，由此产生词重音；汉语声调大多为相邻音节指派，彰显出单音节指派声调的自然对接和节奏匹配，由此产生字调词调。既然英语多音节划分必须纳入重音位置的考量，那么汉语的单音节性也应该从声调指派的视角进行分析，否则很多相关问题解释不清。在这种意义上，英语重音指派和汉语声调指派，又与两种语言系统的不同音节结构和节奏类型相契合。

第三章 英汉诗律节奏类型对比

诗歌是源于自然语言，超越自然语言的一种艺术形式。较之于自然语言，诗歌语言无疑更具音乐性和节奏性。音乐性的语言可以增添诗歌的审美成分，使之成为可以从感情上把握的美。节奏性的语言就是将音节组合为或强或弱，或高或低，或长或短的交替和往复结构，使之成为有规律的变化模式。作为可以吟诵的文字艺术，诗歌语言以其显豁的语言特点和鲜明的表现手法彰显出音美、形美和意美的艺术境界。毋庸讳言，诗歌是诗人内心情感的律动，节奏则是其外观的体现，因而人们把意境比作诗的灵魂，把节奏喻为诗的衣饰。

英汉语诗歌的节奏表征与其各自的物质基础和形态结构密切相关。英语是屈折型语言，具有丰富多样的形态变化，其节奏通过重读音节与非重读音节的交替和重复得以实现。汉语是孤立型语言，缺失形态变化，其节奏体现在四声载调音节的变化和反复上。语言学家对节奏的认识大都始于对诗歌节律的研究，因而对比英汉语诗歌的节奏类型无疑可以深化对自然语言节奏的认识。本章主要从格律（metre）[1] 和韵律（rhyme）两个方面对比英汉语诗歌的节奏类型。

3.1 诗歌节奏类型

世界语言类型多样，大体上分为孤立语、黏着语、屈折语等，不同的类型具有不同的语言性质，而不同的语言性质会产生形式不同的节奏。早在 1921 年[2]，Sapir 区分了几种颇具代表性的诗歌节奏类型：

大概没有任何东西像诗律那样更能说明文学形式对语言的依赖性。音量在希腊语诗歌中是完全自然的，这不仅仅因为诗歌的发展与歌舞密切相

---

1 张洪明（1987）将格律分为声律和韵律两部分，前者利用语言中具有对立意义的轻重、长短、强弱、高低等成分，追求音节间相异相显的抑扬效果；后者则通过安排诗歌的押韵和韵式使元音和韵尾相同的音节在特定位置上有规律地叠奏重现，追求回环节奏。

2 Sapir, Edward（1884—1939）（汉语通常译作爱德华·萨丕尔），其专著 *Language: An Introduction to the Study of Speech* 初版于 1921 年，本研究所用版本为 2002 年，外语教学与研究出版社（北京）。

关，而且因为在希腊语的日常口语组合中，长短音节的交替是非常生动的。声调重音（tonal accent）虽说只是次要的重音现象，但是它能使音节更具音量上的个性。如果把希腊诗律用于拉丁诗文中，并不算太勉强，因为拉丁语的特征同样对音量区别非常敏感。但比起希腊语来，拉丁语显然更加侧重重音。所以，模仿希腊语纯粹的音量节律，大概会让人觉得像是在原有语言阴影下的造假，很不自然。借用拉丁语和希腊语来模铸英语诗歌的尝试从来没有成功过。英语的动力基础（dynamic basis）不是音量，而是重音，即重读音节与轻读音节的交替。这一事实说明，英诗具有完全不同的倾向，所以它已经决定了诗歌形式的发展，并且仍然支配着创新形式的演变。重音和音节值（syllable weight）在法语动力中都不是深刻的心理因素。法语音节本身响度很大，但音量和重音起伏不大。音量或重音节律在法语中很不自然，正如重音节律用于古希腊语，音量或纯粹的音节节律用于英语那样不自然。法语韵律的发展只能定格在单位音节组的基础上，元音叠韵和尾韵都是喜闻乐见的必要手段，将响亮的音节发得或切分得相当微弱。英语倒是热衷于法语的押韵，但并不真的需要法语的节奏系统。因此，从严格意义上说，押韵一直是从属于重音的装饰品，且时常省略不用。押韵进入英语比法语晚，而且又很快离英语而去，这是心理上不以为然的事。汉诗的发展脉络与法语非常相似。较之于法语，汉语音节是更加完整、更加响亮的单位，而音量和重音则变化无常，不足以构成节律系统的基础。所以，音节组——每一个节奏单位的若干音节数目——和押韵是汉语韵律里的两个控制因素。第三个因素，平声和反声（升或降）音节的交替，是汉语特有的。

总体上说，拉丁语和希腊语诗歌取决于音量对比的原则；英诗取决于重音对比的原则；法诗取决于音节数和押韵的原则；汉诗则取决于音节数、押韵和音高对比的原则。这些节奏系统全都来自各个语言无意识的动力习惯，全都出自民众之口。（Sapir，1921/2002：188-189）

根据 Sapir 的观点，诸如音长、重音和声调这样的超音段分别通过音量、音强和音高得以实现，而音量、音强和音高几乎体现在所有语言中，但在不同节奏类型的语言中，它们具有不同的动力基础或者不同的节奏驱动力。在长短音节交替的古希腊语中，虽然也有音强和音高层面的变化，但它们仅仅起到辅助性作用，而音量层面的长短音节交替才是彰显希腊语诗句规律的节奏动力。尽管拉丁语同样敏感于音节的音量差异，且具系统性的长短元音对立特征，不过较之希腊语，拉丁语显然更侧重重音。希腊诗和拉丁诗虽有长短音节的对立，而且其音步均为长短音节相间的模式，但拉丁诗的长音步同时身兼重音，短音步则兼作轻音。两种语言同中有异的节奏模式取决于各自语音系统的性质。

较之于希腊语和拉丁语，模铸英语诗歌的动力基础不是音长，而是重音。虽然英语对发音体产生也有音量和音高的成分，但它们缺乏系统性的长短音对立或高低音对立，取而代之的是音强，即对发音体产生力度强弱的作用，当然也会伴随着音高和音长，并产生音节值层面的变化及其制约机制。法语又是另类的节奏系统，既没有长短元音的对立，又缺乏轻重音节之间的突显变化，显示的却是音节平缓，音量趋同的特点。其重音总是出现在词尾音节上，或者说词尾音节是默认的重音位置。反观英语，无论重音置于日耳曼语词根的左端位置，对形态敏感，还是置于罗曼语借词的右端位置，对音节值敏感（Lass, 1999：26-127），重读音节必须得到突显，而轻读音节则有可能趋于弱化。然而，法语的词尾音节重音与词的主要音节并不是一种固化关系，而是随着词音节的变化而变化，造成其音节值相对稳定。

学术界的共识是，以法语为代表的语言类型显示出音节计时的节奏倾向，而以英语为代表的语言类型表现出重音计时的节奏倾向，由此产生重音等时长和音节等时长的二分法概念。法语音节之间的时长大致相等，英语重读音节之间的时长大致相等，即使其间插入若干个轻读音节也是如此。两种类型的差异体现在法语音节数相对稳定，重音不定；英语重音相对稳定，而音节数不定。法语音节本身响亮，音势平稳，元音占有优势，词间组合灵活。由一定音节数构成的一定"顿"数（césure）无疑为构建法语诗行提供了坚实的物质基础，从而奠定了法诗的节奏特点，而由重音构成的英诗音步则体现出轻重音节相间的节奏特征。根据张洪明（1987）的解释，英语闭音节多，辅音连缀丰富，元音音响效果相形见绌，从而造成音节尾处不够响亮，但英语轻重音分明，音步整齐，节奏优势表现在轻重音节的交替配置。法语轻重音节不如英语明显，音节灵活散漫，难以体现声律方面的节奏特征，但法语开音节丰富，元音响亮，声律的欠缺由韵律作用得以抵消。法语诗歌通过韵律作用（同位元音和押韵）统一、收束音节，借助特定音值的复沓回环得以巩固诗歌的节奏，有效弥补了声律的不足。对比而言，英语节奏通常显示出重轻曲线的扬抑格或轻重曲线的抑扬格，但有时会出现重重曲线的扬扬格或轻轻曲线的抑抑格（详见 3.2.1），为的是彰显节奏的变化和平衡，也是为了避免千篇一律的格律模式。而法语节奏则取决于音节顿数，体现在音节对立上。

曾有学者将汉语诗歌界定为"重轻律"型和"长短律"型，前者将汉语平声字比作西方语言的"重音"，将仄声字比作非重音。"长短律"将"仄仄平平"界定为短长律，将"平平仄仄"界定为长短律，理由是平声字长，不升不降；仄声字短，有升有降，所以平仄交替就是长短交替。但在 Sapir 看来，汉语音节虽然也有轻重之分或音量之别，但它们"变化无常"，绝不会"构成节律系统的基础"。只有通过声调而彰显的平仄交替和音高对立才能体现汉诗有规律的节奏模式。汉诗每个音节都载调，其节奏单位彰显成双结对的平仄音节交替，实质上还是声调对立，音高变化在起关键作用。简言之，汉语既不同于英语的重轻对立，也不同于法语的音节对立，这是节奏类型学上的差异。

除了上述各具特色的节奏类型外，张洪明（1987）设专节讨论作为黏着语型的日语节奏特征。简述如下：日语通常划归法语之类的音节计时语言，开音节丰富，元音响亮。日诗格律主要体现在声律上，句式和音节结构非常讲究。尽管无韵，但通过五音节和七音节的相间与重复，仍然显示出和谐的节奏感与强烈的音乐美。另外，日语音拍间隔明显，发音短促，富于顿挫感。这与日语音节构成的性质有关。法语音节的间隔远不如日语明显，法语语音匀和松弛，饱满流畅，比不上日语音拍一字一顿地明晰有力，短促紧迫。因此，法语声律节奏效果远不如日语。日语把节拍中独特的间隔、顿促性质用于诗歌，其格律自然显示出以声律见长的特点。这与日语是音调语言有关。日语每个词都有相对固定的高低调，其配置有严格限制，如果首拍为高调，次拍一定是低调，反之亦然。这种富有特色的高低音调配在发音长度相同的音拍上，造成了相异相显的天然抑扬节奏，加深了人们对日语拍数的敏感。因而，建立以拍为单位的声律规律对日语来说是天成地就的。

张洪明（1987）将上述五种的声律结构模式归纳如下：

编号	声律性质	声律材料	声律模式	所属语言	语言类型
（1）	长短律	长短音	— ˘ — ˘ — ˘	古希腊语、拉丁语、梵语	屈折语
（2）	轻重律	轻重音	— ˘ — ˘ — ˘	日耳曼语支	屈折语
（3）	音顿律	音节顿数	— • — • — •	罗曼语支	屈折语
（4）	高低律	音拍顿数	╱˙ ╲	日　语	黏着语
（5）	平仄律	声　调	˙ ˙ ˙ ˙	汉　语	孤立语

第（1）种长短律的构成原则是依靠音长对比，以长短相间见节奏，第（2）种轻重律的原则是依靠音强对比，以轻重相间见节奏，第（3）种音顿律的原则是依靠音节顿数和呼应，以音顿相间见节奏；第（4）种高低律的原则是依靠音拍的高低顿促见节奏，第（5）种平仄律的原则是依靠音节数和声调对比，以平仄相间见节奏。上述声律节奏系统的构成，每一种都跟其语言中具有对立价值的超音段成分的性质相适应。这一切非人力所为，皆语言使然。

语言节奏系统一旦模铸在母语者的意识中，就会在潜移默化中被蚀化被淡化，就会成为母语者无意识的节奏系统。诚如黑格尔（1981：81）所言，"音节的声音节奏已被一种观念性的关系，即字的意义，淹没下去了，因此，脱离意义而按格式独立形式的节奏也就失去它的效力了"。换言之，不同语言各具特色的节奏模式，连同其承载的语义功能，深深地嵌入母语者的语言意识和心里现实中，进而形成各不相同的无意识动力习惯，并且固化为民众认可的节奏模式，正所谓"节奏系统全都来自各个语言无意识的动力习惯，全都出自民众之口"（Sapir, 1921/2002：189）。黑格尔和 Sapir 的观点恰恰为下列不争事实所验证：希腊语母语者对长短音敏感，英语母语者对轻重音敏感，法语母语者对音节顿数敏感，日语母语者对音拍顿数敏感，而汉语母语者对声调变化敏感。

3.2 英汉诗格律对比

英语诗歌的节奏支点是重音，它由重读音节与轻读音节的交替和重复组成最小的节奏单位，呈现出跌宕起伏，抑扬顿挫的悦耳诗句。汉语诗歌既不同于英语式的"重轻"型节奏和希腊语式的"长短"型节奏，也不同于法语式音节对立的"音顿"型节奏抑或日语式高低音对立的"音顿"型节奏。因为"'顿'只表示语音的停顿，它本身不表示节奏，顿的均匀只表示形式的整齐，也不表示节奏"（王力，1959）。其实，"顿"并不为汉语声调节奏所独有，包括英语和德语在内的重音节奏同样也有顿，其功用就是防止音步之间的枯燥和单调，使节奏的时间尺度（长短）获得真正的生动化（黑格尔，1981：77）。李西安（2001）将汉诗节奏称作平仄律是有道理的，平仄律体现的是平仄之间的声调对比，即由载调音节的对立和交替构成的节奏类型。不可否认，汉语的声调节奏不仅体现语音的高低，而且还伴随着音节的轻重和长短，当然也伴随着"顿"，由此产生高低抑扬、长短搭配、轻重错落的节奏美，但声调的指派是关键。

3.2.1 英诗格律

格律是构建英诗节奏的基础单位，表征出节律音步（metrical foot）（简称为音步）重读音节与非重读音节的组合模式。一个音步通常含有两个或三个音节，其中一个为重读音节，其余的为非重读音节，又称轻读音节。每一诗行的音步数都有特定的名称，计有单音步（monometer）、双音步（dimeter）、三音步（trimeter）、四音步（tetrameter）、五音步（pentameter）、六音步（hexameter）、七音步（heptameter）和八音步（octameter）。根据诗律学家的统计，英诗音步类型多达 20 多种，其中最为常用的是抑扬格，其次是扬抑格。在英诗音步分析中，重读音节为"扬"或称"重"，标记符号是"–"，非重读音节为"抑"，或称"轻"，标记符号是"˘"，音步之间通常用"|"作为分隔标记。请看如下例子：

(I) 抑扬格（iambus）：由一个重读音节和一个非重读音节组构的音步（˘—），即轻重曲线（WS）。例如：

(1) Ŏne shāde | thĕ mōre, | ŏne rāy | thĕ lēss,

Hăd hālf | ĭ impāired | thĕ nāme | lĕss grāce

Which wāves | ĭn ēv | erў rā | vĕn trēss.

Ŏr sōft | lў līght | ĕns o'er | hĕr fāce.

(George Gordon Byron: *She Walks in Beauty*)

(II) 扬抑格（trochee）：由一个重读音节和一个非重读音节构成的音步（—◡），即重轻曲线（SW）。例如：

(2) Māy, thǒu | mōnth ǒf | rōsў | bēautў,

　　Mōnth whěn | plēasǔre | īs ǎ| dūtў

　　Mōnth ǒf | bēes ǎnd | mōnth ǒf | flōwěr,

　　Mōnth ǒf | blōssǒm | lāděn | bōwěr.

(Henry Taylor: May)

除了抑扬格和扬抑格外，学者们常常提到的英诗音步还有：

(III) 抑抑扬格（anapaest）：由两个非重读音节和一个重读音节构成的音步（◡◡—），即轻轻重曲线（WWS）。例如：

(3) Frǒm thě cēn | trě ǎll rōund | tǒ thě sēa

　　Ǐ ǎm lōrd | ǒf thě fōwl | ǎnd thě brūte.

(William Cowper: The Solitude of Alexander Selkirk)

(IV) 扬抑抑格（dactyl）：由一个重读音节和两个非重读音节构成的音步（—◡◡），即重轻轻曲线（SWW）。例如：

(4) Tōuch hěr nǒt | scōrnfǔllў;

　　Thīnk ǒf hěr | mōurnfǔllў…

(Thomas Hood: The Bridge of Sighs)

上述四种英诗例子都是非常规范的音步，但诗律学家并不完全认可这种过于规整的格律模式。劳·坡林（1985：144）指出其中的两个原因：其一，艺术主要在于重复与变化的调整。如果格律的轻重间歇过于规范，就会失去变化，使诗句显得机械和单调。其二，如果诗行格律过于规范，就会成为诗人的紧箍咒，限制诗人的思想表达。他认为，巧妙使用格律的最佳效果就是兼顾读者的预期节奏和吟诵时的实际节奏，即读者一旦明确一首诗的基本格律（如抑扬格）后，就会在诵读时形成一种无声的节拍，这就是读者的预期节奏。但诵读时的实际节奏有时吻合于预期节奏，有时并不吻合。两种节奏彼此配合，可以增强诗体的表现力和感染力。但要防止两种极端，一是预期节奏和实际节奏完全一致，使格律失去活力；二是实际节奏不能完全脱离预期节奏的基本格律，否则预期节奏不复存在，结果会成为散文节奏或自由诗体。

英诗语言和自然语言的绝大多数音节，其重音指派是重叠的，但在特定的诗行中会发生微妙的变化。自然语言中看似没有资格承载重音的音节或封闭性词类，在某些格律诗行中可以破格而载有重音，充当音步的中心，而有些开放性词类则有可能因降格而失去重音，借此呵护轻重交替的格律结构。黑格尔（1981：78）曾论及语言重音和诗律重音之间的差异，语言重音指语言的自然重音或词汇重音，诗律重音既包括词汇重音，也包括轻读音节承载的重音。聂珍钊（2007:6）的解读更为详细：1）自然语言的重读音节在英诗中可能不重读，轻读音节在诗歌中有可能重读；2）英诗的音节重读与否需要借助诗行得以体现；3）英诗的韵步不是按照单词的数量而是按照音节的数量划分的；不是按照构词法划分韵步，而是按照韵律规则划分韵步。上述区分无疑可以澄清语言重音和诗律重音之间的异同点，也有助于解惑英诗分析中的难点。

下面有必要再讨论两个特殊的音步格律：

（V）扬扬格（spondee）：含有两个重读音节组构的音步（——），即重重曲线（SS）。例如：

(5) Whĭch bȳ | ănd bȳ | black nīght | dŏth tāke | ăwāy,
   Dēath's sēc | ŏnd sēlf, | thăt sēals | ŭp āll | ĭn rēst.

(Shakespeare, *Sonnet*: 73)

（VI）抑抑格（pyrrhic）：含有两个非重读音节组构的音步（◡◡），即轻轻曲线（WW）。

(6) Lēt mě | nōt tŏ | thě mār | riăge ŏf | trūe mīnds…
   Ŏr bēnds | wĭth thě | rĕmōv | ěr tŏ | rĕmōve.

(Shakespeare, *Sonnet*: 116)

需要指出的是，扬扬格和抑抑格音步不能单独建构诗行。英诗格律只有四种常用的音步，即两个音节的抑扬格和扬抑格或三个音节的抑抑扬格和扬抑抑格。扬扬格和抑抑格音步只是偶尔出现在上述四种格律诗行中，前者意在强调或显示庄重，后者在于格律变化或平衡。从理论上说，一个英诗音步不允许有两个重读音节或两个轻读音节。根据王宝童（2001：190）的解释，扬扬格的两个音节虽然都是重音节，但并不是完全等同的重音层级；如果一个音节重读，另一个音节则降为次重读，即要在诗行抑扬格或扬抑格的基础上进行或轻或重的微调。例（5）两行诗句基本上属于抑扬格，因而在两个扬扬格音步 black night 和 death sec- 中，black 和 death 应稍轻一点，而 night 和 sec- 应稍重一点，以吻合于诗行的其他音步。

再来分析抑抑格，它在英诗中并不常见，常常充当抑扬格的变体，或者作为衰减音步，但在吟诵时感觉似有一个重读音节，这主要是以诗行或抑扬或扬抑的格律为依据（王宝童，2001：196-197）。当然，抑抑格的使用也与诗意的表达密切相关。除此之外，扬扬格和抑抑格有时出现在同一诗行的相邻音步，或上下诗行的对称音步中，应该视为二者之间的互补和平衡。如例（7）所示：

(7) Sweet day, | so cool, | so calm, | so bright,
　　The bri | dal of | the earth | and sky;
　　The dew | shall weep | thy fall | to night,
　　For thou | must die.

　　Sweet rose, | whose hue, | angry | and brave,
　　Bids the | rash ga | zer wipe | his eye;
　　Thy root | is ev | er in | its grave,
　　And thou | must die.

　　Sweet spring, | full of | sweet days | and ro | ses,
　　A box | where sweet | compact | ed lie;
　　My mu | sic shows | ye have | your clo | ses,
　　And all | must die.

　　Only | a sweet | and vir | tuous soul,
　　Like sea | soned tim | ber, nev | er gives;
　　But though | the whole | world turn | to coal,
　　Then chief | ly lives.

(George Herbert: Virtue)

从音步划分来看，例（7）大体上是一首四音步抑扬格（iambic tetrameters）节奏，但有几处变通：1）每首诗节的最后一行变为双音步抑扬格（iambic dimeters）；2）第三诗节的两个奇数诗行出现"多余音节"（Hypermetric Syllable），即 ǎnd r̄o | sěs 和 yǒur clō | sěs，当然也可以将其分析为并不常用的抑扬抑格（amphibrach）音步 ǎnd rōsěs 和 yǒur clōsěs；第四诗节又出现一个抑抑扬格音步 -tuous soul。本来四个诗节的前三行应为十分规整的八个音节，变通之后却变成了九个音节；3）整首诗的表层结构夹杂着三个扬扬格音步 sweet day、sweet rose 和 sweet spring 以及两个扬抑格音步 angry 和 only。不过，根据坡林（1985：154）的解释，上述三个扬扬格前置三个诗节之首，是真正意义上的扬扬格，目的在于强调，以吸引读者的眼球和注意力。而 rash ga- 和 world turn 这两个音步貌似扬扬格，前一个成分看似重音，但实为轻音，构成 rǎsh ga- 和 wǒrld tūrn 的音步，从而靠拢诗行的抑扬格律。坡林（ibid）还认为，bids 和 full 在这里也应当是轻音，于是，bids the 和 full of 就形成了两个抑抑格音步。由此可见，诗歌音步的划分与理解既有一定的规则，又有一定的灵活度。

3.2.2 汉诗格律 *

汉语没有抑扬格和扬抑格之类的定义和划分见下文。汉诗的格律体现在四个声调的对立变化中。从格律上看，汉诗分为古体诗和近体诗。古体诗又称古诗。近体诗又称今体诗。在诗行字数上，汉语主要有四言诗、五言诗和七言诗。后来四言诗逐渐衰微，原因是四言诗句两个节拍，非常规整，表现为一种重叠美，但节奏上显得较为单调。以《诗经》首篇《关雎》为例，"关关雎鸠，在河之洲。窈窕淑女，君子好逑。参差荇菜，左右流之。窈窕淑女，寤寐求之。求之不得，寤寐思服。悠哉悠哉，辗转反侧。参差荇菜，左右采之。窈窕淑女，琴瑟友之。参差荇菜，左右芼之。窈窕淑女，钟鼓乐之"。这首短小的诗篇读起来很美，但其节奏过于规整，缺乏变化，给人以呆板的感觉。经过时代的变迁，五言诗和七言诗最终成为最为流行的诗体。

根据王力（2000：4）的界定，凡不受近体诗格律束缚的，都是古体诗。近体诗以律诗为代表。律诗的韵、平仄、对仗讲究很多，格律很严，所以称为律诗。它有以下四个特点：

---

* 本节例子主要引自王力《诗词格律》（中华书局，2000 年版），恕不一一标注。

(I) 每首限定八句，五律共 40 个字，七律共 56 个字；

(II) 押平声韵；

(III) 每句的平仄都有规定；

(IV) 每篇必须有对仗，对仗的位置也有规定。

绝句的字数比律诗少一半。五言绝句有 20 个字，七绝有 28 个字。绝句又分为古绝和律绝。古绝可用仄韵，即使是平声韵，也不受近体诗平仄规则的约束，因此划归古体诗一类。律绝不但押平声韵，而且依照近体诗的平仄规则。在形式上等于半首律诗，因而划归近体诗。

下面讨论汉诗的平仄。

"平"包括阴平和阳平，调值上没有或升或降的明显变化，调型较长；"仄"包括上声、去声和入声，调值上有明显的升降变化（入声趋于微升或微降），声音较为收敛，调型较短。汉诗格律的平仄交替就是声调的互相交错，避免单调，使声调多样化，形成抑扬顿挫、跌宕回环的节奏美。

汉语律诗、绝句、词曲都很讲究平仄，哪个字该用平声，哪个字该用仄声，都有严格的规定。受传统诗词的影响，现代的一些诗歌和散文也非常注重平仄的韵律设计。简言之，平仄的和谐搭配可以使语言节奏鲜明，悦耳动听，达到声情并茂的最佳节奏效果。

以下将从平仄的规律、格式和调整对汉诗的平仄作简要介绍：

A. 平仄的规律

平仄是汉语律诗的基础，而平仄的复杂规则就是声调指派的规则。邢福义（2011：93-94）将平仄规则概括为四点：

第一，五言诗和七言诗以两个字为一音步，或叫节拍，句尾一字为单音步。音步与音步之间平仄相间，交替使用，即平平之后是仄仄，仄仄之后是平平。

第二，每两句为一联，上句叫出句，下句叫对句。出句和对句的平仄以音步为节奏单位相互对立。联与联之间要相粘。粘就是上联第二句与下联第一句偶字平仄，平粘平，仄粘仄。粘对指涉抑扬对立基础上的平仄拼接组合。"对"就是平对仄，仄对平，如果出句是平平仄仄平平仄，那么对句就是仄仄平平仄仄平。粘对的作用就是避免平仄雷同，以彰显声调的多样性。如果不"对"，上下两句的平仄就会雷同；如果不"粘"，前后两联的平仄也会雷同。违反了粘的规则，叫作失粘；违反了对的规则，叫作失对。失粘和失对会造成不和谐的平仄序列，显然违背了汉诗格律的规则。

第三，用字的灵活性。过去传统说法叫"一三五不论，二四六分明"，这是一个大致的分析，多数情况说得过去。意思是说，七言诗中的第一、第三、第五字的平仄不拘，第二、第四、第六字的平仄必须清楚，该平的不能仄，该仄的不能平。而在五言律诗中，这个口诀应该是"一三不论，二四分明"。原因在于，第一、第三、五字不在节奏点上，平仄可以变通，该用平声字也可以用仄声字，该用仄声字也可以用平声字；而第二、第四、六字因其处在节奏点上，该平必须平，该仄必须仄，不容含糊。而第七个字处在诗行末尾，往往又是韵脚节点，因而平仄必须分明，不能通融，否则会造成同调现象。为了调整平仄相间，第五字灵活性小，当第六七字平仄相同时，第五字的平仄不能跟它们相同[1]。

第四，平仄的入声问题。入声是古代汉语四声之一，由于语音的历史演变，现代汉语普通话中的入声已经消失，入声分派到阴平、阳平、上声、去声中。这些字数量不多，主要分派到现代汉语中一些阴平字和阳平字，分派到上声和去声的字，仄声仍然不需要分辨，但需要查阅入声字表或相关韵书。用普通话朗读旧体诗时，入声字应读得短促些，以表达平仄的韵味。

B. 平仄的格式

平仄格式指涉句首字，分平起式和仄起式，以起句的末字来说有平收和仄收，故此又形成四个小类型：

1）平起平收：平平仄仄仄平平。

2）平起仄收：平平仄仄平平仄。

3）仄起仄收：仄仄平平平仄仄。

4）仄起平收：仄仄平平仄仄平。

---

1 吴为善（2005）的解释是，所谓节奏点，实际上就是节奏单元（音步）中声音"扬"的位置，吟诵时要拖长加重。而从声学原理来看，一个音节拖长加重了，它的声调特征就显著，这正是汉语节奏构成的基础。因此汉语节奏的构成机制有两个要点：1）在节奏点位置的音节上增加时长和力度，以显示声调的音高特征；2）利用声调"平"和"仄"的对立，在音步和音步之间、上句和下句之间的相应节奏节点上构成平仄交替或重复。

五言和七言的差别就是少一个音步（两个音节），格式是一样的。

a. 五言平起式

(8)　空山新雨后，　　　　　平平平仄仄

　　　天气晚来秋。　　　　　仄仄仄平平

　　　明月松间照，　　　　　仄仄平平仄

　　　清泉石上流。　　　　　平平仄仄平

　　　竹喧归浣女，　　　　　平平平仄仄

　　　莲动下渔舟。　　　　　仄仄仄平平

　　　随意春芳歇，　　　　　仄仄平平仄

　　　王孙自可留。　　　　　平平仄仄平

（王维《山居秋暝》）

b. 五言仄起式

(9)　国破山河在，　　　　　仄仄平平仄

　　　城春草木深。　　　　　平平仄仄平

　　　感时花溅泪，　　　　　平平平仄仄

　　　恨别鸟惊心。　　　　　仄仄仄平平

　　　烽火连三月，　　　　　仄仄平平仄

　　　家书抵万金。　　　　　平平仄仄平

　　　白头搔更短，　　　　　平平平仄仄

　　　浑欲不胜簪。　　　　　仄仄仄平平（"簪"读 zān）

（杜甫《春望》）

c. 七言平起式

(10)　红军不怕远征难，　　　平平仄仄仄平平

　　　万水千山只等闲。　　　仄仄平平仄仄平

　　　五岭逶迤腾细浪，　　　仄仄平平平仄仄

　　　乌蒙磅礴走泥丸。　　　平平仄仄仄平平

　　　金沙水拍云崖暖，　　　平平仄仄平平仄

　　　大渡桥横铁索寒。　　　仄仄平平仄仄平

　　　更喜岷山千里雪，　　　仄仄平平平仄仄

　　　三军过后尽开颜。　　　平平仄仄仄平平

（毛泽东《七律·长征》）

d. 七言仄起式

(11) 剑外忽传收蓟北，　　　　仄仄平平平仄仄

初闻涕泪满衣裳。　　　　平平仄仄仄平平（"裳"读 cháng）

却看妻子愁何在？　　　　平平仄仄平平仄（"看"读 kān）

漫卷诗书喜欲狂。　　　　仄仄平平仄仄平

白日放歌须纵酒，　　　　仄仄平平平仄仄

青春作伴好还乡。　　　　平平仄仄仄平平

即从巴峡穿巫峡，　　　　平平仄仄平平仄

便下襄阳向洛阳。　　　　仄仄平平仄仄平

（杜甫《闻官军收河南河北》）

C. 平仄的调整

除了本句平仄交替，对句平仄对立以及上下联相粘的规则外，汉诗还有孤平的避忌。如在五言"平平仄仄平"中，第一字必须用平声。如果用了仄声字，就是犯了孤平。因为除了韵脚外，只剩一个平声字了。在七言"仄仄平平仄仄平"中，第三字如果用了仄声，也叫犯孤平。如果五言第一字、七言第三字必须用仄声，那就应该采用拗救的补偿办法。凡是平仄不依常格的句子，叫作拗句。譬如，五言"平平仄平仄"和七言"仄仄平平仄仄仄"分别是"平平仄仄平"和"仄仄平平仄仄平"的拗句。补救的办法是，前面一字用拗，后面必须用"救"。所谓"救"就是补偿。一般说来，前面该用平声的地方用了仄声，后面必须在适当的位置补偿一个平声。王力（2000：34-37）将其归纳为以下三种较为常见的情况：

第一，在该用"平平仄仄平"的地方，第一字如用仄声，第三字则补偿一个平声，以免犯孤平。这样就变成了"仄平平仄平"。七言则由"仄仄平平仄仄平"换成"仄仄仄平平仄平"，这是本句自救。例如：

(12) 我宿五松下，寂寥无所欢。

田家秋作苦，邻女夜舂寒……

（李白《宿五松山下荀媪家》）

第一句"五"字，第二句"寂"字该用平声而用仄声，"无"字平声，既救第二句的第一字，也救第一句的第三字。

第二，在该用"仄仄平平仄"的地方。第四字用了仄声（或三四字都用了仄声），就在对句的第三字改用平声来补救，成为"仄仄平仄仄，平平平仄平"。七言则成为"平平仄仄平仄仄，仄仄平平平仄平"。仄声对句相救。例如：

(13) 离离原上草，一岁一枯荣。

　　野火烧不尽，春风吹又生……

（白居易《赋得古草原送别》）

这里，第三句"不"字仄声拗，第四句"吹"字平声救。

第三，在该有"仄仄平平仄"的地方，第四字没有用仄声，只是第三字用了仄声。七言则是第五字用了仄声。这是半拗，可救可不救，与例（12）和例（13）的严格性稍有不同。例如：

(14) 一上高楼万里愁，蒹葭杨柳似汀州。

　　溪云初起日沉阁，山雨欲来风满楼……

（许浑《咸阳城东楼》）

第三句"日"字拗，第四句"欲"字拗，"风"字既救本句"欲"字，又救出句"日"字。

说到诗行末尾双音节音步和单音节音步的特点，文炼、陆丙甫（1979）认为二者表现出不同的情调：前者给人稳定、完整的感觉，后者给人的感受是活泼，轻快。松浦久友（1995：169）据此将单音节音步称为半拍，其后跟一休音，意指可将半拍的音流再延长半拍（一字的长度），使诗行句尾的一字节拍取得一个完整的节拍长度。他将双音步（无休音）标记为"○○"，称之为"静止拍"；将单音步（有休音）标记为"○ ×"，称之为"流动拍"。例如：

(15) 国破山河在　　　　　　○○｜○○｜○ ×

　　大渡桥横铁索寒　　　　○○｜○○｜○○｜○ ×

"○○"和"○ ×"称为节奏单位，但这种单位有时候与意义单位并不吻合。以"感时花溅泪"和"白日放歌须纵酒"为例，按照意义单位划分，它们的音步分别是○○｜○ ×｜○○和○○｜○○｜○ ×｜○○，但是按照节奏单位划分，它们的音步分别是○○｜○○｜○ × 和○○｜○○｜○○｜○ ×。而且在大多数情况下，节奏单位还处于优先选择的地位。原因在于，句尾休音的作用能"给节奏以弹性，使发音清楚优美，加深句末一字的印象，易于产生加强余味余情的效果"（松浦久友，1995：169）。"休音"说确有一定的道理，而且可以通过节律音系学理论得到佐证[1]。无论称其为"休音"还是"零音节"，它所体现的就是诗行节奏的和谐美感。借此也可以解释汉语五言诗和七言诗经久不衰的原因之所在。

在松浦久友（1995：261）看来，押韵或平仄更易受到时代差和地域差的影响，因而具有"发音的可变性"，而音数律，即以音节的数量为标准的韵律性（如汉语的五言诗和七言诗），则具有"节奏的不变性"，它完全不受时代差和地域差的影响。这种不变性易于形成母语者潜意识的语言行为，其基本特征虽说不变，但因节奏、语义、话语的需要却可以进行破格、变通和调控。汉诗声调音步的平仄拗救是这样，英语重音音步的调控也是如此。如在例（7）第二诗节中，上一诗行首位出现扬扬格音步 sweet rose，紧邻下一诗行的首位出现抑抑格音步 bids thě。这相当于汉诗的上联首句用平平，下联首句用仄仄，反之亦然。第三诗节第一个音步为扬扬格 sweet spring，接下来是抑抑格 full ǒf 音步，紧接其后又是扬扬格音步 sweet days，抑或例（6）第一行前一个音步是 -riǎge ǒf 抑抑格，紧邻其后的是扬扬格音步 true minds，这相当于汉诗音步与音步之间平仄的交错使用。有盈有亏，盈亏互补，恰好构成节奏上的动态平衡。作为最小的节奏单位，无论是先抑后扬的抑扬格或抑抑扬格音步，还是先扬后抑的扬抑格或扬抑抑格音步，它们之间的时长是大致相等的，即格律音步之间大致上的等时性。汉诗的平平音步虽然长于仄仄音步，但也会出现平仄音步或仄平音步的变格。概而言之，英诗的物质基础是重轻交替，汉诗的物质基础是平仄交替，彰显的是声调指派。说到底，汉诗音步的表征还得归于声调的对立和复现。从历时的角度看，格律作为汉诗节奏的表现形态，不仅将平仄规则推向极致，而且滋生了程式化的倾向，令普通民众望而却步，故此慢慢被现代律诗和自由诗所取代。然而，许多经典律诗和绝句早已成为历代脍炙人口的格言，为民众所喜闻乐见，且已融入现代汉语的写作和口语中。律诗和绝句的

---

1 音系节律理论（Hogg & McCully，1987：229）认为，单音节音步和双音节音步占有相等的音系时间。据此，单音节音步尾部有一个虚拟的时长节点，相当于一个音节的长度，称作零音节（zero syllable），通常用符号"ø"标记。

经典化只能使自由诗望其项背，松浦久友（1995：233）认为，格律诗节奏和自由诗节奏具有本质上的差异，格律诗具有有规则的节奏感，而自由诗则具有无规则的断续感，即散文性的节奏感。作为定型的格律诗原则上将"节奏单位"作为"意义上、意象上"的单位，而"自由诗"则以"意义上、意象上的单位"作为节奏单位。由此看来，如何将节奏单位和意义单位和谐地融为一体，这种观察视角值得我们深思。

3.3 英汉诗韵律对比

韵律（这里特指押韵）不仅可以增添诗歌节奏的审美构成，而且可以激活音节、音步、诗行、诗节乃至诗篇的语义链接。它与格律相携相伴，可使诗句的节奏美感最大化，也可使诗句的整体意义更和谐。英语属于拼音文字，其单词既源自日耳曼语族，又借自罗曼语族，前者以单音节词居多，后者以多音节词占优。英语词库总量固然很大，但单词同音现象极少，因此人们将英语视为一种以语音变化见长的语言。这无疑是对英诗押韵的挑战，不过"失之东隅，收之桑榆"，英语利用兼有单音节词和多音节词的语音优势和编码手段，充分挖掘资源，开发出符合自身条件的押韵模式。汉语音节总量只有四百多个，都是单音节，绝大多数是开音节，而且韵尾辅音只有鼻音 n 和 ŋ。这似乎是汉语的弱势，然而声调的指派使汉语音节呈现出井喷式的扩张，由此产生许多同音同调但异字异义的音节，使之成为丰富的韵式资源，俨然又成为汉语诗歌创作的优势，这显然是包括英语在内的重音语言所不具备的。

3.3.1 英诗韵律

一般认为，在英语诗歌发展的历史进程中，韵律，尤其是尾韵似乎没有格律显得那么重要。资料显示，古希腊时期的诗歌并不押韵，到了中世纪，法语和意大利语将押韵纳入作诗的法则，后经意大利语诗歌引入英语。从文艺复兴时期开始，押韵逐渐成为英诗创作中不可缺少的规则。"押韵可以使诗歌流畅自然、清新凝练和富有韵味，而押韵的变化又可以使诗歌朴素自然和生动活泼"（聂珍钊，2007：9）。

3.3.1.1 押韵类型

英诗押韵类型主要有尾韵（end rhyme），另有头韵（alliteration）和内韵（internal rhyme）。

(I) 尾韵：指诗行末尾处的押韵。尾韵形式多样，最常见的是单韵，其次是双韵，三重韵极少。

A. 单韵（single rhyme）指单音节押韵，如 be/see、set/met、fall/wall、round/sound、boy/joy、land/grand。单韵因音节重读，使得节奏效果较强较有力，因此又称阳韵（masculine rhyme）或男韵。这里应注意几点：1）有些单词拼写形态有异，但押韵相同，如 great/weight 和 fate/straight；2）有些单词拼写形态相同，但押韵不同，如 fear/bear、farm/warm 和 love/move。人们称这种韵式为目韵（eye rhyme）；3）单音节允许与双音节押韵，但重音位置必须居尾，如 the cold/be'hold、he was/be'cause 和 such day/a'way。这种押韵形式又称破韵（broken rhyme）；4）押韵元音前如果辅音相同，这种韵式称作同韵（identical rhyme），如 part/impart 和 fare/affair；5）押韵元音前的辅音如果完全相同，则不符合押韵规则，如 his fair/af'fair。

B. 双韵（double rhyme）指前一音节重读，后一音节轻读，如 'pleasure/'treasure、'broken/'spoken 和 'glitter/'twitter。由于双韵由重读音节和非重读音节所构成，因此又被称作扬抑格韵（trochaic rhyme）。双韵因含有一个轻读音节，显得轻快优美，因而又称阴韵（feminine rhyme）或女韵。需要指出的一点是，双韵也可以出现在多音节词中，但最后两个音节必须押韵，遵循的原则还是前者为重，后者为轻，如 ex'ploring/a'doring。

C. 三重韵（treble rhyme）指诗行末尾倒数第三音节重读，后邻两个音节不重读，因而又称为扬抑抑格韵，如 'beautiful/'dutiful、'curious/'furious、'gravity/'cavity 和 u'tility/fu'tility。如同双韵规则，如果单词超过三个音节，那么三重韵的重音必须置于倒数第三音节上，如 'vanity/hu'manity、la'borious/vic'torious、suf'ficiency/de'ficiency 和 ˌani'mosity/imˌpetu'osity。

（II）头韵：指同一诗行中两个词首或多个词首含有相同辅音的押韵，如例（19）第一诗行中的 whose woods。再如：

(16) The *fair breeze blew*, the white *foam flew*,

　　　The *furrow follow free*...

　　　　　　　　　　　　(T. S. Coleridge: *Rime of the Ancient Mariner*)

有些辅音隐含着微妙的意义，如 /f/ 在形容声音时常指水或光在移动的意思。由此可见，该例中的头韵 /f/ 和 /b/ 形象地描述了船在海上轻快航行的场景。

（III）内韵，又称中间韵，指诗行内词间元音重复而形成的押韵。例如：

(17) Spr*ing*, the sweet spr*ing*, is the year's pleasant k*ing*;

　　　Then blooms each th*ing*, then meids dance in a r*ing*,

　　　Cold dath not st*ing*, the pretty birds do s*ing*...

　　　　　　　　　　　　(Thomas Nashe: *Spring, the Sweet Spring*)

三行诗句均出现 /-ing/，既作内韵又作尾韵，前呼后应，犹如一个个链条，将三行诗句串联一体，使节奏流畅和谐，音韵优美悦耳，借此赞美了春季百花盛开、群鸟鸣唱、少女翩翩起舞的美好景象。

3.3.1.2 尾韵类型

英诗尾韵类型主要有邻韵、间韵和抱韵。邻韵一般指上下相邻两行押韵，如例（2）；间韵指间隔诗行押韵，如例（1）和例（7）。抱韵指四行诗句中，首句和尾句押韵，第二行和第三行押韵，称之为抱韵非常形象。例如：

(18) The beauty of the morning; silent, **bare**,

　　　Ships, towers, domes, theatres, and temples **lie**

　　　Open unto the fields, and to the **sky**,

　　　All bright and glittering in the smokeless **air**.

　　　　　　　　　　　　(William Wordsworth: *Composed Upon Westminster Bridge*)

另外英诗还有类似于汉诗押韵的偶数诗行韵。请看 Robert Frost 创作的 *Stopping by Woods on a Snowy Evening*：

(19) Whose woods these are I think I know. a

His house is in the village though; a

He will not see me stopping here b

To watch his woods fill up with snow. a

My little horse must think it queer b

To stop without a farmhouse near b

Between the woods and frozen lake c

The darkest evening of the year. b

He gives his harness bells a shake c

To ask if there is some mistake. c

The only other sound's the sweep d

Of easy wind and downy flake. c

The woods are lovely, dark and deep, d

But I have promises to keep, d

And miles to go before I sleep, d

And miles to go before I sleep. d

  这首诗歌是内容和形式完美结合的经典，词句精巧，韵律优美，字字朴实，毫无雕琢痕迹，好像在与读者聊天，娓娓道来，语言看似浅显，但意境丰满含蓄，易于引发读者的联想，给读者留下无限的思考空间。该诗每行均为四音步抑扬格，在音步、韵脚和节奏的安排上达到了炉火纯青的地步。诗人匠心独运，巧妙构思，采用英诗中鲜见的一二四行押韵形式。但诗人的绝活还不止于此，他独辟蹊径，精心打造，令每个诗节第三行的尾韵引出下一诗节的主韵，而最后一节又以同韵的形式加深读者的印象，同时更加突显了诗歌的主题意义。整首诗歌的韵式配置为 aaba/bbcb/ccdc/dddd，如此优美的韵式，使诗节与诗节之间形成不间断的韵链，一韵套一韵，好像"诱人沉思的徘徊曲，特别耐人寻味"（张毓度，引自辜正坤，2001：267）。这种韵式巧夺天工，令人叹服。

3.3.2 汉诗韵律 *

汉语同音同调的音节非常丰富，这一资源优势可以用来构建各种各样的韵律类型。汉语用韵有一定的规定，平声不和上、去、入声押韵，上声去声也不和入声押韵。汉诗既有类似于英语的头韵，称作双声，也有类似于英语的内韵，称作叠韵。基于汉语单音节性的特点，双声和叠韵举不胜举，这里不再赘述，主要考察尾韵。

汉诗尾韵最为常见的是隔行韵，即间韵，其次是邻韵。曾有诗人尝试创作抱韵，但反响不大。

（I）汉诗隔行韵出现在偶数诗行，而且一韵到底，如例（9）、（11）、（12）和（13）。这里再举一例：

> (20) 渡远荆门外，来从楚国游。
> 　　　山随平野尽，江入大荒流。
> 　　　月下飞天镜，云生结海楼。
> 　　　仍怜故乡水，万里送行舟。
>
> 　　　　　　　　　（李白《渡荆门送别》）

（II）汉语邻韵主要指句首前两行押韵，如例(8)、(10) 和(14)。但也有例外。

> (21) 北风卷地白草折，胡天八月即飞雪。
> 　　　忽如一夜春风来，千树万树梨花开。
>
> 　　　　　　　　　（岑参《白雪歌》）

例（21）前两句押韵，"折"和"雪"同属"屑"韵，后两句押韵，"来"和"开"押"灰"韵。在近体诗中，邻韵一般出现在诗行首句，出现在其他诗行，叫作"出韵"。这种情况很少见。例如：

> (22) 外戚平羌第一功，生年二十有重封。
> 　　　直登宣室蟾头上，横过甘泉豹尾中。
> 　　　别馆觉来云雨梦，后门归去蕙兰丛。
> 　　　灞陵夜猎随田窦，不识寒郊自转蓬。
>
> 　　　　　　　　　（李商隐《少年》）

---

* 本节例子引自王力《诗词格律》（中华书局，2000 年版），恕不一一标注。

(III) 汉诗交韵很鲜见，这里觅得一例。

(23) 河汉清且浅，相去复几许。

盈盈一水间，脉脉不得语。

（东汉诗人佚名《迢迢牵牛星》）

格律诗和古体诗都可以一韵到底，但古体诗也可以换韵，而且可以数次换韵。换韵的方式多种多样：可以每两句一换韵，四句一换韵，六句一换韵，也可以多到十几句才换韵；可以连用两个平声韵，连用两个仄声韵，也可以平仄韵交替。例如：

(24) 车辚辚，马萧萧，行人弓箭各在腰。

耶娘妻子走相送，尘埃不见咸阳桥。

牵衣顿足拦道哭，哭声直上干云霄。

道旁过者问行人，行人但云点行频。

或从十五北防河，便至四十西营田。

去时里正与裹头，归来头白还戍边……

（杜甫《兵车行》）

在例 (24) 中，前三行押"萧"韵，第四行押"真"韵，最后两行押"先"韵。另外，七言古诗还有句句用韵的韵式，称作柏梁体。例如：

(25) 知章骑马似乘船，眼花落井水底眠。

汝阳三斗始朝天，道逢麹车口流涎，

恨不移封向酒泉！左相日兴费万钱，

饮如长鲸吸百川。衔杯乐圣称避贤……

（杜甫《饮中八仙歌》）

史料显示，汉语七言诗曾经句句押尾韵，后来变为隔句押韵，最终成为民众最为喜闻乐见的韵式。究其原因，句句押韵缺少变化，显得机械单调，而鲜明的押韵效果是通过非押韵句的对比交替得以实现的。诚然，七言诗隔句押韵不仅是读者获取新鲜感的源泉，而且可以引发读者的节奏期待，而隔句韵式的复现又能满足读者吟诵的美感期待。

3.4 英汉诗序变位的节奏整合 *

诗歌的节奏是建立在语言自然节奏的基础之上的，经过诗人的加工创造，它显得更加显豁，更加明快。诗歌在整体结构上较为规整，在表现形式上又有一定的制约性，但为了形式和内容的完美统一，古今中外的诗人都享有所谓"诗的破格的特权"（张隆溪，1986：125）。上述部分例子已经涉及格律和韵律的建构，这里再以诗歌语序变位为切入点，分析诗行格律和韵律的节奏美感效果。

3.4.1 格律与诗序变位

英诗遵循以轻重音有规律的交替构成节奏，汉诗的节奏则借助于平上去入有规律的组合和重复。为此，英汉诗歌都会利用语言自身的弹性，灵活地变通句式，巧妙地组合结构。先看英诗例句：

(26) Ŏ lǐs | těn! fōr | thĕ vāle | prŏfoūnd
　　 Ĭs ō | vĕrflōw | ĭng with | thĕ soūnd.

（W. Wordsworth: The Solitary Reaper）

在这两行诗句中，上行的正常语序应是：Ŏ lǐs | těn! fŏr | thĕ prŏ | foūnd vāle，如果这样，第三音步成了抑抑格，第四音步成了扬扬格，抑扬轻重失调，缺乏节奏。调整为 the vale profound 之后，全行恰好构成四音步抑扬格，轻重相间，抑扬交替，美在变化，且上下诗行抑扬相同，变化之中又不无重叠美。

(27) Ōn ă | cloūd Ĭ | sāw ă | chīld,
　　 Ānd hě, | laūghĭng, | saīd tŏ | mē …

（W. Blake: Introduction from Songs of Innocence）

该例两行诗句均为四音步扬抑格，如此明快的节奏也是通过变换语序构成的。上行的自然语序是：Ĭ sāw | ă chīld | ōn ă | cloūd，这样，前两个音步为抑扬格，第三音步成了扬抑格，节奏显得无序，并且与下行扬抑格失调。经过倒

---

* 本节主要内容引自许曦明《英汉诗序变位的音美配置比较》，《宁波大学学报》（人文科学版），2004 年第 5 期，第 65–68 页。

装，on a cloud 前移句首，不仅四个音步均为扬抑格，而且句尾 child 正好与另一诗行末尾交叉成韵，同时上行与下行音步一致，扬抑分明，节奏优美。

(28) Bū sǐnce shě | prǐcked thrēe ǒut | fōr wǒměn's | pleāsǔre,

　　Mīne bě thǐ | lōve, ǎnd thǐ | lōve's ǔse thěir | treāsǔre.

(W. Shakespeare: Sonnet 20)

这是两行四音步扬抑抑格诗句，结构严谨，节奏鲜明，再加上和谐的诗行末尾双韵 /eʒə/，更是锦上添花。细读之后发现，第二行前四个音节是个倒装结构，如改为正常语序 thy love be mine，那么第一音步则成了抑扬抑格，显然与其他音步格格不入，同时也破坏了两行诗句的整体音美效果。

The Golden Sunset 是美国著名诗人 H. W. Longfellow（1807—1882）创作的一首短诗，下面选取前三个诗节，欣赏一下诗人如何通过语序变位整合节奏和韵律。

(29) Thě gōld | ěn seā | ǐts mīr | rǒr spreāds

　　Běneāth | thě gōld | ěn skīes,

　　Ǎnd būt | ǎ nār | rǒw strīp | bětweēn

　　Ǒf lānd | ǎnd shād | ǒw līes.

　　Thě cloūd- | lǐke rōcks, | thě rōck- | lǐke cloūds,

　　　Dǐssōlved | ǐn glōr | ǐ floāt,

　　Ǎnd mīd | wǎy ōf | thě rā | diǎnt floōd,

　　　Hāngs sī | lěntlǐ | thě boāt.

　　Thě seā | ǐs būt | ǎnōth | ěr skī,

　　　Thě skī | ǎ seā | ǎs wēll,

　　Ǎnd whīch | ǐs eārth | ǎnd whīch | ǐs heā | věn

　　　Thě eȳe | cǎn scārce | lǐ tēll.

(Longfellow: *The Golden Sunset*)

这是一首四音步与三音步交叉的格律，大体为抑扬格，每个诗节押韵偶数行。分析发现，句子中有不少语序变位，即偏离常规的"诗家语"。如果我们把三个诗节转换为散文，那么尾韵、节奏乃至音步都将不复存在。试比较：The golden sea spreads its mirror beneath the golden skies, and but a narrow strip of land and shadow lies between. // The cloud-like rocks, the rock-like clouds, dissolved in glory float, and midway of the radiant flood, the boat hangs silently. // The sea is but another sky, the sky a sea as well, and the eye can scarcely tell which is earth and which is heaven.

例（29）的"原材料"就是这些颇显松散的散文句式，经过诗人的艺术加工，诗歌结构严谨，格律错落有致，音韵和谐优美，给读者以艺术的享受。

再看汉诗通过语序变位配置的格律节奏：

(30)　云掩初弦月，　　仄仄平平仄
　　　香传小树花。　　平平仄仄平

　　　　　　　　　　（杜甫《遣意》其二）

例（30）的下句可以解释为"香传于小树花"，也可以视为"小树花传香"的倒置。如按正常语序解读，则成了"仄仄平平平"，句尾出现"三平调"，汉诗格律一大忌，同时违背了上下句平仄相对的规定，读来节奏平淡，索然寡味。倒装之后，音节避同求异，寓变化于统一之中，平仄与上句相对。

(31)　谢公最小偏怜女，　　平平仄仄平平仄
　　　自嫁黔娄百事乖。　　仄仄平平仄仄平

　　　　　　　　　　（元稹《遣悲怀》）

很明显，上句如用正常语序"谢公偏怜最小女"，节奏则成了"平平平平仄仄仄"，一句之中四个平声相邻，又出现"三仄尾"，完全违背了平仄律，音节呆板，且诗味平淡。一经变位，平仄相间，又与下句平仄相对，不但音律和谐，而且诗句流畅，美在其中。

(32)　毕竟西湖六月中，　　仄仄平平仄仄平
　　　风光不与四时同。　　平平仄仄平平仄

　　　　　　　　　　（杨万里《晓出净慈寺送林子方》）

如果按照自然语序"西湖（的）六月风光毕竟与四时不同"，就成了散文

语言。如果改成"西湖六月风光中，毕竟不与四时同"（平平仄仄平平平，仄仄仄仄平平仄），虽然押韵，但违背汉诗格律，上句末尾出现"三平调"，下句两个仄声音步相邻。诗人灵活变通，状语"毕竟"易地而处，游移于"不与四时同"，前置上句之首，"风光"挪至下句之首，句子成分若断若续，若即若离，巧妙地组成两行七言律诗。如此偏离，既照顾到节奏和韵脚，也深化了意境，读来回味绵长。

如上所述，英诗每一音步大都抑扬或扬抑相对，汉诗每一音步大多平声或仄声相同。前者相邻音步抑扬或扬抑相同，后者相邻音步则平仄相对；前者上下行均是抑扬或扬抑交替，而后者上句如平仄交替，下句则仄平交替，反之亦然。除此之外，英诗上下行抑扬或扬抑相同，汉诗上下行平仄相对。相同是一种重叠美，相对是一种变化美，而英汉诗句中总是重叠中不无变化，变化中又有重叠。但节奏无论怎样配置，语序变位确是一种不可或缺的手段。

3.4.2 韵律与诗序变位

押韵是诗歌音乐性的显著特征，它像乐曲中反复强调的主音，具有组织结构的功能。尾韵是英汉诗歌最常用的韵律，诗行末尾往往是引人注目的信息焦点，附之以韵，可将松散的声音组成一个整体，使诗歌句句相扣，音韵优美。例如：

(33) Although it fall and die that night;

It was the plant and flower of Light.

In small proportions we just beauties see;

And in short measures life may perfect be.

(B. Johnson: *It Is Not Growing Like a Tree*)

为使句尾切韵，诗人打破后两行的语序，将状语"In small proportions"和"in short measures"移至句首，将宾语"beauties"和表语"perfect"分别提到动词之前，动词"see"和"be"均后置诗行末尾，恰好构成 a a b b 邻韵，"night"对"Light"，"see"对"be"。

(34) With many a curve my banks I fret

By many a field and fallow,

And many a fairy foreland set

With willow-weed and mallow.

(A. Tennyson: *The Brook*)

在第一诗行中，宾语"my banks"提至主语"I"之前，及物动词"fret"居尾，与第三行诗尾"set"组成一对交韵，且与另一对交韵"fallow"和"mallow"前后照应，音韵和谐。另外，第二、三、四行分别用了头韵"field and fallow""fairy foreland"和"with willow-weed"，尾韵、头韵交相辉映，增添了诗句的音韵美。

(35) What profit can my blood afford,

When I shall to be grave descend?

Can senseless dust thy praise extend?

Can death thy living truth record?

(G. Sandys: *Psalm XXX*)

这四行诗句均有语序变位，除第一行为结构倒装外，其余三行均为押韵而变位，其自然语序为："When I shall descend to be grave? / Can senseless dust extend thy praise? / Can death record thy living truth?" 如此句式，尾韵皆无。一经变位，宾语"to be grave""thy praise""thy living truth"分别置于动词"descend""extend""record"之前，三个动词居后。这样，二、三诗行尾韵一致，一、四诗行尾韵遥相呼应，整个诗节组成ａｂｂａ抱韵。构思巧妙，音韵浓郁。

汉诗大多是隔行用韵，即在双行诗尾押韵，近似于英诗ａｂｃｂ韵式。不过英诗换韵较多，汉诗则一韵到底，不能随意换韵，更不能出韵。请看例句：

(36) 日暮苍山远，天寒白屋贫。

柴门闻犬吠，风雪夜归人。

(刘长卿《逢雪宿芙蓉山主人》)

不难看出，在最后一行诗句中，"人"是主语，"归"是不及物动词，正常语序应为"风雪夜人归"。如此处理，不押尾韵，而且还会影响整首诗的音美和意美。主语后置，正好与第二诗行句尾"贫"押韵。不但乐感大增，还使整首诗结构严谨，意蕴丰富。

(37) 一蛇两头见未曾，怪鸟啼唤令人憎。（韩愈《永贞行》）

按照正常语序，这里的上句应是"一蛇两头未曾见"。如果这样，既不押尾韵，又不合平仄。调整之后，恰与下句韵脚相押："曾"对"憎"，两句不仅上下平仄相对，而且句尾均含"曾"字，对比醒目，又给人一种视觉美。

(38) 碧玉妆成一树高，万条垂下绿丝绦。（贺知章《咏柳》）

该例下句的正常语序应是"万条绿丝绦垂下"。这种结构完全是一种散文语言，诗意平平，味同嚼蜡。从节奏上看，"万条/绿丝/绦/垂下"，成了"二二一二"式，与上句"二二二一"式明显相悖，而且不押尾韵。诗人妙手一挥，将关系密切的"万条绿丝绦"拦腰截断，中间插入谓语动词"垂下"。这一变通一举数得：其一，切合尾韵；其二，音步句式与上句合拍；其三，第二音步"垂下"恰好对称于上句"妆成"；其四，诗意浓厚，读起来耐人寻味。

比较而言，英诗韵脚多种多样，单行与单行、单行与双行、双行与双行，均可押韵。与英诗不同，汉诗韵脚大都落在双行上，而上下句总是一为单行，一为双行，显然不能押韵。另一方面，汉诗只能平声与平声相押，仄声与仄声相押，而上下句总是平声仄声相对，自然不能押韵。总之，英诗因频繁换韵而韵密，汉诗因一韵到底而韵稀。前者呈现一种变化美，后者呈现一种重叠美。

3.5 小结

本章对比的主要对象是英语和汉语的格律诗。因篇幅问题，自由诗不在考察之列。从节奏类型学的角度看，任何语言都有音长、音强和音高的成分，但其中必有一项起到支点作用或主导作用，这就是为母语者所感知、所认可的节奏类型。尽管英语含有音节计时的成分，但并不因此否决其作为重音定时语言的类型；法语虽说也有重音计时的成分，但也不影响其作为音节定时的类型。

同样，汉语虽然也有重音和音长的成分，但绝不能就此否定声调作为节奏支点的属性。汉语律诗关涉平仄变化的规律，即声调变化的规律，尽管律诗那种苛求的平仄规则在现代汉语节奏中似乎已经不复存在，但经过变异抑或较为灵活的平仄律仍然是判断汉语句子优劣的一种重要依据，其中折射的还是汉语声调支点节奏的特征。无论如何，汉语声调支点节奏的本质属性过去没有改变，现在没有改变，将来也难以改变。

英汉诗歌节奏对比显示，英诗以轻重为格，汉诗以平仄为律，前者以轻重音有规律地交替和组合构成节奏，后者的节奏则借助于平上去入有规律的交替和重复。英诗分抑扬格和扬抑格，汉诗分平起式和仄起式。英诗音步的音节数目大多相等，通常由一个重读音节和一个或两个轻读音节组成。汉诗一字一音节，音步一般由两个音节组成，大多是平平韵或仄仄韵，余下一字为一顿。英汉格律的物质属性虽说不同，但都可以进行重轻格和平仄律的变通和调整，这种变通和调整是盈亏互补，且有一定的规则制约，尤其是汉语近体诗。就英汉语韵律而言，它们都有构建邻韵、间韵和抱韵的可能，但英语因韵律资源不够丰富，所以换韵较多，显示一种变化美。汉诗韵律资源丰富，但隔句韵用得最多，而且一韵到底，彰显一种重叠美。英语闭音节居多，导致音节末尾不够响亮，韵律效果不够显著，但音步强弱分明，韵律的不足由轻重格律的交替所弥补。汉语开音节居多，元音韵律效果显著，但音节之间的区分度不明显，音步的强弱也不够突显，节奏优势彰显在抑扬顿挫层面。无论如何，英语和汉语的格律和韵律配置都或多或少地得益于诗序变位。

第四章　英汉重音的音系差异*

几乎所有的语言都有重音，但重音的概念和所指并不完全相同，因而英语出现两个指称重音的术语：stress 和 accent。根据二者的概念差异，有学者将前者译为"重音"，将后者译为"重读"或"重徵"，我们支持并采用后者"重读"的译法。迄今为止，西方学者大体上已经厘清二者之间的关系，但这似乎还没有引起汉语学界的足够关注，所以常常造成重音概念的误读和重音术语的误用。鉴于汉语属于声调语言系统，汉语的重音必须以声调为基础，这应该是解决汉语词重音之争的症结所在。基于 stress 和 accent 之间的微妙差异，本章考察并尝试厘清汉语的重音问题，力求从音系类型上揭示英汉语重音的异同点。

4.1 重音语言管窥

根据 Hayes（1995：8）的定义，重音语言就是以重音为节奏属性的语言。它的特点是，"重音彰显出语言的节奏结构，即重音语言的每个话语都有一个节奏结构，用作音系实现和语音实现的组织框架"。

4.1.1 重音语言的类型

重音语言分为两种基本类型，一类是固定词重音（fixed lexical stress）语言，另一类是可变词重音（variable lexical stress）语言，又称自由重音（free stress）或移动重音（movable stress）语言。所谓固定词重音语言，是指几乎所有的单词重音都有规律地出现在某一固定的位置上。例如，捷克语和芬兰语的重音总是置于词首音节，波兰语和西班牙语的重音一般置于倒数第二个音节，而法语和土耳其语的重音总是落在词尾音节上。所谓自由重音语言，是指词重

---

* 本章部分内容以《英汉语重音的音系差异》为题，发表在《外语教学与研究》（2016 年第 5 期，第 643-656 页）。该文与中国社会科学院语言研究所研究员，中国语言学会会长沈家煊先生合作研究，仅此说明。

音落在什么位置是不确定的，重音既可以置于词首音节，也可以置于词中音节和词尾音节，如英语、俄语等。但就具体的多音节词而言，自由重音的位置通常又是固定的，不可随意移动。譬如英语词典中的双音节词和多音节词均有重音标记符号，不然会引起重音指派的位置乱象。所谓重音位置可以预测就是这个道理。

Hyman（1977）的研究表明，在 444 种重音语言中，有 306 种语言属于固定词重音，其余 138 种为可变词重音。依据选择的音节位置，固定词重音可分为下列几种：

(1)　重音置于词首音节　　　　　114 种语言　　　37.3%

　　　重音置于第二音节　　　　　12 种语言　　　　3.9%

　　　重音置于倒数第三音节　　　6 种语言　　　　2.0%

　　　重音置于倒数第二音节　　　77 种语言　　　25.2%

　　　重音置于词尾音节　　　　　97 种语言　　　31.7%

（Hyman，1977）

从某种意义上说，固定词重音的位置具有分界功能（demarcative function），即听话人不需要花费气力来认知词界。在 306 种语言的固定重音体系中，重音位置主要落在词首音节和词尾音节上，二者比例相加高达 69%，占固定词重音总数的三分之二以上（ibid）。

4.1.2 重音类型的参数与属性

上文提到，所谓重音语言就是反映在词重音的形态上，无论是固定词重音还是自由重音或可变词重音，都是如此。Kager（1995：370-373）曾经讨论过词重音的四个参数。马秋武（2015：146-147）清晰地归纳如下：

参数 1：限长音步（bounded foot）与不限长音步（unbounded foot）的差异。这是节律音系学中的一个音步参数选项，它支配着重音的分布。前者包括的音节不超过两个，重音与重音之间的距离，重音与词边界的距离都有限。非限长音步对长短或重音分布都没有限制（克里斯特尔，2004：45）。

参数 2：左端突显（left-dominant）与右端突显（right-dominant）的差异。音步中心置于左端还是右端，即左重音步还是右重音步。在左重音步中，左边节点是中心，可以分支，而右边节点是从属型的，不可以分支。限长左重音步就是传统上所称的"扬抑格"。限长右重音步则是传统上所称的"抑扬格"。

参数 3：重量敏感性（quantity-sensitivity）与重音非敏感性（quantity-insensitivity）的差异，指是否区分轻重音节。重音敏感性支配轻重音节在音步末端节点上的分布情况，与此相反，重音非敏感性则把音节看作要么是轻音节，要么是重音节。重音决定的音步如果是敏感性的，那么这种音步还要求重音节点必须统领重音节。

参数 4：端重方向性（directionality）与反复多次性（iterativity）的差异。方向性确定音步构建是始于词的左端还是右端的重音范域。一般来说，音步的构建从重音模式恒定的词的一边到词的另一边。音步的构建可以是反复多次性的，也可以是一次性的。对于一次性的情况，词只有一个位于边界的音步。

马秋武（2015：148）在 Kager（1999：164-168）研究的基础上，结合 Pintupi 语、Piro 语、Garawa 语和 Warao 语的音节构成音步的情况，用七音节序列组解释这四种语言的节律类型变化。它们的音节构成音步过程如下：

(2) a. $(\acute{\sigma}\sigma)(\acute{\sigma}\sigma)(\acute{\sigma}\sigma)\sigma$

　　b. $(\acute{\sigma}\sigma)(\acute{\sigma}\sigma)\sigma(\acute{\sigma}\sigma)$

　　c. $(\acute{\sigma}\sigma)\sigma(\acute{\sigma}\sigma)(\acute{\sigma}\sigma)$

　　d. $\sigma(\acute{\sigma}\sigma)(\acute{\sigma}\sigma)(\acute{\sigma}\sigma)$

这里，括号内的音节表示已被音步分析（parse），括号外的音节表示未被音步分析。未被分析的音节，不能构成正常的双音节或双莫拉——双分支音步，只能是个"衰微音步"。衰微音步无法获得正常音步的地位，因此需要通过音变规则加以消除处理。一般来说，以一种普遍的"离散音节附接法（stray syllable adjunction）"将它附加到相邻的一个正常音步上，构成三音节音步。

上述四个参数说明，无论是限长音步还是不限长音步，无论是左端突显还是右端突显，无论是重音量敏感性还是非敏感性，或者音步构建无论是有方向性还是反复多次性，词重音的指派位置要么有标记要么为默认，总有一定的规律可循。

除上述参数外，Kager（1999：143-146）还将重音语言的四个普遍性属性归纳为四点：1）主峰属性（culminative property）：重音语言的典型特征是，形态或句法成分（如词干、词、短语等）都有一个单一的韵律峰（prosodic peak）；2）分界属性（demarcative property）：重音趋于靠近组构成分（如短语、词、词干等）的边缘位置；3）节奏属性（rhythmic property）：重音语言明显趋于重轻音节搭配的节奏模式。节奏交替体现在，避免出现相邻重读音节的"冲突"，或者避免延长非重读音节的"失误"；4）音量敏感性（quantity-sensitivity）：重音通常置于具有内在突显性的成分上，如重音的趋向是吸纳长元音（而不是短元音）、双元音（而不是单元音）和闭音节（而不是开音节）。

4.2 英语重音的由来*

英语重音的演变由来已久，其历时变化必然伴随着词汇的变迁，因而有必要首先考察英语的词汇变化。世界上约有 3000 种语言，词汇最为丰富的当属英语。据统计，*Oxford English Dictionary* 中收词约 50 万条，还不包括几十万个科技专门术语。英语已经成为国际通用语，但绝大部分词汇都是借词（loan word），其中从法语借词最多。如果将美国称作"一座民族大熔炉"（a melting pot of many races）的话，那么把英语比作"一座语言大熔炉"（a melting pot of many languages）倒是恰如其分的。

4.2.1 英语的借词

从历史上看，英语可以分为三个时期：古英语（Old English），即从 450 年至 1150 年间的英语；中古英语（Middle English），即从 1150 年至 1500 年间的英语；现代英语（Modern English），即从 1500 年至今的英语。现代英语又分为"早期现代英语"（Early Modern English）（从 1500 年至 1700 年）和"后

---

* 本节部分内容引自许曦明《英语重音动态研究》（上海交通大学出版社，2008 年第 21–29 页）。

期现代英语"(Later Modern English)(1700 年至今)。早期现代英语时期是从中古英语到现代英语的"过渡期",大约从 1500 年开始才逐渐演变为当代英语的模样。我们知道,古英语属于综合性语言(synthetic language),其构词特点接近于现代德语,而现代英语属于综合—分析性语言(synthetic-analytic language),显示出不同于古英语的构词特征。随着时间的流逝,大量古英语词以及起源于日耳曼语的许多构词成分,尤其是前缀,迄今几乎消失殆尽。在英语母语者看来,古英语的拼写及读音与现代英语的差别之大,几乎完全是一种外来语。

语言变革往往产生于激烈的社会动荡时期。古罗马帝国的强盛,使拉丁语成为欧洲当时的强势语言。1066 年,诺曼底人征服英国之后,法语成为官方语言和上层社会语言,这一状况延续时间长达 400 年,它对英语产生了极大影响。与此同时,英语开始了大规模借词。1250 年之前,法语只在上层社会使用,许多普通民众仍然使用英语,借入的法语词数量很少。在此之后,由于法语被看作最高雅的语言,而英语则是粗俗的语言,所以学法语、讲法语成为普通民众的一种时尚和自觉行为。另外,由于语言交际的需要,上层社会人士也开始讲英语,但在交流中总感觉词汇不够用或用词生涩,因此话语中时长夹杂着法语词。于是许多法语单词进入英语,并与英语词汇融合同化。

法语借词产生的影响是巨大的,开始阶段或许还有借词特点,但随着时间的推移,使用频率的传播,借词逐渐融入英语词汇中。17 世纪中期之前进入英语的法语词,大多数都"英语化"了。除了拼写变化不大外,法语借词几乎完全按照英语的模式进行改造,不仅读音和语调"英语化"了,而且重音也仿照英语的指派规则,从词尾音节移到词首音节,且词尾轻读音节配置弱化元音,例如 'college(学院)、'village(村庄)、'manner(方式)、'nation(国家、民族)等。不过,有些借词的重音位置虽然从词尾音节移至词首音节,变为英语模式,但仍然保留着法语读音,例如 format /ˈfɔːmæt/(格式)、plateau /ˈplætəu/(高原)、boulevard /ˈbuːlvɑːd/(林荫大道)等。法语借词毕竟源自异族语言,具有不同于英语的重音类型,因此有些借词仍然固守着法语的重音曲线。17 世纪之后的法语借词,重音"英语化"的程度打了不少折扣,例如 ballet(芭蕾舞)、canteen(小卖部)、cartoon(漫画)、champagne(香槟酒)、prestige(声望)、routine(日常工作）等，它们全部照搬法语模式，重音置于词尾音节。不过，有些词仍然处于变化中，如 ballet 受到英语的同化，重音也可以置于词首音节。

英语和法语本来属于特征迥异的语族，但法语的影响几乎完全改变了英语的本来面目，致使许多英语母语者也分不清他们的用词究竟是源自法语还是本族语。在某种程度上，法语词的大量借入动摇了英语的根基，使英语成为一种没有根性的杂交语言。有学者形象地作出如下解释：

> 正是在法语的影响下，英语才最终走上了与日耳曼语"告别"的道路。一方面，虽然直到今天英语仍然属于日耳曼语族，但它与同一语族其他语言的差别已经很大；另一方面，它虽然受法语影响很大，但与后者也还保持了十分明显的区别。在某种程度上，也许我们可以把英语看成是日耳曼语族与拉丁语族，具体些说是盎格鲁—萨克森语与法语"杂交"所生下的"混血儿"。（戴问天，2003：113）

由于英语词汇绝大部分为借词，因此英语重音的演变充满了与借词之间相互冲突、相互融合的过程，其重音本身自然而然烙上了杂合的印记。

4.2.2 英语重音的杂合性

文献资料表明，在原始的日耳曼语中，双音节词的重音位置都在词尾音节，到了古北欧语和古英语时期，重音位置从词尾音节移到词首音节，这是日耳曼语历时上的一大变化（赵忠德，2006：117）。但是，日后的演变导致英语重音系统既有日耳曼语族的痕迹，又有罗曼语族（Romance Group）的成分。日耳曼语族包括英语（English）、德语（German）、荷兰语（Dutch）、丹麦语（Danish）、瑞典语（Swedish）等。罗曼语族包括法语（French）、意大利语（Italian）、西班牙语（Spanish）、葡萄牙语（Portuguese）、罗马尼亚语（Romanian）等。这些语言原本由拉丁语族（Latin group）演变而来，为什么称之为罗曼语族呢？原来，随着罗马帝国的扩大，罗马军团打到哪里，就把拉丁语传播到哪里。而这些在多处扩张的拉丁语逐渐产生了变异，人们将这些同源异流的化异语言统称为罗曼语族，实际上指的就是拉丁语族。

　　大量法语借词改变了英语，其影响无疑也波及重音。在早期现代英语时期（1500 年—1700 年），罗曼语重音规则虽然大体上得以构建，但是许多单词仍然保留着日耳曼语重音规则，它们或是唯一的重音曲线，或是与罗曼语重音规则并存的重音类型。在某种意义上，英语尽管仍然保留着某些日耳曼语的重音模式，但受到了罗曼语重音的巨大冲击。英语重音演变的总趋势明显地从单词左端指派（left-handed assignment）转向了右端指派（right-handed assignment）（但也有例外）。当然，演变是在数百年间逐渐形成的，这恰好印证了 Sapir（1921/2002：141）有关语言变化的"沿流（drift）"说，"没有任何一个语言构件是完全静态的。每个词、每个语法成分、每个词语位置、每个语音和重音，都是一个慢慢变化着的结构，由看不见的、不以人的意志为转移的沿流模铸着，这就是语言的生命。不容置疑，这沿流具有始终如一的不变方向"。所谓"沿流"应当解读为语言变化的趋向。

　　Lass（1999：126-127）的研究显示，在日耳曼语中，除动词前缀外，其他词类的前缀大都带有重音。有些前缀虽然现在仍在使用，但其形式已经改变，而且大多前缀已被源自法语、拉丁语和希腊语的前缀所取代。日耳曼语重音规则（Germanic Stress Rule）的典型特征是，重音始于左端词界，在不考虑音节值（syllable weight）的情况下，跨越单词前缀（标有重音者除外），将重音指派给词根的第一个音节，而所有的后缀不再指派重音，如 love、'lovely、'lovable、'loveliness、'lovableness。因此，日耳曼语被称作"固定重音"或"词首重音"，又称为左端指派（left-handed assignment）重音。与此相反，罗曼语重音规则（Romance Stress Rule）始建于词界右端，重音指派的原则是吸纳重音节，把主要的词重音指派给靠近词尾的重音节。如果词尾音节轻，那么重音就指派给倒数第二音节；如果倒数第二音节轻，那么重音就指派倒数第三音节。不过，重音最大的制约范围不许超越词尾三个音节，人称"三音节规则"（three-syllable rule）。随着词缀音节的增加，重音会从一个音节移到另一个音节，如 'photograph、pho'tography、͵photo'graphic 和 'equal、e'quality、e͵quali'tarian。故此，罗曼语重音被称作"自由重音"或"可变重音"，又被称作右端指派（right-handed assignment）重音。

英语受到罗曼语重音的冲击和影响之大，最终造成词端左重模式与右重模式杂合并融为一体。由此说明二者均有重音指派的"自由"基因，已如Blake（1992：85）所述，在印欧语系和最早的日耳曼语中，重音是"自由"的，可以置于多音节词根的任何一个音节，在特定情况下，甚至可以落在前缀或后缀上。所以"从许多方面来看，英语重音后来的演变都是两类对立倾向的相互调整，即词首重音与吸纳重音节的词尾重音之间的调整，形态条件限制与音系条件限制之间的相互调整"（Lass，1999：127）。试比较两种重音规则的例词：

(3) 'comfortable, 'loveableness, 'formidableness

例（3）显示出典型的日耳曼语重音规则，comfortable 和 loveableness 均有四个音节，而 formidableness 多达五个音节，它们的重音一概置于词首的词根音节。再看源自罗曼语重音规则的例子：

(4) a'cademy, ac'ceptable, de'lectable, re'fractory

根据"三音节规则"，人们可以预见（4）的重音位置，由于词尾两个音节均为轻，所以倒数第三音节应该指派重音。然而，例（4）的重音位置原本并非如此，它经历了从日耳曼语重音向罗曼语重音的演变。其重音位置的原形可以追溯为例（5）：

(5) 'academy, 'acceptable, 'delectable, 'refractory

随着重音模式的演变，这种四音节词的主重音位置仍然保持不变，不过需在右端的分支韵（branching rime）处指派一个次重音。如例（6）所示：

(6) 'aca‚demy, 'accep‚table, 'delec‚table, 'refrac‚tory

例（6）的重音模式仍然属于日耳曼语重音规则，但经过演变，还是被罗曼语重音规则所取代，例（6）的词重音最终定格在倒数第三音节上，即例（4）。不过，例（6）的重音模式一直延续到现代美国英语中，例如 'secre‚tary、'neces‚sary、'dictio‚nary、'commen‚tary 等。

比较而言，美国英语更多地保留着日耳曼语的重音规则，而英国英语更多地借鉴了罗曼语的重音规则 [1]。以 academy 为例，它的演变轨迹如图 4-1 所示：

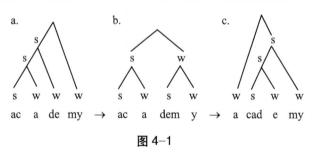

图 4-1

上述分析说明，日耳曼语重音模式具有吸纳异质成分的自由基因，因而形成与罗曼语重音模式的杂合和融合。前者的重音趋于左端指派，对形态敏感，对音节值不敏感；后者的重音规则趋于右端指派，对音节值敏感，对形态不敏感。多音节词无论是受到罗曼语重音规则的制约，还是日耳曼重音规则发挥主导作用，无论是英国英语模式还是美国英语模式，其重音位置可能存有差异，但音系规则遵循的不变原则是，重音通常置于间隔音节而不是相邻音节。这种重音格局在历时上和共时上都是如此，两种重音模式都可以判断和预测，业已融合的自由重音模式同样也可以判断和预测，否则英语节奏就会出现无序状态。

4.3 汉语的词重音之争

重音通常分为三种：对比重音、短语重音和词重音。一般来说，任何语言都有短语重音和对比重音（即语用重音），汉语也是如此。但在如何看待汉语的词重音及其端重问题上，语言学界迄今仍然众说纷纭，见仁见智。有的学者（如罗常培、王钧，1981/2002：135；厉为民，1981；殷作炎，1982；端木三，2000，2014 等）认为汉语有词重音，有的学者（如高名凯、石安石，1963：

---

1 美国英语更多地表现出对英语传统的继承性，这主要涉及地域的历时原因。根据侯维瑞（1995: 12-13）的研究，16 世纪末到 17 世纪初，首批英国殖民者远涉重洋来到北美。当时正值从中古英语到现代英语的过渡期，他们将较古的传统英语带到北美新大陆。在此之后，英国英语发生了剧烈变化，由于大洋阻隔，美国却没有发生相应的变化，这就是美国英语不同于英国母体英语的原因。比较而言，海外移民所用语言反倒要比母体同胞的语言更具传统性和保守性。

66；Hyman，1977；Selkirk & Shen/沈同，1990；Chen/陈源泉，2000；沈家煊、柯航，2014 等）则持否定意见。说到汉语的重音位置，人们通常将由载调音节与轻声音节构成的双音节词称为左重型，这一点似乎没有争议。但对两个载调音节构成的双音节词重音类型，意见又大相径庭。有学者（如 Chao/赵元任，1968；徐世荣，1982；林焘等，1984；Shen/沈晓楠，1993 等）认为汉语是右重型或后重型，也有西方学者证实汉语孤立词为右重的看法，如 Altman（2006）和 Kijak（2009：308）的实验结果显示，汉语母语者在英语习得时往往将重音置于词尾音节。有学者（如王晶、王理嘉，1993；Duanmu，2000；端木三，1999，2000，2014 等）认为汉语是左重型或前重型。如在端木三看来，重音是语言节奏的普遍规律，因而无论是在词层、短语层还是话语层，汉语都是左重。然而，绝对左重说往往捉襟见肘，难以揭示汉语节奏的整体特征，因而招致不少质疑。如法国学者 Dell（2004）对他的绝对左重观提出异议，认为这种看法没有提供充分的音系证据，有些例证与左重毫不相干，有些例证却与右重相一致。

还有学者（如高名凯、石安石，1963；林焘、王理嘉，1992；Chen/陈源泉，2000；王洪君，2004，2008：143 等）认为汉语是等重型或同重型。王志洁、冯胜利（2006）通过声调对比法，花了八年时间考察北京人对汉语载调双音节词的感知。他们的研究显示，北京话载调双音节词的左重型、右重型和等重型大体上各占三分之一，甚至等重型的比例更高。他们列举的部分例词表明，前字为平调后字为降调的双音节词，均有如下三个类型：

(7) a. 左重型：安静、帮助、包庇、猜测、仓促、方便、穿戴、习难、
吩咐、收获、声誉、干涉、估计、规律、恢复、督促、
修炼、庄重、伤害……

b. 右重型：包办、编队、编号、标价、参战、车库、充电、出众、
担架、灯泡、登陆、抽空、发电、光棍、出错、发货、
刀刃、开业、拉客……

c. 等重型：安葬、搬运、鞭炮、出售、车速、当代、崩溃、方案、
分店、干旱、更正、宫殿、关闭、规定、欢度、激战、
交替、接近、经费……

根据王志洁、冯胜利（2006）的解释，有些词语存在着"灰色地带"，可以是左重型，也可以是右重型。就汉语载调双音节的词汇端重而言，三个类型的比例近乎均等，类型之间的某些词汇定位不清。这充分说明，汉语重音缺失词汇标记，抑或缺失法语之类的词尾默认标记。由于汉语声调多为相邻音节指派，其间形成的轻重关系显得很不规则，因而难以判断（Chao，1968：38；Chen，2000：288），也难以预测（Shen，1993）和捕捉（王志洁、冯胜利，2006）。因此"没有确凿证据显示出重音的节律结构"（Bao，2003）。另外，汉语重音不能区别词义，不具备"音系学意义上的节奏重音"（王洪君，2004），原因是汉语里虽有轻重音，其音韵结构"起主要作用的是声调而不是重音"（罗常培、王钧，2002：151）。关键是，"对声调语言来说，声调决定重音，而不是重音决定声调"（Yip，1980：57）。由于汉语词概念难以界定（Chao，1975/1976），因此汉语没有词重音（高名凯、石安石，1963：66；Hyman，1977；Selkirk & Shen/沈同，1990；Chen，2000），或者"汉语没有明确的'词'，也没有明显的'词重音'"（沈家煊、柯航，2014），或者没有英语那样的词重音（许希明，2013）。总之，"汉语作为声调语言，在词层面没有结构性的范畴化、系统化的轻重音"（张洪明，2014a）。

汉语双音节词重音之争的另一有趣现象体现在不同的统计数据中。殷作炎（1982）的研究显示，右重型所占比例高达67%，左重型占17%，重轻型（即载调音节加轻声音节）占14%。林茂灿等（1984）从感知的角度考察双音节词的重音分布，有将近90%的听辨者选择右重。王韫佳等（2003）的统计结果是，左重比例为32.67%，右重为21.80%，等重为45.53%。邓丹（2010：62）给出的数据是，左重比例为46.67%，后重为12.3%，等重为41.7%。根据她的分析，造成如此差异的原因是实验语料不同，殷文和林文的考察对象主要以孤立词为主，而她的语料则取自语流中的韵律词。但作为重音语言的英语，无论是在孤立词中，还是在语流中，词重音位置均可预测，不能随意变化，绝不会出现如此不同结果。尤其值得关注的是，王文和邓著同样取自连续话语中的双音节韵律词，为何也会出现不同的数据反差呢？三组的单词端重比例结果显示，一为左重型居多，一为右重型居多，一为等重型居多。如果再拿出几组、数十组乃至上百组的实验感知数据，得到的结果可能还是类似的比例。上述情况说明，数据固然重要，但并非都能用来解释语音现象的规律，只有结合音系类型和节奏属性的观察视角，才能得出契合事实的结论。从表层上看，汉语载调音节与轻声音节构造的双音节词具有类似于词重音的特征。谓之类似是指，它们的属性是声调，而不是重音，但有可能伴随着重读。虽然载调音节具有重音的表征，但本质上是声调，抑或通过声调而实现（龚卡佳，1991；许希明，2013）；轻声音节类似于非重读音节，本质上还是声调属性。除此之外，绝大多数的载调双音节词之所以难以界定为词重音，原因在于汉语单音节性的本质属性以及缺乏定义明确的词概念（Chao，1975/1976）。

曾有学者试图将汉语重音纳入英语之类的重音语言框架，由此引起不小的误读。厉为民（1981）不仅认可"汉语存在词重音"，而且认为汉语同英语、俄语在词重音方面存在五点相同之处：1）非单音节词存在重/非重读的对立；2）属于不固定重音；3）重音念错有时会引起误会；4）有一部分词的重音未最后固定下来；5）常用的单音节词往往失去重音，口语中元音常脱落。这种观点对日后的研究产生了不小影响。如李学金（2002）说，"汉语次重音和英俄语次重音强弱差不多，汉语非重音比英俄语非重音强"。如此牵强的解释不仅误己，更是误人，显然会对中国人习得英语重音，外国人习得汉语声调起到误导作用。

针对汉语双音节词的重音之争，刘现强（2007：67）质疑说，无论是"前重"与"后重"之争，还是"重中"与"中重"的意见分歧，都是人们观察问题的角度出现了偏差。他认为汉语重音是中国 20 世纪初引进的西方"舶来品"。江迪（2011）也否认汉语重音的存在。我们认为，如果将汉语重音机械地比附于重音语言的框架或者结构上，谓之"舶来品"言之有理。如果全盘否定汉语重音的存在，显然又不符合事实。譬如汉语自古就有重轻说，且有重音之争，不过此乃单音节支点之间的孰重孰轻，与英语之类的词重音截然不同。如沈括《梦溪笔谈》的"字有重、中重、轻、中轻"；沈约《宋书·谢灵运传》的"轻重悉异"。历代文献中涉及音学的"重"与"轻"，"常同名异实，人们难得确解"。早期韵图《七音略》（郑樵）标列"重中重""重中轻""轻中轻""轻中重""重中重内重""重中重内重""重中轻内轻""轻中轻内轻"等九种名目，更成为韵学研究领域引人探查的难点（引自曹正义，1994）。根据曹正义（1994）的解读，汉语中所谓的"重"与"轻""各标志不同的音类，盖无疑义"；"涉及音韵的'重'与'轻'，'异义纷歧'，或概指音类的不同，或分指声、韵、调的类别"。针对学界"'重''轻'者，固与'开''合'异名而同实在"的观点，曹文认为，"开合中又各别轻重，凡开口多重而亦有轻，合口多轻而亦有重"。由此说明，古汉语中的"重"与"轻"无论如何变化，实指发音时开口度的开与合，且与调一起构成音类或韵类。从现代语言学的视角看，音类无论开口大小，只要承载声调，都是重音节，均含双莫拉。可见，古汉语和现代汉语的确存在重音。

基于上述，古代汉语和现代汉语存在重音是一不争事实，但指的是短语重音和对比重音或语用重音，即使指词层突显，也与英语那样的词重音大相径庭。汉语词重音之争的焦点在于名物是否契合，诚如17世纪英国哲学家Bacon（2010：48-49）所言，"词语理解有两种假象，一是虽有名称，但事物确不存在（已如有些事物因观察不到而无名，有些名称因虚假设想而无物），二是虽有事物存在，但名称混乱且定义不当，概括草率且偏狭"。故此，很有必要澄清重音的概念和所指，力求名副其实、名正言顺。

4.4 重音与重读

英语文献用来指称重音概念的术语有stress和accent。前者源自英语，属于日耳曼语词汇，后者源自法语，属于罗曼语词汇。对许多语言来说，重音特指词层某一音节的突显（prominent），有人称为stress，有人称为accent。在Hulst（2011）看来，二者的混用已经引起相当大的乱象。他认为，尽管可将二者理解为互译文本，但也有差异。为此，他引用Abercrombie的观点，试图廓清重音和重读之间的不同：

> 我所说的单词，某个音节载有重读（accent）或者重读的（accented）成分（其他音节则不重读<unaccented>），我并不是说该音节的语音特征，而是指在某种条件（必须特指）的话语中，重读音节会彰显可预测的某些特征。不同重读的实现可能全然与语音无关。一个重读音节可以作为重音（stress）而实现，带有音高的不同特征，带有音节时长和音段时长的特征，带有音强的特征，带有不同组合的发音特征。但是这些特征都

没有包括在重读的定义里。(Abercrombie，1976 [1991：82-3]/引自 Hulst，2012)

Abercrombie 将重音理解为重读可能的语音实现，指可以观察到的语音属性，如较长的音长、较强的音强等，而重读自身缺乏语音内容，因而是难以描述的。Hulst (2012) 将上述引文概括为，重读本身是"内容缺失"的词汇标记，具有抽象的特征，而重音则是重读的语音和音系相关物。Beckman 将重读和重音区分得非常清晰：

"重读"指组合对比 (syntagmatic contrast) 系统，既用来构建韵律模式，将话语分成若干较小的短语，又用来指定这些模式之间的关系，将短语组织为较大的短语组合。"重音"指重读在音系上的划界类型 (delimitable type)，其重读模式的音高形态并非指定在词典中，而是从语调系统的形态库藏中由特定的话语所选定。(Beckman，1986：1)

Hulst (1999：6) 曾经详细论证过重读的标记法：

(8)
```
    3                   x        短语重读（phrase accent）
    2    (x             x  )     词汇重读（word accent）
    1    (x     (x      x  )     音步重读（foot accent）
    ø    (x   x) (x  x) (x  x)   重读承载单位（accent-bearing units）
     σ  σ   σ   σ  σ   σ  σ
     a lengthy  intro duc tion
```

例 (8) 显示，重读承载单位有六个候选重读音节，其中载重音节 leng-、in 和 duc- 充当音步重读，-thy、-tro- 和 -toin 因缺失载重资格而落选；leng- 和 duc- 充当词重读，唯有 duc- 充当短语重读。从中看出，层级越高，与重读承载单位的重叠率越多，duc- 与音步重读、词重读和短语重读都是重叠的，其次 leng- 与音步重读也是重叠的。

重读的位置非常灵活，往往随着讲话者的意图而定。诚如 Bolinger (1972) 所言，"重读是不可预测的，除非你是一个心灵阅读师"(mind-reader)。他认为，重读词项是焦点信息的节点，因而重读不可肢解为重音层，尽管两个本该分开的辖域往往混为一体。"混为一体"就是重音与重读的相互重叠。有学者曾将句法的不变关系和韵律的突显关系认定为直接映射，但 Beckman（1986：56）批评说，这一解说"过于简单化，因而是错误的。在此情况下，Bolinger 强调了确定话语重读组织的语用作用，这是无可厚非的"。故此，重音常被视为词汇属性，而重读常被看作话语属性或语用功能，意指可直接表达讲话者的意图，通常不可预测，但间接表达句法。对具体话语来说，重读的出现往往涉及某一特定成分或者整个句子的焦点，故与语调密切相关。Sluijter & Heuven 则从语言系统和语言行为的视角看待重音和重读：

> 重音和重读具有截然不同的特征：词中音节既可以重读，也可以不重读。重读用来聚焦且取决于讲话者的交际意图，即重读取决于语言行为。重音是单词结构和语言属性，这种属性特指词中哪一个音节最强。我们认为，"重音"指那些重读位置上潜在锚点（docking sites）的音节。当它们出现在狭义焦点的词中时，就会产生重读出借（accent-lending）的音高变化。我们据此认为，重音取决于语言系统（language system），而重读则取决于语言行为（language behavior）。（Sluijter & Heuven，1996）

Sluijter & Heuven 的结论是，音高变化（pitch movement）与语调层级这种更大的节奏单位密切相关，通常指重读，而不是词重音。下面举例说明重音与重读之间的微妙关系：

(9) Johnson flew to London yesterday.

大家知道，但凡实词都有资格成为词重读或短语重读的锚点或选项。例(9) 中的单音节实词 fly 在词库中虽无重音标记符号，却是默认重音。据此，Johnson、flew、London 和 yesterday 四个实词均有资格成为词重读和短语重读，诚然也有资格成为句子重读。如下所示：

(9) a. `Johnson ˌflew to ˌLondon ˌyesterday.

    b. ˌJohnson `flew to ˌLondon ˌyesterday.

    c. ˌJohnson ˌflew to `London ˌyesterday.

    d. ˌJohnson ˌflew to ˌLondon `yesterday.

在例（9）a 至例（9）b 的四个话语（句子）中，词重音都有可能指派重读，从而形成重音位置和重读位置的相互重叠，但只有指派重读的音节承载语调核心，成为句子的焦点，分别突显于诸多例子中。此外，重读不仅与实词的重读音节相重叠，而且还可能落在虚词的轻读音节上。如例（9）中的功能词 to 本来没有重音指派，但在话语中也可以承载重读，成为话语的核心。

（9）　e. ˌJohnson ˌflew ˋto ˌLondon ˌyesterday.

在（9）a 至例（9）e 中，凡是指派重读且承载调核的词项均有话语的组织功能，彰显出与其他词项之间的强弱对比关系，以展示重读的交际意图及其特有的语义功能和语用功能。然而，并非所有的音节都有资格承载重读，如 Johnson 和 London 第二音节中的 -son 和 -don，以及 yesterday 的最后两个音节 -terday 均无资格指派重读，原因是它们受到词重音的制约，即它们在音系词中没有承载重音的资格。这就是为什么重音有可能成为重读，而重读不见得都能成为重音的道理所在。

我们可将上述内容归纳为，重音系指较小的基本节奏单位，而重读泛指较大的节奏单位。重音的基本特征可以概括为：1）指单词某一音节的突显，具有位置上的对比功能；2）显示出基本节奏单位的主峰功能；3）通常载有语法和词汇意义；4）具有底层标记，可以预测；5）作为超音段音位，具有狭义上的抽象特征，受到重读的控制；6）具有可分析的语音内容，与音强、音长和音质有直接关系，显示出词汇性质，但与音高有间接关系（详见 7.1.1）。

重读的基本特征可以概括为：1）指话语某一音节的突显，通常与重音相重叠，且以词重音为基础；2）彰显出话语组织的突出焦点；3）具有语用功能，并参与语调的构建，但以语法和词义为基础；4）以词重音为基础，但并非完全相等，不可预测；5）作为超音段音位，具有广义上的抽象特征，对重音有控制作用；6）与音高密切相关，且与重音的语音内容有叠加关系。

4.5 声调语言的类型

在世界语言中，有多达 60% 至 70% 为声调语言，主要分布在非洲、太平洋、东亚和东南亚，以及南美洲一些地区（Yip，2002：1）。声调语言分为曲折调（如汉语）和非曲折调（如非洲或美洲的声调语言）两大类。两个系统的相同点是音高，均有高调 [H(igh)] 和低调 [L(ow)] 之别以及音高上的对立和变化。从发音上看，降调与 H-L（或 H-M/M-L）没有本质上的差别，早期生成音系学家把曲折调看作基本的音系单位，所以降或升在音位上不等于 H、M、L 的组合，这也是汉语方言学家所认同的观点（包智明、曹栌文，2014）。非曲折调语言虽然也有复杂的调类，但大多语言通常只有两三个非曲线声调。如班图语中的刚果语 [lakola] 这个词，三音节都读低调的意思是"棕榈果"，后两个音节改读高调，意思变成了"驱魔符"。另外，高、中、低三个等级可以表达不同的意义，如在约鲁巴语 [owa] 这句话中，两个音节都读高调是"他来"，前高后中是"他看"，前高后低是"他在"（林焘、王理嘉，1992：124）。根据王士元（1987）的研究，在许多班图语中，声调序列都有一种连音变调形式，主要来自组合转移，声调一般从左邻音节处获得。

不过，汉藏语系的连音变调是由调类替换引起的，声调的语音环境通常与连音变调没有关系。尤其是汉语（包括各地方言），其声调多为升调、降调，或降升调。所谓升调，就是由低调到高调；降调就是由高调到低调；降升调就是降调加升调。升调、降调、降升调都是多调素，也叫曲线声调（contour tone）。从元音辅音层与声调层的联接关系来看，两个层面不是一一对应的，而是一个声调联接元音辅音层与声调层的多个载调单位，是用多线或者曲线联接的，因此曲线声调也可以从曲线的联接关系来理解。曲线声调系统与非曲线声调系统大致有五点不同（包智明等，1997/2007：155-156）：1）在曲线声调系统里，曲线型声调是基本型，而非曲线声调系统里的曲线声调是派生的；2）在曲线声调系统里，曲线声调不因语素分裂而分裂，而非曲线声调系统里的曲线声调可以随着语素的分解而分解；3）非曲线声调系统里的曲线声调，可以根据它们的起点和终点分成两个音高点不同的语素；而曲线声调系统里的曲线声调的两个端点，不能分割为两个语素；4）在曲线声调系统里，带调单位与声调是一对一的关系；而非曲线声调系统里的带调单位与声调是一对多的关系；5）从分布看，曲线声调系统的曲线声调是自由分布；而非曲线声调系统里的曲线声调只出现在词的边缘，即不是词首就是词尾。

王洪君（1999/2008：222-225）曾经对比过汉语声调与非洲及日语类声调之

间的差异。根据她的描述，结构主义将后者说成音高重音，这确与汉语声调有某些共同之处，但也有很大差异。差异在于，音高重音在着眼于词内音节对比方面与音强重音类似，但它们的音高又不同于音强，这一点又类似于声调。非洲及日语类声调的突出特点是，具有区别意义作用的是调型，即"声调旋律"（tone melody）或"声调模式"（tonal pattern），调型种类不多，同一种调型既可以用于单音节（或单莫拉），也可以用于多音节（或多莫拉）。朱晓农（2012：401-402）甚至认为，真正的声调是亚洲平仄升降型声调，非洲高中低型声调是一种重音系统的扩展，离轻重音近而离平仄型声调远。Ladefoged（1982/2009：254）将日语看作声调语言与重音语言的混合体，并称之为音高重读语言（pitch-accent language）。理由是，日语词的重读置于某一特定音节上，这一点非常类似于英语词。重读位置如果不同，就会形成 /kákiga/（牡蛎）、/kakíga/（篱笆）和 /kakigá/（柿子）之类的对立。刘俐李（2004：20-22）从声学属性的视角论述说，音高重音与汉语声调相同，都是音高的相对变化，只不过汉语声调的音高变化在音节内，非洲声调和日语声调的音高变化多在音节间。有的学者将"音高重音"（pitch stress，通常译为"乐重音"）看作声调系统，有的视为重音系统的扩展，如桥本万太郎（2008：147）认为"日语同样是重音语言"。无论如何，两个系统之间最大的差别在曲折调，其次存在着单音节声调系统和多音节声调系统上的差异（Hulst，1999）。从结构上看，多音节声调指派虽然非常类似于重音的多音节指派，但其音高又不同于音强，将其划归声调又顺理成章。

　　Chomsky & Halle（1968）认为声调不能独立，应当依附于可载调的音段，而且随着音段的增减而增减。如果一种声调语言只有高和低两个声调（如非洲声调语言），那么就会出现 [+ 高调] 和 [- 低调] 两个对立的特征。按照他们的音系分析方法，声调和音段这两个特征应该归属音段特征。Goldsmith（1976）的《自主音段音系学》（Autosegmental Phonology）将声调从音段中分离出来，为声调设立一个独立音层（tier），认为语音表达的是一种架构（geometry），音系是分音层的，不同的音层有不同的音系特征，但音层之间的连接不一定是一对一的整齐映射（mapping）。声调和音段应该分属两个不同的音层，一个音层的音系单位如果发生音变，另一个音层的"自主音段"则不受影响，即不因音段的变化而变化，其音变具有自主性。于是，声调和音段的相互关系通过联结线（association line）得以建立，而联结线的联结必须遵循一定的原则。Goldsmith（1976）提出的联结原则是：

（10）联结规约（Association Conversion）

　　a. 每一个声调至少要与一个载调单位相联结；

　　b. 每一个载调单位至少要与一个声调相联结；

　　c. 联结线不可以交叉。

自主音段音系学在 SPE 理论框架的基础上深化了声调研究，其分析方法不仅适用于 Goldsmith（1976）举证的非洲直线声调型语言（即高调和低调之间的对立和交替，此不赘述），也适用于汉语曲线声调型语言。设汉语音段（音节）的声母和韵母同属一个音层，声调则属于另一个音层：

（11）　声调

　　声母　韵母

例（11）显示，声调音层和音段音层是各自独立的。汉语声调虽然紧紧依附在音节上，但某些音节可以脱离原有声调，且原有词义保持不变。尽管二者都是自主的，但其间"相互依附的程度不一样，声调依附于音节的程度，大大高于音节依附于声调的程度"（包智明等，1997/2007：131）。显然，自主音段音系学为分析汉语声调提供了重要的参考依据。

4.6 汉语声调与重读

20 世纪中期，文献常常出现复合术语 stress-accent 和 pitch-accent 以及更为传统的术语 dynamic accent 和 musical accent（Jespersen, 1934），其中的 accent 均译为"重音"。前者通常译为"力重音"，意指对发音体产生较强的作用力（如英语词重音），王洪君（1999：229）将其译为"音强重音"，更加突显了重音语言的本质属性；后者通常译为"乐重音"或"音高重音"，意指通过一个或多个语项的变化或分布得以实现。依据传统定义，"力重音"的音高和音长没有得到应有的体现，而"乐重音"似乎又没有完整地展示声调语言的特征。虽然前者指重音语言，后者一般指声调语言，但后者也可以指重音语言，这显然难以区分两种不同的语言类型，对声调语言也是不公的。

随着研究的深入，Beckman（1986：1）将上述两类简称为"重音重读"（stress accent）和"非重音重读"（non-stress accent），认为二者并没有音高上的差异，或者说差异在于程度，除音高之外，重音重读还有音强和音长之类的其他特征。关键在于，显示音高特征的重读与某些其他的音系现象非常相似，并与它们相互重叠或者同步实现（Heuven & Menert，1996）。在 Hulst（2011）看来，重音语言和声调语言都可以通过重读进行分析。

4.6.1 声调重音问题

早在 20 世纪 30 年代，赵元任（1933/2002：734-749）就用术语"声调重音"来解释汉语声调与重音的关系，这无疑彰显出作者超前的学术眼光。不过，他将"声调重音"指称为"力重音"，且用英语 stress accent 进行标注，而桥本万太郎（2008：89）将汉语北方双音词和短语称作"重音语言"，英语用词也是 stress accent。现在看来，两位先生混淆了重音系统和声调系统之间的差异，这或许是引发汉语重音之争的一个原点。然而，我们不能苛求前贤，毕竟对事物的认识总有一个渐进过程。只有在他们研究的基础上再进一步，才是当今学者的职责所在。

从最近几年的研究成果看，赵先生的"声调重音"和桥氏的"重音语言"，其中的"重"不该是 stress accent，而是控制词声调的 accent（重读）。根据重音与重读的所指差异，我们可以从许多学者的表述中找到佐证。如叶甫根尼·波里万诺夫认为，在汉语（北京方言）里，"事实上除了音节声调以外，还有覆盖在词上的一定的加重重音。而且音节声调的实现，正是由那个加重重音支配着的"（引自桥本万太郎，2008：136）。再如，"汉语节奏有一种节拍作用，而节拍点落在音节重心上，与重心相对的则是间顿"（沈炯，1994）。所谓词上的"加重重音"和"音节重心"都难以预测，往往"随着语言交际和特殊情况的变化而变化"（沈晓楠，1993），无疑指的都是重读。巴维尔（1987）认为，在连贯的口语中，北京话表现出重读音节的相对突显，具有强音节和弱音节交替的节奏趋向（或深层需求）。如果其重读音节的相对突显取决于深层的交替节奏，那么重音指派则不可能具有固定形式，而只能依赖于韵律语境。所谓"依赖于韵律语境"的重音也是无法预测的重读。邓丹（2010：24）将重音定义为"话语中出现在某些音节或词语上的一种突显现象"，冯胜利（2012）谈到北京话的轻重时，认为其中的"重"有"不同等级的重量"，而"重量"指的就是"凸显"。邓文和冯文所用的"突显／凸显"，英语术语均为prominence，指的当然还是重读。在汉语学界，吴为善先生是最早认识到汉语重读特征的学者之一。他鲜明地指出：

> 从声学特征来看，汉语节律结构中声音"扬"的音节与其说是"重音"，还不如说是"重读"，而"重读"凸显的却是声调特征。也就是说，从类型学的角度看，汉语的"重音"并不是那些多音节轻重型语言中以音强为基础构成的重音，而是以增加时长、凸显声调为主要特征的"重读"。
>
> （吴为善，2005）

陈其光（1999）研究过《河州话的声调重音》，从术语上看，他所说的"声调重音"似乎无异于赵元任先生的声调重音，但从研究对象来看却大不相同。河州话地处甘肃、青海一带，主要为少数民族所用，属于有声调的汉语和没有声调的阿尔泰语的混合体。其表现形态是，"多音节词的音高几乎不区别词，音节连读时的语音变化与重音、轻声、连读变调都不同，其中轻重差别最明显，而多数重读音节的音高与单字调相同"，因此陈其光先生把这种混合的语音现象称为"声调重音"。这种重音依然保留着少数民族那种以阿尔泰语为基础的特征，故此显示出"母语的特征更浓，音高模糊，轻重却突出起来"。可以说，这是声调语言与无声调语言互相渗透的产物，即以重音为基础的声调混合体，而赵元任先生所说的"声调重音"则是以声调为基础的重音混合体。

梁磊（2008：28-31）曾经考察过汉语"声调和重音的互动"，并提出如下问题：汉语是否会因声调弱化而从典型的声调语言演变为一种重音语言？或者汉语是否是一种既拥有声调又拥有重音的语言，即一种混合的韵律系统？基于上述，汉语既然没有英语那样的词重音，只有短语重音和对比重音／语用重音，即"重读"，而重读又可以指涉词层突显并彰显话语组织的语用功能，我们认为，应该用"声调和重读的互动"取代"声调和重音的互动"。虽然仅有一字之差，但体现了音系类型上的不同。Hyman（2006）从音系类型上提出三种假设：1）彻底性：

所有系统都可以指派给一种类型；2）唯一性：任何系统都不能指派给两种类型；3）非连续性：类型不能重叠。按照唯物辩证法的观点，"鸡蛋因得适当的温度而变化为鸡子，但温度不能使石头变为鸡子，因为二者的根据是不同的"（毛泽东，1937：277-278）。万变不离其宗，汉语普通话和其他方言，其音节无论变强变弱，或者变重变轻，绝不会脱离声调这个基础。就术语内涵而言，重读可以控制包括英语和汉语在内的所有词汇重音和词汇声调。基于此，汉语声调语言绝不会因为声调弱化而演变为一种重音语言。所谓既拥有声调又拥有重音的一种混合韵律系统也难以成立，其原因不仅涉及声调与重读的互动问题，也涉及汉语声调系统的音节结构及其组合机制，以及声调的语法语义等复杂问题。

Liberman & Prince（1977）指出，"英语是重音语言，而不是声调语言抑或音高语言"。他们正是遵循英语作为重音语言类型的属性，才从音系上探索出英语节奏的本体特征。同理，汉语作为声调语言类型，其音系属性只能是声调，据此才能合理解释汉语节奏的本质特征。事实已经证明，将重音和声调置于同一个音层的框架中显得条理不清，易于混淆重音、声调和重读之间的概念，造成结构误解、概念误读、引发争议。既然音高是重读的共同特征，那么就有理由明确提出声调重读（tone accent 或 tonal accent）的类型属性，以区别于重音重读的类型属性。对等的视角应该是，重音重读可以简称为重音，声调重读可以简称为声调。反过来说，重音和声调之上均有重读，或显示词层突显，或构成话语的组织功能，对声调语言来说，这种框架才是公允的分类和界定。

4.6.2 声调与重读的互动

根据上文讨论，我们赞成用"重读"或"重征"[1]这一术语对接并彰显汉

---

1 根据王洪君（2004）的解释，重音（stress）只指音强上强，重征（accent）则是广义的重音，泛指韵律上的凸显，这种划分值得肯定。但她认为，英语的 stress 叫作"重征"更为确切，似乎又混淆了二者的差异。林茂灿（2002）曾把话语中一个两个突显的音节称为韵律词重音，后来把韵律上主要跟基频（Fo）相联系的凸显称作"音高重调"（pitch accent）（林茂灿，2004）。"音高重调"可以理解为话语中的突显调，不过他把 accent 定义为"腔调"，但"腔调"只是其中一个词义，似乎也没有把 accent 说清楚。基于 Bolinger 等学者的论述，重音当指词层突显，重读实指话语突显，通常与词层突显相叠。二者可以界定为互补关系，而不是互换关系。这一关键节点无疑可以帮助我们廓清汉语声调与重读之间的互动关系。

语的词层突显和话语突显，将它假设为控制声调的高一级音层，使之既重叠于声调，又控制声调，如同英语重读既重叠于重音，又控制重音。这种视角无疑有助于廓清声调与重读之间的互动关系。其实，早在 20 世纪初，Sapir（1921/2002：188）就用术语 tonal accent 指称汉语声调的"重"，虽然可以将它译为"声调重音"，但译为"声调重读"或"声调重征"，意思更明确。

Bekman（1986：43）指出，许多语言的重读对立绝不可能出现在单音节词中，至少要有两个音节长的形式才能构成最小的对比重读模式。这种情况不仅出现在作为重音语言的英语和德语中，也出现在作为声调语言的汉语普通话和缅甸语中。在 Yip（2002：256）看来，声调语言音节之间也有突显上的差异，有些音节要比其他音节更长更响亮，或者更易于吸纳声调对比，即音高对比。Hulst（2011）采用"声调密度"法，即音节或单词声调特征的百分率分析声调语言，认为相对密度不仅涉及组合关系层（取决于位置如何显示声调限制），而且涉及聚合关系层（取决于每一对比选择的数目）。请看：

(12)　　　声调密度矩阵

T1 ＋ ＋ ＋ ＋ ＋ ＋

T2 ＋ ＋ ＋ ＋ ＋ ＋

T3 ＋ ＋ ＋ ＋ ＋ ＋

　x　x　x　x　x　x（载调单位）

根据 Hulst 的分析，只要有声调对比，音系声调就必须限定在词汇准入中。最小的声调系统包含高调和低调。较为宽泛的系统会加上中调，可能还有两种不同的中调（高低调和中低调），此外还有汉语之类的曲折调（升调、降调等）。例如：

(13) [xiǎolǐ zhēn bù jiǎndān] 小李真不简单。

在例（13）中，每个音节都载有声调，因而声调密度最高，音高对比的聚合特征也最为突显。与例（13）不同的是，汉语的每个音节都有资格指派重读。还以例（13）的句子为例：

(13)　a. ˈ小李真不简单。（不是"老李"）

b. 小[']李真不简单。(不是"小王")

b. 小 ' 李真不简单。(不是"小王")

c. 小李 ' 真不简单。(不是"假的")

d. 小李真 ' 不简单。(强调"不")

e. 小李真不 ' 简单（或简 ' 单）。(强调"不简单")

这里，载调双音节词"小李"和"简单"的前字后字都可能指派重读，形成声调和重读的叠加。其中"小李"的两个音节原本都是上声，为了声调和谐配置，前者由上声变为阳平，从而形成高调与低调的对立。这样的声调对比会造成某些音节失去重读，从而形成阳平和上声对立的中和化（Beckman，1986：42），进而产生弱化音节或轻声，使声调密度减弱。例如：

(14) [xiǎolǐ zhēn liǎo·buqǐ] 小李真了·不起。

这里的"不"在声调对比中失去声调，成为轻声。然而"不"也会因表义或语用需要而回归载调，且有资格指派重读。仅此而言，貌似英语词重音的汉语重轻结构，即由轻声构成的双音节词，音系上还是由载调音节和轻声音节组合而成（许希明，2013），轻声也是通过重读驱动而出现的弱化产物，在普通话和方言中都是如此。Iwata（2001）指出，影响汉语声调变化的一个主要因素是词重读（word accent），而重读的减缩会引起声调中和化，极端的例子就是轻声。学界迄今多将 word accent 译为"词重音"，但我们宁可译为"词重读"。两种译法虽有一字之差，但内涵和所指不同，前者指词层，可预测；后者兼指词层和话语层，不可预测。汉语词层突显不可预测，理当译为"词重读"，与下文讨论的"词声调"并不矛盾。此外，"词重音"容易与重音语言的节律结构相混淆，而"词重读"则兼指重音语言和声调语言的词层突显。Chen/ 陈源泉（2000：225-227）在谈到吴语新崇明方言中的"重"时，所用术语都是 accent，如"像重读"（accent-like）和"去重读"（de-accenting），并且认为汉语的焦点和语义内容都要通过"声调重读"（tonic accent）来实现。包智明（Bao，2003）和包智明、曹炉文（2014）从类型学上否定了汉语所谓的节律系统，认为汉语的声调系统摇摆于声调和重读之间，其变调域应该建立在重读分析的基础上，而不是重音韵律分析的基础上。

Hulst（2011）认为，汉语某些位置去除声调是由声调对比造成的，而声调对比层的重读可以造成弱化，进而产生深层对比的中和化，即"重读驱动弱化"（accent-driven reduction）。诚然，声调对比有可能造成某些载调音节失去重读，出现无调即轻声，但如前所述，汉语双音节左重型约占三分之一，其中载调加轻声的结构比例约占 6.7%（历为民，1981），原因是轻声在"国标字库"中仅有 0.75%，其静态数据占到 2.7756%，动态数据上升至 8.63%（孙金城等，1996）。如此看来，左重型中约三分之二并没有因音节趋弱而变为轻声。不争的数据说明，汉语轻声缺乏普遍性，远不像英语的轻重模式覆盖整个词汇（沈家煊、柯航，2014）。汉语的载调音节占到 90% 多，这个数据才是解释汉语词层突显的重要依据，也才能体现汉语节奏的普遍特征。原因是语义和语用是话语交际的目的和首选，它们控制着声调的在场或缺场。只有在不影响字义的情况下才有可能形成声调乃至元音的弱化或中和化。即使双音节词层出现前字重，即左重型，但绝大部分后字的音值仍然保留着饱满元音，目的还是为了成全汉语音节的附义性。或者说，词义促使汉语声调恪尽职守，不能轻易退场，由此形成声调对重读的反制作用，这就是为什么汉语只有极少部分变为轻声的原因。学术界历来讲究"有一分证据讲一分话"，不然就会以偏概全，甚至谬误丛生。

总而言之，汉语属于声调系统，不属于重音系统，但可用重读指涉声调对比中的词层突显和话语突显。"声调重读"意指明确，概念清晰，可以对接"重音重读"的音系类型。诚然，"重音"这一术语并非重音语言的专利，包括汉语在内的声调语言也可以使用。不过我们应该了解，汉语"重音"的对应英语应该是 accent。

4.7 小结

汉语的轻声词虽然貌似英语的词重音，但本质上由载调音节附加轻声音节所构成，而且它的固化比例不足 6%，难以涵盖汉语绝大多数词汇，没有普遍性意义（沈家煊、柯航，2014）。英汉语重音的音系差异，关键在于多音节词是重音指派的作用域，单音节字是声调指派的作用域。以上讨论显示，重音语言的重音指派和声调语言的声调指派，通常是可以预测的，而且均含重读的语音和音系相关物；重音语言和声调语言均有重读，其位置不可预测。重读具有话语组织的语用功能，对重音和声调具有支配作用，但多与后者相重叠。即重读不仅与词重音相重叠，也与词声调相重叠。鉴于重读是声调和重音的共性特征，我们提出汉语的声调重读属性（tone-accent property），简称声调节奏属性，以对接英语的重音重读属性（stress-accent property），简称重音节奏属性。它们的层级排列如下：

英语	汉语
重读（语用功能）	重读（语用功能）
重音（音系类型）	声调（音系类型）
词重音	词声调
多音节词（重音可预测）	单音节字（声调可预测）

　　这一节奏层级排列结构清晰，层次分明。首先，我们将重读假设为控制重音和声调的音层，它可能与载重音节和载调音节相重叠，以显示词层突显，也可以作为话语组织的语用功能。其次，将重音和声调设定为同一层级，属于音系类型属性，应被视为"内部"系统（Sapir，2002：45），或如沈家煊（2012）所指的"语言内部证据"，即"语言自身的证据，特别是语言形式上的证据；内部证据为主，外部证据为辅"。重音和韵律词是英语音系的内部属性，而声调和单音字是汉语音系的内部属性，重读则是两种语言的外部证据和共享特征。再次，处于较低音层的词重音和词声调以及多音词和单音字，都有可分析、可预测的音系表现。一个不争的事实是，节奏内部属性所表征的词汇重音和词汇声调，分别为英语母语者和汉语母语者所感知、所认同。无疑，只有通过重读的视角，才能对汉语左重、右重和等重各占大约三分之一的词层突显现象作出合理解释，也才能对英汉两种语言的词层突显作出合理和统一的解释。

第五章　英语词汇重音与汉语词汇声调的对比

词汇重音（lexical stress/word stress）和词汇声调（lexical tone/word tone）简称词重音和词声调。第四章分别将二者界定为英汉语节奏各自的内部系统或内部证据，英语词汇以重音为基础，彰显出结构属性及其轻重相间的组合关系；汉语词汇以声调为基础，显示出特征属性以及声调对比的机制。学术界虽然对汉语词重音众说纷纭，但已经对词声调这一术语形成共识。根据 Xu/许毅（2006）的定义，词声调就是用来提供词义对比的音高模式，而且承载着清晰的交际功能。当然，仅仅描写观察到的现象还不够，重要的是揭示这些现象背后隐含的机制。将汉语词界定为词声调，这样的指称以事实为依据，名实契合，既不会造成假象，也不会产生误解。下面讨论英语词重音与汉语词声调之间的诸多差异。

5.1 音强特征与音高特征

词重音和词声调在声学上体现为音强、音长、音高和音质四个参数，但表现程度有同有异。学界的共识是，音长和音质是二者的共有特征，而音强是词重音的本质特征，音高则是词声调的本质特征。仅此而言，汉语不存在词重音的理据，除了词层突显无法预测外，还缺失词重音的音强特征。不过，作为无法预测或测量的重读，它不仅可以指涉汉语的短语层和语用层，而且可以用于汉语声调对比下的词层突显，但绝不是英语词重音那样的概念。

5.1.1 英语词重音的音强特征

声音的强弱取决于音波振动幅度（简称振幅）的大小。发音用力强，振幅就大，声音就强；发音用力弱，振幅就小，声音就弱。比较而言，音高从紧张度进行描写，发音体越紧张，音高就越高；音强从力度进行描述，对发音体的力度越大，声音就越强。比方说，戏剧中演黑头的声音可以比青衣的强，但不如青衣的声音高，就是这个道理。音高在语音中的作用主要是构成声调变化，而音强在语音中的作用主要是构成轻重音。譬如英语有词重音，没有音节调。一个由多音节构成的英语词，有的音节是主重音，有的音节是次重音，有的音节没有重音。主重音的音节气流最强，声音大；次重音的气流次之，声次之；没有重音的气流弱，声音小。但"用气的强弱或声音的大小，不是解释声调变化的正确渠道"（包智明等，2007：130），如汉语的声调变化主要是声带的松紧变化，可以拉紧声带而用弱气流发出音高最高的音。

　　首先分析词重音的音强特征。在重音的作用下，音强、音长、音高和音质这四个参数都会受到影响，虽然并非同等重要，但学者们有不同的看法。Fry（1955，1958）通过考察 'object/ob'ject、'permit/per'mit、'contract/con'tract 之类的英语名词 / 动词 [1]，揭示了重读音节对元音音位的影响。他认为，在重音感知上，受影响最明显的是音高，其次是音长，再次是音强，最后是音质（元音大多为边缘性的位置）。Chomsky & Halle（1968：15）也持同样的观点，他们把重音曲线，即音高当作首要考虑的成分，但忽略了其他几个参数。对此学界有两点质疑：一是重音对哪些参数影响最为明显？二是影响音高变化的究竟是不是重音？

　　Heuven & Menert（1996）的实验数据显示，重音体现在音强、音长和音高这些声学综合参数上。音强和特定分布是听者判断词内音节差异的两个参数，而音高和音长的重音感知涉及不同的机制。他们认为，受重音影响最大的是音强，其次才是音高和音长。Clark & Yallop（2000：349）认可"音高是英语重音最为重要的要素，它与音强和音长一起体现了突显音节"，但又说"音强

1　王士元先生有个学生用词汇扩散法研究这类词，英语术语是 diatone，给出的汉译是"双重音词"（拉波夫、王士元，2014）。这个译法给人的感觉是一个英语词载有两个主重音，这显然不符合重音规则（见 6.3.1），容易造成误解。实际上，这类词还有另一个术语，叫 stress doublets，许曦明（2008：29）译为"重音同源异形"，意指一个拼写形态相同的双音节词，重音本该置于词尾重音节，词性为动词；但也可以前置词首音节，词性变为名词或形容词，从而构成拼写相同、重音位置不同的词类，也形成轻重曲线（动词）和重轻曲线（名词 / 形容词）的节奏对立。这种词类现象显然是语法干涉重音的合法手段。鉴于其同源形态结构和不同的重音模式，是否译为"同源异位重音"更恰当些？

或音长可能是重音的重要线索，而音高被某些其他功能优先占有了"。他们对音强和音长的解释几乎与 Heuven & Menert 的完全相同，而对音高的解释又与 Fry 和 Chomsky & Halle 的看法相同或相近。Clark & Yallop 虽然认可"音高是英语重音最为重要的要素"，但又说"音高被某些其他功能优先占有了"。言外之意，音高并不完全受到重音的影响，而是由比重音更为"优先的功能"所控制，这一点又与 Heuven & Menert 的上文分析相一致，即"音高和音长的重音感知涉及不同的机制"。Yip（2002：256）也持同样的看法，认为重音本质上重在定位，由此产生音长、音强和音高等语音实现的多样变化。因为音高是重音可能的反射（reflex）特征，所以它可能是话语尾部的重要部分，但并不指定在词层。Sluijter & Heuven（1996）和 Heuven & Jonge（2011）给出的解释显然更具说服力。他们以英语和荷兰语为例进行了分析，如果单词重读（accented）（即焦点成分的韵律中心），那么重音音节具有特别明显的音高变化。而音高变化是音高（句子重音）的相关物，不是重音（词重音）的相关物。Hulst（2014）的分析无疑提供了旁证，他说，如果重读音节不在焦点位置范围内，那么音高并非常常作为一个重要因素，而主要是由发音力度（articulatory force）构成的不同效果，特指强化的音强（即响度）、音长、发音的饱满度，即音质等。

　　显然，如果仅有重音而重读缺失，那么很难体现重音语言的音高变化。这一节点非常微妙，也至关重要，说明重音与音长、音强、音质有直接关系，而音高则取决于重读。另有资料表明，荷兰语和英语的词层突显原本叫作"词重读"（lexical accent），后来才改称 stress accent（Beckman，1986：1），原因是前者无法涵盖作为重音语言系统的声学全貌，因而改称更为恰当。克里斯蒂尔（1997：338）的定义非常清晰，称作 stress 的重音只涉及响度（即音强）的语言学对立，而称作 accent 的重音则涉及音高变化的对立，类似的问题也存在于声调语言的分析中。这种界定给出了何为 stress accent 的准确答案，即重音语言为何在 stress 后加上 accent，二者不是互换关系，而是互补关系，同时也为声调重读类型提供了理论支撑。因此，将 stress accent 译为"力重音"和"音强重音"恰如其分，两种译法都准确地揭示出重音语言（如英语）的本质特征。

　　总之，只有重读的参与，英语词层和句层才能显示重音的音高变化，并伴随着音长、音强和音质的声学表现，以构成重读音节的整体突显功能。同样，许多非重音语言的音高也是重读最为突显的属性（Hulst，2011），如果没有重读的参与，汉语词层和句层也无法体现声调与语调的互动，即小波浪跨在大波浪上的关系（赵元任，1968：39/1979：28）。

5.1.2 汉语词声调的音高特征

音高与频率有直接关系，人们可以通过调节频率的高低来改变音高。频率音高指声音的高低，是由发音体的振动频率决定的，所以音高也叫音频。频率指发音体在一定时间内振动的次数。振动次数多，频率就高，声音就高；振动次数少，频率就低，声音也就低。语音的高低取决于发音者声带的长短、厚薄和松紧程度。一般而言，女性的声带较短较薄，所以她们的频率和音高均高于男性。儿童因处于发育期，声带发育不全，语音频率比成年女性还要高。人们可以灵活调节自己声带的松紧和厚薄，来改变音高。所以，可以简单地把音高变化看作发音时声带的松紧变化。声带紧，振动频率就高，音高也高；声带松，振动频率就低，音高也低。女性的音高比男性高，指的是绝对音高。而声调音高指说话人的相对音高，它通过调节声带的松紧来改变音高，促使声调发生变化。比如，普通话的去声调，其音高是从最高到最低的匀速下降，声带调节应该是从最紧到最松的均衡松弛。

音高是词声调的本质特征。Heuven & Sluijter（1996）分析说，词声调并不是主峰性的，词内的若干音节在任意组合时，既可用高调讲，也可以用低调说。就此而言，汉语与其说显示词层重音，还不如说其音节之间的重要区别在于声调的在场或缺场。Altman（2006）支持这种看法，认为汉语仅有音高就可以形成重要的词层对比，因而"作为声调语言，汉语的音高曲线（pitch contour）不能用来指重音"（Kijak，2009：67）。从类型学上说，"汉语词层的对比突显与意义突显是声调，而不是重音"（ibid，62）。林焘（1985）和曹剑芬（1986）在汉语的第一特性究竟是音高还是音长上持有不同看法，但都认同音强不是轻声的本质属性。包智明等（2007：129-130）学者明确指出，"用气的强弱或声音的大小，不是解释声调变化的正确渠道"。其实，赵元任先生早就意识到音强（响度）在汉语中的次要地位，"汉语重音主要是扩大音域，延长时间，其次才是增加响度"（Chao，1968：35）。无疑，澄清英汉两种语言的声学表现，是区分不同音系类型的一个重要依据，也是破解汉腔英语和洋腔汉语难题的一个切入点，但这一问题似乎还没有引起学术界的足够重视。

王士元（1987）认为，要把某类声调语言（如汉语普通话）的话语同一个非声调语言（如英语）的话语区别开来，仅靠检验音高是极难做到的。在Beckman（1986：1）看来，不论重音语言还是非重音语言，其音高的激活都需要重读，因此音高在 stress accent 与 non-stress accent 上并没有差别，或者说差别不是绝对的，差异在于程度。除了音强，前者还有音高和音长之类的特征，不过音高得益于重读。Gussenhoven（2004：42）论证说，"重读……是一种分析概念，不能被测量，因此它不同于重音，而重音通常是可观察的现象；重读也不同于声调，声调的存在同样也是可测量的"。实验数据显示，通过重音可以测量出载重音节的时长和清晰度，通过声调也可以测量出载调音节的音高曲线变化。根据 Hulst（2011）的研究，声调对比常常限制在词的特定音节中，这类现象已被分析为"重读"概念，其结果，声调关联的概念由重读所引导，抑或有赖于重读。这一提示并非是语音事实，而是音系事实（即声调的音位配列分布）。他将声调的词层突显解读为依赖重读这一音系事实，显然也是厘清汉语词重音之争的一个重要依据。

对汉语声调系统来说，音高是最为重要的特征属性。已有学者认识到，汉语音高变化上的突显绝不是英语那样的重音（许慧娟，2006），"而是以增加时长、凸显声调为主要特征的'重读'"（吴为善，2005）。汉语声调几乎涵盖了Hyman（2009）列举的所有五点属性（详见6.6.1），说明汉语的声调密度大，音节之间的音高变化频繁。熊子瑜（2009）的研究表明，声调音高变化尽管纷繁复杂，声调调值变化很大，但除了轻声或轻音之外，绝大多数音节内部的音高对比关系（主要体现为声调调形在升降、高低、曲直、长短等方面的区分性）在语流中仍然具有较强的稳定性。故此"声调之间的对立常常呈现出一种对称状态，或者是准对称状态"（石锋，1994）。

对照英语词重音的诸多特征，我们不得不承认，汉语没有词重音，但有词声调。音强是重音的必然属性，音高则是声调的必然属性，因此音强与词重音相生相伴，没有音强，词重音就失去了存在的基础。音强与词重音是一个问题的两面，二者相辅相成，须臾不可分离。英语有词重音，因此必有音强伴随。同理，音高与词声调密不可分，没有音高，词声调也失去了存在的基础。汉语如有词重音，也应该像英语那样具有较强的音强特征。但实验数据显示，汉语的音强表现极弱（Heuven & Menert，1996），因而缺失词重音存在的基础与条件。

5.2 多音节词与单音节字

McCawley（1968）曾从生成音系学的角度，讨论并区分声调、重音和重读的概念。引用如下：

(1) a. *声调* (tone):　　　(σ) (σ) (σ) (σ)

　　b. *重音* (stress):　　(σ σ) (σ σ)

　　c. *重读* (accent):　　(σ σ σ σ)

从音节数量区分来看，声调和单音节一一对应，而重音和重读分别对应于双音节和多音节。第四章将声调看作汉语节奏的"内部系统"或"内部证据"，因此我们认为，汉语声调应当跳脱重音层，直接由重读所控制，或者载调音节与重读音节相重叠，既可用于短语突显和话语突显，也可用于载调双音节的词层突显。

5.2.1 英语多音节词

Cutler & Carter（1987）的统计数据显示，英语单音节词仅占单词总量的11.4%（不过复现率多达 39.35%），其余都是双音节词和多音节词，而且双音节词非常强势。主要表现在：

第一，凡是两个音节组合为词，都会指派重音，实词毋庸置疑，虚词也是如此。实词例子不赘，仅举几个双音节介词如下：

(2) a'long, a'gainst, be'side, wi'thin, wi'thout, 'onto

第二，重音置于词首的三音节词，如果跟有两个轻音节，那么词中的元音和音节有可能脱落，形成拼写形态为三音节，实际读音为双音节的格局。例如：

(3) every   /ˈevərɪ/   → /ˈevrɪ/

    history   /ˈhɪstərɪ/   → /ˈhɪstrɪ/

    nursery   /ˈnɜːsərɪ/   → /ˈnɜːsrɪ/

    camera   /ˈkæmərə/   → /ˈkæmrə/

    chocolate /ˈtʃɒkəlɪt/   → /ˈtʃɒklɪt/

在英国英语中，某些四音节词有可能读为三音节，如 necessary /ˈnesɪsərɪ/ 和 lavatory /ˈlævətərɪ/ 分别读为 /ˈnesɪsrɪ/ 和 /ˈlævətrɪ/，在快速语流中甚至读为双音节 /ˈnesrɪ/ 和 /ˈlævtrɪ/。但在美国英语中，这种四音节音系词要添加次重音，构成两个音步，每个音步各有两个音节。词首音节指派主重音，第三音节指派次重音。比较如下：

(4)	英国英语	美国英语
lavatory	/ˈlævət(ə)rɪ/	/ˈlævəˌtorɪ/
necessary	/ˈnesɪs(ə)rɪ/	/ˈnesɪˌserɪ/
secretary	/ˈsekrət(ə)rɪ/	/ˈsekrəˌterɪ/
dictionary	/ˈdɪkʃən(ə)rɪ/	/ˈdɪkʃənˌerɪ/

多音节音系词除了主重音外，还有可能指派两个或多个次重音，其中的分支韵大多为双音节。例如：

(5) ˌApaˌlahiˈcola, ˌpentoˈbarbiˌtone, ˌreconˈciliaˌtory, ˌheteˌrogeˈneity, ˌinterˌnationaliˈzation

第三，去除重音，重构双音节词重音。我们知道，几乎所有的英语单音节词都有词重音，但独立出现时没有重音标记符号，被称作自动重音或默认重音。有些单音节词一旦构成复合词，且使用频率高，就有可能去除第二个重音，成为固化性的双音节词。如 break 和 fast 构成复合词 ˈbreakfast，cup 和 board 构成 ˈcupboard，sheep 和 herd 构成 ˈshepherd。经过时间的变迁，这些双音节词的复合痕迹似乎已经淡化，不仅呈现出重轻结构，而且显现出强弱组合的读音。再如，thirteen 是一个常见的双音节词，词首音节指派次重音，词尾音节指派主重音。但在 ˈthirteen ˈpeople 中，重音只能置于 thir- 上，而 -teen 则必须去除重音。与之相反，在 'just thir'teen 中，thir- 应去除重音，与载有重音的单音节词 just 构成一个节律音步（英语音步可以打破词界），而 -teen 须指派重音，构成一个单音节音步，实则后跟一个零音节 ø，使之成为重轻交替的节律结构。

综上所述，多音节结构是重音指派的平台，重音指派是多音节结构的抓手，二者相辅相成，相互依存。多音节组合可以调整为主重音与次重音的间隔搭配，抑或载重相邻音节可以操控为去除重音，目的都是为了体现载重音节与非载重音节的交替循环，以彰显英语"强者更强，弱者更弱"（许曦明，2008）的节律特征。理据在于，连续出现重读音节破坏了英语的节律模式，听话者觉得讲话人显得不耐烦，甚至粗鲁无礼（Fowler，1983：212），而重轻交替的节律模式才符合英语母语者的心理期待（Breen & Clifton，2011）。

5.2.2 汉语单音节字

由单音节字组成的汉语词却不同于英语的多音节词。Chao（赵元任，1975/1976）强调指出，必须澄清"字"与"词"的主次关系，"字"是汉语的中心主题，而"词"在很多不同意义上都是辅助主题，这是节奏赋予汉语的一个定式。单音节与"字"密不可分，即一字一音节；多音节与"词"息息相关，即一词多为双音或多音节。但汉语的词概念难以界定，且词义变化无常。正因为以"字"为主，以"词"为辅，所以"汉语里的'词'不容易归纳出一个令人满意的定义，因为本来就没有这样一种现成的东西"（吕叔湘，1980：46）。

从统计数据看，汉语的双音节形式高达 75%（吕叔湘，1963），少则占到67%，而单音节仅占 12%，但单音节词多为常用字，出现频率多达 57.53%（孙金城等，1996）。既然英汉语的单音节复现率大体相等，那么其间的差异是什么呢？如上所述，英语话语中的单音节词必须整合为重轻交替的结构，作用域为双音节或多音节。汉语双音节词虽然比例很高，但其中的单音节字复现率多达 57.53%，彰显出单音节性的支点属性，恰与声调原型的聚合机制相吻合。汉语的音节现象印证了汉语"单足以喻则单，单不足以喻则兼"（荀子语）的弹性说。根据潘文国（2005：140-141）的分析，单双音节之间具有互换的弹性关系，这是汉语节奏韵律的需要，也是音义互动的需要。单音节字可以扩展为双音节词，如将"邦""家""国"说成"邦家""邦国""家邦"等；将"衣"组成"衣裳""裳衣""衣服"等。反过来说，许多双音节词也可以回归单音节字。

不可否认，在声调语言中，"有些音节明显要比其他音节更长更响亮，或者更易于吸纳声调对比"（Yip, 2002：256）。不过，汉语词概念和词结构往往难以界定，因此在载调双音节词中，人们很难预测和判断词层的突显位置。根据 Chao（1975/1976）的分析，汉语有两种重音模式：一种是两个音节都有重音，每个音节均有饱满调(full tone)，但第二音节稍重一点儿，称作轻重格(iambic)，即右重型，此类构词常常是结构词；另一种是一个"强化重音音节"（a strongly stressed syllable）后跟一个极轻且无调音节，称作重轻格（trochee），即左重型，此类构词始终都是结构词。但汉语词常常难以界定，jiǎrú（假如）像是一个词，而 liǎhú（俩壶）虽有完全一致的节奏、声调乃至元音模式，但通常视为两个词。liù·da（溜·达）是一个词，而 jiù·ta（救·他）似乎是两个词，ta 在这里通常无调。除了重轻格与轻重格之外，还有重重格（sponchee），即等重型，此类构词几乎都不是结构词。在赵先生看来，这类组合所占的时间明显要长于其他两类。事实上，讲话者常常放慢重轻格的语速，且恢复第二音节的本调，于是重轻格变为重重格，目的是把结构词整合为可分析的短语。如在特殊场合，jiù·ta 中的 ta 可能重读且声调饱满，即 jiù tā（救他），而不是救别人。再如 tián·gua shì tián ˌguā（甜·瓜是甜瓜），tián·gua 是一个结构词，但 tián guā 不是一个结构词，而是两个词。载调的"瓜"其实就是语用上的重读。即使在重轻格中，所谓"强化重音音节"不也是重读，而轻声音节是声调对比下的弱化产物吗？再者，重轻格的 jiù·ta 在变为重重格的 jiù tā 之后，显然带有对比重音的语用功能，分明说的还是重读。另外，汉语不少词汇轻声都有可能回归载调，比如 shí·tou 回读为 shítóu（石头），dòu·fu 回读为 dòufǔ（豆腐），其词尾音节的"韵母由弱化回归原位"（王旭东，1992）。"回归原位"就是回归载调，而不是回归重音（许希明，2013），但可能会因词义或语用需要而载有重读。

尽管词重音和词声调在论说中多以成双结对的形式出现，但前者的节律结构趋于多音节组合，后者的音高特征以单音节为基础。关键在于，汉语一个音节就是一个"节奏单音调"（Chao，1975/1976），可以独立成为一个节奏单位，即一个单音节音步（许曦明，2008：277），或者是节奏的基本单位（沈家煊、柯航，2014），加之一字一音节，而一字又是自足的意义单元，因此重读可以因话语的表义需要而置于几乎任何一个音节上。

5.3 英语词重音规则

英语属于自由重音，双音节词的重音可能在前（如 'promise），也可能在后（如 a'dapt）；三音节词的主重音可能在词首音节（如 'cinema）、词中音节（po'tato）和词尾音节（如 ,engi'neer）。其实，在 Lass（1999：125）看来，英语词重音并不"自由"，它总是取决于（大多但有例外）音系规则和词法规则。突显曲线根据音节结构和词法结构，指派给词和其他成分，指派原则一般称作重音规则。Chomsky & Halle（1968：69-81）的研究发现，只有去除纯动词和形容词的词尾辅音，去除纯名词和派生词的词尾音节，才能彰显英语词重音的规律。他们的这一研究成果"具有划时代的意义"（王洪君，2008：18）。

5.3.1 主重音规则

英语词重音规则（Word Stress Rule）通常称作主重音规则，又细分为动词、形容词、名词和派生词的重音规则。根据 Chomsky & Halle（1968：69-81）的分析，英语动词和形容词的重音指派同受下列规则的支配：

（i）去除词尾辅音，如果词尾音节是 V 轻音节，那么重音应当指派给倒数第二个音节。例如：

(6) a. 动词：as'tonish, con'sider, de'termine, i'magine, in'terpret, 'promise, 'cancel

b. 形容词：'solid, 'certain, 'frantic, 'handsome, 'common, 'vulgar

（ii）去除词尾辅音，如果词尾音节是 VV 重音节，那么重音应当指派给该音节。例如：

(7) a. 动词：main'tain, ap'pear, de'vote, de'cide, sur'mise, a'chieve

b. 形容词：su'preme, ex'treme, re'mote, sin'cere, se'cure, com'plete

(iii) 去除词尾辅音，如果词尾音节是 V 轻音节，但后跟一个辅音，仍然构成 VC 重音节，因此重音应当指派给该音节。例如：

(8) a. 动词：col'lapse, ex'haust, e'lect, con'vince, ob'serve, a'dapt

    b. 形容词：ab'surd, im'mense, ab'stract, cor'rupt, ro'bust, cor'rect

英语名词和派生词的重音指派同受以下规则的支配：

(i) 去除词尾音节，如果剩余部分最后一个音节为 V 轻音节，那么重音应当指派给左端的相邻音节。例如：

(9) a. 名词：A'merica, 'cinema, a'sparagus, me'tropolis, 'javelin, a'nalysis

    b. 派生词：'personal, mu'nicipal, sig'nificant, 'arrogant, 'rigorous, 'vigilant

(ii) 去掉词尾音节，如果剩余部分最后一个音节为 VV 重音节，那么重音应当指派给该音节。例如：

(10) a. 名词：a'roma, hi'atus, ho'rizon, co'rona, a'rena

    b. 派生词：medi'eval, de'sirous, ad'jacent, in'herent

(iii) 去掉词尾音节，如果剩余部分最后一个音节为 VC 重音节，那么重音也应该指派给该音节。例如：

(11) a. 名词：ve'randa, a'genda, con'sensus, sy'nopsis, ap'pendix

    b. 派生词：inci'dental, tre'mendous, re'luctant, ob'servant, de'pendent

在许多语言中，音节是轻是重均与词重音的分布有关，这说明音段成分在音节中的配列（音节结构）与超音段的韵律关系密不可分，在英语中体现得尤为充分。实际上，主重音规则也有例外。譬如 Lass（1999：128）曾谈到重音同源异形（stress doublets），即重轻曲线（名词）和（同源）轻重曲线（动词）之间的明显差异。

(12)	名词	动词	名词	动词
	'object	ob'ject	'torment	tor'ment
	'project	pro'ject	'ferment	fer'ment
	'subject	sub'ject	'suspect	sus'pect

在该组双音节词中，词尾都是 VCC 重音节，指派重音理所当然，如动词栏。跳过词尾重音节将重音指派给词首音节似乎并不合法，如名词栏。不过，两栏之间的基本差异就是名词的重轻曲线和动词的轻重曲线。按照名词去除词尾音节的重音规则，重轻曲线也说得通。对于这种现象，Lass（1999：127）解释说，重音同源异形词是日耳曼语重音规则延续的残留部分，属于罗曼语重音规则的内部演变，与语法层有关，而音节值则不予考虑（详见 5.2.2）。这应该看作语法干涉重音的现象，更多例子见 5.5.1。

5.3.2 次重音规则

次重音规则（Secondary Stress Rule）就是交替重音规则（Alternating Stress Rule）。英语主重音规则是基本的规则，但仅此规则仍然无法解释多音节词的重音分布规律，还必须用交替重音规则进行补充。根据主重音规则，诸如 machine、career、debate、command 之类的双音节词，其重音应当指派给词尾音节。依此类推，像 decorate、candidate、organize、anecdote、simplify、manifest、implement 之类的多音节词，其重音似乎也应当指派给词尾音节，但是为什么主重音偏偏前置词首音节，而词尾音节却指派次重音呢？这一现象只有在施用交替重音规则之后才能作出合理的解释。

如果使用主重音规则，上述几个多音节词的重音指派应该是：

(13) deco'rate, candi'date, orga'nize, anec'dote, simpli'fy, mani'fest, imple'ment

由此引发的问题是，重音的左端有一个分支韵，即两个音节，如果没有重音指派，这种音节结构显然违背了英语轻重交替的节奏布局。为此，必须在重音左端间隔一个音节处再指派一个重音。

(14) 'deco'rate, 'candi'date, 'orga'nize, 'anec'dote, 'simpli'fy, 'mani'fest, 'imple'ment

如果一个单词或短语中出现两个层级相等的主重音指派，显然又不符合相对轻重的原则。只有令其中一个较强，另一个较弱才符合英语的节律模式。根据音系规则，原有的主重音必须递减一级，因而词尾音节的主重音应降为次重音，Halle & Vergnaud（1987：234）将这种现象称作重音回撤（stress retraction）。据此，例（14）的重音指派最终定格为：

(15) 'deco͵rate, 'candi͵date, 'orga͵nize, 'anec͵dote, 'simpli͵fy, 'mani͵fest, 'imple͵ment（动词）

其实，给这种多音节词指派次重音是美国英语的重音模式，英国英语仍然不指派次重音。

分析发现，施用交替重音规则须在主重音规则之后，它起到的是补充和修正的作用。简言之，主重音规则用于主重音指派，交替重音规则用于次重音指派。主重音和次重音各有分工，先后次序明确。前者是后者的基础，后者是前者的补充。只有在主重音指派的前提下，次重音指派才有可能实现。在很多情况下，次重音的指派是由主重音衍生而来的，或者说是在新的主重音指派之后，原有主重音递次降级的动态结果（许曦明，2008：67）。与主重音相比，次重音是处于较低层级上的辅助性突出成分，只有借助于主重音才能存在。诚如 Blake（1992：83）所言，次重音不是一个独立的类型，而仅仅是一个"从属于"另一个主重音或是被另一个主重音"弱化"了的主重音。直言之，在一个多音节韵律词或短语中，首先要有主重音，可能的话，才能产生次重音。然而，次重音是英语节奏不可或缺的一部分，因而绝不可回避之。

根据 Halle & Vergnaud（1987：228）的论述，次重音既可以指派给主重音左端的分支韵，也可以指派给主重音右端的分支韵，孰前孰后主要取决于主重音的位置。一般而言，如果主重音置于词尾部分，那么次重音则应置于倒数第三音节。例如：

(16) ͵absen'tee, ͵nove'lette, ͵Japa'nese

如果主重音置于倒数第二音节，那么次重音则应置于倒数第四音节。例如：

(17) ͵mode'ration, ͵demo'cratic, ͵simul'taneous

如果主重音置于倒数第三音节，那么次重音则应置于倒数第五音节。例如：

(18) ͵uni'versity, ͵sensi'bility, ͵tele'ology

在主重音始于词首部位的多音节词中，美国英语更倾向于在其右端分支韵处指派次重音。例如：

(19) 'secre¸tary, 'every¸body, 'tele¸phone, 'thunder¸storm

受词根的影响，次重音指派有时还必须间隔两个轻读音节。例如：

(20) ¸beautifi'cation, ¸documen'tation, e¸lectrifi'cation, ex¸perimen'tation

有趣的是，重音指派的主次呈现出动态变化，就是说，因施用交替重音规则而失去主重音位置的音节，在词性功能改变、音节数目增加的情况下，还有可能回归主重音的位置。以上述例词中的 'deco¸rate 为例，如果将其转化为以后缀 -tion 结尾的名词，那么重音的主次位置就得前后互换，成为 ¸deco'ration。由此，我们可以勾勒出该词重音的动态变化轨迹：deco'rate → 'deco¸rate → ¸deco'ration。类似的英语单词很多，不再赘述。

5.4 汉语词声调规则

除了语法轻声外，汉语每个音节（或每个字）都载调，人称原调（或本调、字调、单字调、词汇调）。不过连字成词或短语时，字的声调往往会发生变化，这种现象称作"连续变调"，简称变调或衍生调。原因是"在自然语言中，声调的基频是很不稳定的，经常要受到前后音节调型和语调调型等方面的影响，连续变调就是很突出的例子"（林焘、王士元，1984）。变调在话语交流中不可或缺，如用原调或者变调不当，就会出现"怪腔怪调"。可见，原调是基础，显示出静态特征；变调是关键，体现出动态特征。变调将声调的静态特征和动态特征融为一体，目的在于语流和谐，节奏自然。变调千头万绪，非常复杂，但又不能随意乱变，它也有一定的规则和制约。这里仅考察常用变调规则和声调平化规则。

5.4.1 常用变调规则

一般认为，在汉语四个声调中，上声是低调，其余都是高调，而变调的规则就是异化规则（Cheng/郑锦全，1973），即声调组合伴随着调型差异整合的规则。规则无论如何异化，声调组合总得遵循一定的规律，这就需要声调调节。

人们最为熟悉的变调是由上声组成的词或短语，即双音词如有两个上声调，那么前一个上声调要自动变为阳平调，后一个上声须保留。原因在于，"高调的背景更容易将嵌入的目标词感知为低调，相反，低调的背景更容易将目标词感知为高调"（林焘、王士元，1984）。包智明等（1997/2007：321-322）将上声变调的特殊规律归纳为两点：一是基于汉语的韵律特征，两个低调（上声）不能连在一起，因此如有两个上声（字）相连，前一个低调就得变为高调，即两个相邻的上声字，无论处于句法中什么位置，前一个上声必须变为阳平；二是一连串上声字的不同组合会使句子产生不同的变调结果。如此看来，将前一个低调变为高调，能够形成高调与低调的对立与交替，这无疑是汉语节奏属性使然。这里先讨论第一点。

(21) a. mǎimǎ　　→　　máimǎ （买马）

　　 b. tǎohǎo　　→　　táohǎo （讨好）

　　 c. wǔměi　　→　　wúměi （舞美）

前字上声变为阳平后，原来的"买马"、"讨好"和"舞美"分别变成了"埋马"、"桃好"和"无美"。但在语境的观照下，这种变化不会影响词汇意义，仍为母语者所理解。凡是这样的双音节词，其变调规则都是如此。为此，上声的变调规则可以表示为：

(22)［上声］→［阳平］/ ＿＿［上声］

Cheng（郑锦全，1973：63）曾对轻声变调规则进行了系统研究。他对轻声的产生以及轻声的调高和调形进行了综合考量，并且提出了"轻声规则"（neutral tone rule），"如果词层音节被赋'轻声'特征，或表层结构指派为非重读，那么其声调则变为轻声；高调后的轻声低且降，低调后的轻声高且升"。高调指阴平、阳平和去声，低调指上声。他以"姐姐"和"小姐"为例，认为前者是名词重叠，两个音素紧密相关，具有内部构词边界，但没有词界，因而可以直接作用于轻声规则。与"姐姐"不同，"小姐"缺失内部构词边界，只能间接作用于轻声规则，即经由变调规则再到轻声规则。二者的规则变化如例（23）：

(23) a. jiě + jiě → 轻声规则 → jiě + jie → 半三声规则 → jiě + jie

　　b. xiǎo # jie → 变调规则 → xiáo # jiě → 轻声规则 → xiáo jie

　　"姐姐"轻声变调的直接结果是 21+4，"小姐"轻声变调的间接结果是 35+2。郑先生的结论是，变调规则的运用先于轻声规则。诸如"姐姐"之类的重叠名词没有词界，因此不受变调规则的影响。他还认为，既然轻声规则只能用于非重读音节，所以它不可能成为循环规则（同上：69）。包智明等（1997/2007：286-287）也持相同观点：轻声规则不能像上声变调那样可以循环运用。例如：

(24) a. 葡　萄

　　　　2　2　　　原字调

　　　　2　*　　　轻声规则

　　b. 老 虎

　　　　3　3　　　原字调

　　　　2　3　　　上声变调规则

　　　　2　*　　　轻声规则

　　根据他们的解释，例（24）a 的轻声规则用于原生词素，所以是非派生环境；例（24）b 的轻声规则用在上声变调之后，所以是派生环境。所谓派生环境，指原生词素已经经历过变化（即词汇形态构成规则业已运用）或音系变化（即音系规则业已运用），非派生环境指原生词素未经历任何词汇形态变化或音系变化（包智明等，1997/2007：284）。

　　除上声变调规则外，"一"和"不"在组词和短语中一般也要变调。二者的原调分别是阴平和去声，但在双音词中会根据后字的声调发生变化。在去声前，一律变读为阳平。例如：

(25) a. yīdào　　→　　yídào　　（一道）

　　b. yīyàng　　→　　yíyàng　　（一样）

　　c. bùshì　　→　　búshì　　（不是）

　　d. bùpà　　→　　búpà　　（不怕）

如果"一"在阴平、阳平和上声前，一般变读为去声。例如：

(26) a. yītiān   →   yìtiān   （一天）

    b. yīnián   →   yìnián   （一年）

    c. yīwǎn   →   yìwǎn   （一碗）

汉语变调错综复杂，学者们已经归纳出不少规律。如王洪君（2008：231-232）指出，平调和斜调分布自由，曲折调分布不自由，只出现在语素单念时、合音或多音词尾音节上，原因是含有两个莫拉的音节可以正常地容纳两个不同音高的声调特征，第三个音高值只能出现在停顿处。

5.4.2 声调平化规则 *

刘俐李（2004：117-118）归纳的"曲拱求异律、低调限制律和高低间隔律"，的确抓住了汉语变调的基本规律。但在某些情况下，北京话还会出现声调求同的变化趋向，主要发生在重叠词中，不仅包括单音语素的重叠，也包括双音语素的重叠。包智明等（1997/2007：146）通过自主音段理论，较为系统地考察了这一变调现象，并将这种重叠音节称作"声调平化"，实指一种声调弱化现象。先看单音节重叠引起的声调平化：

(27) a. 红 hóng   → 红红儿   hónghōng-r

    b. 好 hǎo   → 好好儿   hǎohāo-r

    c. 慢 màn   → 慢慢儿   mànmān-r

    d. 乖 guāi   → 乖乖儿   guāiguāi-r

（包智明等，1997/2007：136）

以上的四个例词分别为四个声调，在组成重叠词后，第二个音节一律变成高平调，并且都有儿化音相随。Yip（1980）给这些词假定了一个后缀，这个后缀带有高平调特征，重叠仅仅发生在元音辅音的音段上，而不是声调层面，这才是自主音段表达的拿手好戏。按照自主音段表达，"好好儿"hǎohāo-r 的元音辅音层（用国际音标表示）和声调层应该是：

---

* 本节主要内容引自包智明等（2007：136-147）讨论的重叠词，恕不一一标注。

(28)　元音辅音层面　　xɑu　　xɑu　　r

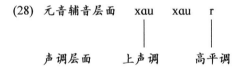

　　　声调层面　　上声调　　高平调

　　根据 Yip 的解释，第二个音节 [xɑu] 可以通过"规范条件"（well-formed condition）获得一个高平调。规范条件有两条规定：第一，元音（核心元音）至少要跟一个声调连接；第二，声调至少要跟一个元音（核心元音）连接。例（28）的具体操作是，把后缀的高平调延伸到无声调的第二个音节 [xɑu]，可用例（29）来表示（虚线表示延伸）。

(29)　元音辅音层面　　xɑu　　xɑu　　r

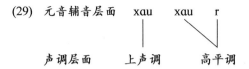

　　　声调层面　　上声调　　高平调

　　包智明等分析说，Yip 把后缀规定为高平调，而作为后缀的卷舌特征可有可无，即底层结构将声调的调素作为一个独立的后缀。后缀有时与卷舌特征共同出现，但卷舌特征并不是整个后缀的必要条件。在语音的表层结构中，这个阴平调后缀体现在第二个重叠的音节，因为单音形容词只重叠音节，不重叠声调。在语音的底层结构中，这个后缀性质的阴平调就是一个浮游声调，它并不属于任何带调单位。显然，浮游声调的概念可以合理地解释上述叠音形式的声调平化倾向。另外，上声变调之所以让位于重叠形容词（儿化）变调规则，优先条件起到了作用。根据包智明等（1997/2007：289）学者的比较，上声变调规则简单，前后涉及两个上声字，运用范围广，属于一个普遍规则。而重叠形容词（儿化）变调规则只适用于单音节形容词重叠并儿化的环境，运用环境有限，条件也较严，所以是特殊规则。在这里，上声变调的运用条件是重叠形容词（儿化）变调规则的第一部分，所以重叠形容词（儿化）变调规则优先使用。使用之后，上声变调规则不能再用，因为上声变调的环境已经不复存在。

　　还有不属于音节重叠式的现象，如"相片"、"唱片"、"画片"中的"片"字念去声，但儿化后，"相片儿"、"唱片儿"、"画片儿"的"片"字念阴平调。用自主音段的概念解释"相片儿"中"片"的声调，例（30）a 先中断音节"片" [pʰiɛn] 与声调的连接，再把后缀的阴平调延伸到音节"片" [pʰiɛn] 上，如例（30）b 所示。

(30) a. 元音辅音层面

自主音段理论帮助我们认识到，例（28）和例（30）的重叠仅仅是音节的重叠，而不包括声调的重叠。无论哪一种，重叠的音节均有高平调的倾向。

除了重叠形容词（儿化）变调规则之外，单音形容词重叠的声调平化体现得也很充分。如在双音节后缀的 ABB 式中，-BB 是一种音节重叠，两个成分均表现为声调平化。例如：

(31) a. 腾 téng   →   慢腾腾   màn-tēngtēng

     b. 甸 diàn   →   沉甸甸   chén-diāndiān

     c. 洋 yáng   →   喜洋洋   xǐ-yāngyāng

     d. 零 líng   →   孤零零   gū-línglīng

     e. 油 yóu   →   绿油油   lǜ-yōuyōu

（包智明等，1997/2007：140）

取"慢腾腾"为例，其词缀叠音表示为例（32）a，词缀叠音的声调表示为例（32）b。

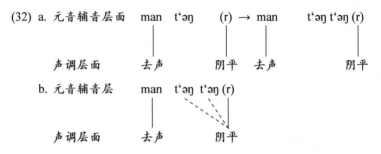

(32) a. 元音辅音层面

比较例（27）和例（31）发现，前者是单音语素的重叠，后者是叠音式的双音语素，二者都是通过音节重叠手段，表示一种生动意义，而且均有儿化和非儿化的形式。显然，北京话的音节重叠式存在着带有高平调的倾向。

5.5 词重音与词声调的功能对比

词重音有自己的规则与制约，词声调也有自己的规则与制约。除此之外，词重音和词声调还有不同的功能，主要体现在语法层和语义层。

5.5.1 英语词重音的语法／表义功能

已如上述，英语属于自由重音语言，但这并不意味着词重音可以随意指派。除了单音节词为自动重音外，但凡双音节词和多音节词都有一定的重音位置，不可随便移动。不过，绝大多数单词确有固定的重音位置，通常都在一个固定位置上，不能随意变动。一旦错位，轻者造成节奏模式错乱，重者产生语义误读。

根据英语主重音规则，如果动词尾音节是一个重音节，那么就应该指派重音。但是英语确有极少部分的动词，其重音也可以前置词首，但词性变为名词或形容词，甚至失去原有的词义，由此产生语法语义上的制约。人们称这种现象为功能性的词重音移位（functional stress shift）。王士元先生的一个名叫 Don Sherman 的学生发现，最早的词典中只有三个这类构词，不过随着时间的推移而不断增加（拉波夫、王士元，2014）。据不完全统计，英语目前已有 130 多个这样的重音同源异形双音节词。请看 Laver（1994：517）列举的主要例子：

abstract, accent, addict, address, affect, affix, ally, alloy, annex, assay, colleague, collect, combat, combine, commerce, commune, compound, compress, concert, concrete, conduct, confine（该名词只有复数形式），conflict, conscript, consort, construct, content, contest, contract, convert, convict, decrease, desert, dictate, digest, discard, defect, detail, discard, discharge, discount, discourse, entrance, escort, essay, export, exploit, extract, ferment, fragment, import, impact, impress, imprint, increase, incline, insert, insult, intern, intrigue, misprint, outrage, perfume, permit, pervert, present, proceed, produce, progress, project, protest, purport, rebel, recess, recoil, record, recount, refill, refit, refund, refuse, regress, reject, segment, resist, retail, segment, survey, suspect, torment, transfer, transform, transplant, transport, upset。

上述双音节词的重音移位大体上可以分为三种情况：

第一，重音换位，词性改变，意义相同。例如：

(33)　动词　　　　　　　　　名词

con'flict　斗争　　　　'conflict　斗争

con'trast　对比　　　　'contrast　对比

in'crease　增加　　　　'increase　增加

pro'test　抗议　　　　'protest　抗议

(34)　动词　　　　　　　　　形容词

ab'sent　缺席　　　　'absent　缺席的

fre'quent　常去　　　　'frequent　频繁的

per'fect　使完美　　　'perfect　完美的

pre'sent　展示　　　　'present　到场的（或作名词，如"赠品"等）

第二，重音换位，词性改变，意义发生微妙变化。一般而言，动词变为名词后，名词成为相应动词的动作执行者或承受者。例如：

(35)　动词　　　　　　　　　名词

com'pound　混合　　　'compound　混合物

de'sert　遗弃　　　　'desert　沙漠

re'bel　造反　　　　'rebel　造反者

sus'pect　怀疑　　　　'suspect　嫌疑犯

第三，重音换位，词性改变，意义不同。尽管动词与名词在意义上具有内在联系，但表层上似乎难以辨别其间的关联痕迹。试比较：

(36)　　*动词*　　　　　　　　　*名词*

di'gest　　消化　　　　　'digest　　摘要

en'trance　使入迷　　　　'entrance　入口处

ob'ject　　反对　　　　　'object　　物体

sub'ject　　服从于　　　　'subject　　主题

例（33）至例（36）表明，如同 Kelly & Bock（1988）所述，较之双音节动词，双音节名词更有可能占据趋于左重节奏的语境，这一发现与英语双音节名词的左端突显重音相吻合，也与英语名词和动词的重音历时演变相一致，同时也印证了节奏语境可能与重音历时演变密切相关的观点。Breen & Clifton（2011）的辨听实验显示，在诸如此类的同形异义词例中，如果读者听到实际的重音模式偏离了正确的重音模式，就会延缓读者的默读速度，达不到他们应有的期望值。

不容否认，英语中确有一些双音节动词在转化为名词时，重音并没有什么变化。例如，de'bate（动词）和 de'bate（名词），re'view（动词）和 re'view（名词）的重音都在第二音节上；'contact（动词）和 'contact（名词）重音都在第一音节上，而且名词所派生的动词通常都是这样。有些多音节动词转化为名词时也是如此，譬如 'inter͵view 和 'insti͵tute 的主重音都在第一音节上，既可以作动词，也可以作名词。另外，大多以 -ate 结尾的双音节动词其重音既可以置于第一音节，如 'dictate、'locate、'orate，也可以置于第二音节，如 dic'tate、lo'cate、o'rate，而且意义不变。再如，还有极少数词重音可以置于第一音节，也可以置于第二音节。它们词性虽然没有变化，但意义却出现不同，如 dis'count 是动词，'discount 也是动词，但前者的意思是"看轻"，后者的意思是"打折扣"。

除了动词与名词之间的这种差异外，有些形容词与名词之间也存在着类似的差异。例如 in'stinct（活跃的）和 in'valid（法律上无效的）的重音置于第二音节为形容词，而 'instinct（本能）和 'invalid（伤病员）的重音置于第一音节为名词。

5.5.2 汉语词声调的语法/表义功能

英语重音具有语法表义功能，但对汉语而言，"区分词汇意义的主要手段是声调而不是重音"（王志洁、冯胜利，2006）。汉语中所谓的"重音"，不仅被声调所包裹、所屏蔽，而且缺失词义担当。我们知道，汉语声调的音高变化与音节或词项有着直接的密切关系。同一个音节如果指派不同的四种调型，它就会成为四个不同意义的字项。例如：

(37)　a. mā "妈"（高平调）　　　　b. má "麻"（高升调）

　　　c. mǎ "马"（升降调）　　　　d. mà "骂"（高降调）

汉语声调的作用域是单音节，音高变化直接载义，具有一定的语法语义功能。譬如一些音节相同而声调不同的字，字形和意义都会发生变化。比如"买"[mǎi] 和"卖"[mài]，这两个不同意义的动词就是借助于声调的对立，而在"搭话"[dāhuà]、"答话"[dáhuà]、"打话"[dǎhuà] 和"大话"[dàhuà] 这组例子中，均因前字的不同声调而产生意义不同的语词。王力先生曾经考证过汉语声调的语法词义功能：

> 中古汉语的形态表现在声调的变化上面。同一个词，由于声调的不同，就具有不同的词汇意义和语法意义。主要是靠去声来和其他声调对立……就动词来看，声调的变化引起词性的变化，情况特别明显。凡名词和形容词转化为动词，则动词念去声；凡动词转化为名词，则名词念去声。总之，转化出来的一般都变为去声。（王力，1980：211）

上文谈到，英语重音的同源异形词可以表达语法和词义功能。同理，汉语的同形异调单音节字也有语法和词义功能。在古代汉语和现代汉语中体现得都很充分。下面是何善芬（2002：42-43）给出的两组例子：

第一组，名词或形容词变动词：

(38)　a. 和 hé　　　（形容词）　　　～气、～善

　　　b. 和 hè　　　（动　词）　　　一唱一～、奉～一首

(39)　a. 好 hǎo　　　（形容词）　　　～人、～心

　　　b. 好 hào　　　（动　词）　　　～客、～学、～吃

(40)　a. 斗 dǒu　　　（名　词）　　漏～、星～

　　　b. 斗 dòu　　　（动　词）　　～争、角～

第二组，动词变名词或量词：

(41)　a. 称 chēng　　（动　词）　　～米、～肉

　　　b. 秤 chèng　　（名　词）　　～砣、～盘

(42)　a. 磨 mó　　　（动　词）　　～刀、～练

　　　b. 磨 mò　　　（名　词）　　～盘、电～

(43)　a. 担 dān　　　（动　词）　　～水、～柴

　　　b. 担 dàn　　　（名　词）　　一～米、一～柴

　　汉语母语者利用这种资源，创作出许多妙趣纷呈的佳作。如有这样一副对联：

　　(44) 酒热不须汤盏汤，斤来无用扇车扇。

　　在上联中，前一个"汤"的字调为一声 [tāng]，用作名词，修饰"盏"；后一个"汤"的字调为四声 [tàng]，用作动词，意同"烫"。下联中，前一个"扇"的字调为四声 [shàn]，用作名词，修饰"车"；后一个"扇"的字调为一声 [shān]，用作动词，意同"煽"。

　　再举一例，从前有户人家，门上贴着如下一副对联：

　　(45)　长长长长

　　　　　长长长长长长长

　　　　　长长长长长长长

　　这副对联的横批、上联和下联居然都是一个"长"字。对联的奇特引来不少过路人驻足观赏，人们读来读去总是琢磨不透其中的奥秘，后经人点拨才恍然大悟。原来这户人家靠卖豆芽为生，希望豆芽长得好，于是写了这副对联。他们利用"长"字的两种读音和两种声调 [cháng] 和 [zhǎng]，将"长度"和"生长"的基本意义，再加上"长" [cháng] 与"常"，"长" [zhǎng] 与"涨"的同音同调异义，将数种成分巧妙地揉为一体。于是，横批解读为 [cháng zhǎng zhǎng cháng]，意指"常长长长"，还可以解读为 [zhǎng zhǎng zhǎng

zhǎng]，意思是"涨涨涨涨"。有人将上联读作 [cháng zhǎng cháng zhǎng cháng cháng zhǎng]，意思是"常长常长常常长"，即"长涨长涨长长涨"。将下读作 [zhǎng cháng zhǎng cháng zhǎng zhǎng cháng]，意思是"长长长长长长长"，即"涨长涨长涨涨长"。

上述例子说明，汉语母语者充分利用汉语声调的资源优势，将看似字同而调不同或者音不同的结构组合在一起，排列整齐有序，声调抑扬顿挫，音韵和谐优美，语义引人入胜。可谓结构美，视觉美，音韵美，意义美，美不胜收。

5.6 重音"盲点"与"声调盲点"

英语的内部节奏属性是重音，汉语的内部节奏属性是声调。前者的结构属性显示出组合关系和对比性功能，后者的特征属性显示出聚合关系和区别性功能（Hyman，2009），再加上重音和声调各自的规则和语法语义功能，因此在潜移默化的母语熏陶中，英语母语者对重音非常敏感，而声调则是他们的盲点。与此相反，汉语母语者对声调非常敏感，而重音则成为他们的盲点（许曦明，2008：223，253，263-265）。下面将分别论述。

5.6.1 汉语母语者的重音"盲点"

重音系统虽有类型差异，但总有或底层或默认的重音位置。根据 Kohler（2009）的分析，在重音语言中，重音是单词音节的音系位置标记（place marker），为了命题（propositional）意义或表达（expressive）意义的需要，位置标记可能置于单词的任何位置，它是理解单词的本质要素。如在俄罗斯语中，它载有单词区分的高级功能负荷；在芬兰语中，它可能固定在词首音节的位置，但没有功能负荷；位置标记可能出现在波兰语单词的倒数第二音节，在英语或德语中也可能受到词法的（部分）制约，带有低级功能负荷。然而，作为声调语言的汉语，其重音位置则很难确定。Shen/沈晓楠（1993）指出，在诸如英语之类的重音语言中，词重音可以通过音系规则得以预测。但与此相反，汉语音系学却预测不到词重音，所谓的词重音随着语言交际和特殊情况的变化而变化。有些双音节词既可以右重，也可以左重，如"父亲"在台湾普通话里是右重，但在北京普通话里却是左重。即使对同一个人来说，双音节词在不同的情况下既可以右重，也可以左重。

　　二语重音习得研究的实验数据表明，汉语母语者通常没有听辨或者感知词重音的语音知识。譬如，Wayland & Guion（2004）曾经分别对汉语母语者和英语母语者习得泰语声调进行数据测试，发现汉语母语者远远胜过英语母语者。他们解释说，彰显母语声调的结果可能迁移到二语声调的感知中，这不仅仅因为他们凭借母语的相同语音提示来标记声调（尽管汉语和泰语仍有某些差异），而是因为声调出现在汉语音系表征中，但没有出现在英语音系表征中。Chen/陈玉东（2007）的研究显示，汉语母语者在西班牙语词层难以操控重音，取代的方法是将声调作为超音段字调属性迁移并应用其中。可见"汉语讲话者通常没有重音位置的直觉"，"标准汉语里重音的声学语音研究没有提供始终如一的结果"。非常微妙的是，Altman（2006）曾对声调母语者的英语重音进行过感知测试，结果显示他们非常擅长识别英语的词重音位置。但在 Kijak（2009：158）看来，这是语音混淆重音感知的测试结果。在声调语言中，音高变化标记声调，且词层具有对比功能，而英语音高同样也是标记重音位置的一个主要依据。此外，时长是英语重音的重要依据，但它在声调语言中用来标记层级声调。对声调语言的母语者来说，这意味着辨认英语重音并非一件难事，因为辨认的语音依据（即用来标记词层对比属性的线索）均重叠于两种语言。重要的是，声调母语者在听辨英语单词时听到的其实是声调，即他们可能易将英语重音投射到母语声调中去。声调母语者虽然能够辨认重音位置，但他们对英语重音似乎并没有加以内化。按照张洪明（2014a）的观点，汉语母语者之所以比较容易辨认英语的重音位置，原因在于载重音节与载调音节具有语音凸显上的相似性，但这决不能混淆二者之间的音系差异。

　　针对端木三（2000：125）的汉语词重音假说，Kijak（2009：68）认为，即使汉语有重音，其特点仍与重音语言的重音大不相同。在汉语中，一个单词的强音节或重读音节常常是并存的，而且都载调。由于汉语是声调语言，其音高曲线不能用来指重音，因此难以"感知"重音。她的测试结果显示，汉语应试者对波兰语的重音感知非常贫乏，其中既有语音学方面的原因，也有音系学方面的原因。在语音方面，他们并不习惯用频率变化的线索来标记单词突显，因而他们对标记突显的方式并不敏感。在音系方面，他们并不像重音母语者那样将重音呈现在词层（Kijak，2009：157-158）。根据 Altman（2006：47-48）的分析，汉语既没有（词）重音定义上的声学属性，也没有词重音（word stress）的对比（contrastive）或者分界（demarcative）功能，词层并不存在潜在的节律结构，其重音究竟是什么仍不清楚。Kijak（2009：157）指出，汉语重音在词层不可操作，无论是对比层还是分界层，重音对单词辨认（word recognition）都不起作用，因而汉语母语者在重音感知上非常贫乏，既听不到重音信息，也不关注重音信息。总之，汉语母语者"没有音系上的词重音体验"（Altman，2006：126），他们的"内在音系只能判断声调而不能感知重音"（王志洁、冯胜利，2006），故此"汉语的节律结构问题仍然难下定论"（Kijak，2009：68）。

Peperkamp & Dupoux（2002）的心理语言学研究发现，如果语言词层缺失重音标记，其母语者可能表现出"重音盲点"（stress-deafness）。Hyman（2014）认为重音是激活英语音系的关键，所以英语母语者更"关注"重音，而仅有轻微重音标记的语言，其母语者可能显示出"重音盲点"。原因在于重读音节是节奏单位的主体，它承载着"最大的心理值，而非重读音节仅仅起到辅助作用"（Jespersen，1934：272）。Kijak（2009：319-320）直言，汉语应试者无法辨认重音，说明他们可能缺失二语重音的心理表征（mental representation）。就词层突显而言，汉语与非声调语言的差异的确很大。Kijak（2009：69）解释说，像汉语重读驱动的声调系统，其重音性质与非声调重读系统的重音性质是不可比较的。非声调重音语言如果视同为重音的话，那么汉语的相关突显只能是声调，因为其功能相当于重音语言的对比重音那种突显性质，就是说，它载有词义。词层载义诚然与语言的节奏属性密切相关，而节奏属性就是母语者感知到的心理现实。

5.6.2 英语母语者的声调"盲点"

重音最为重要的特征是其强制性，即每一个词汇词至少要有一个音节标记为节律突显的最高级（Hyman，2009），而声调可以在两个方面构成对比性，一是同一个位置出现不同的声调（如高和低），二是某个音节中是否载有声调（Hulst，1999）。其实，英汉两种语言均有 tone 这个术语，从表层上看，二者似乎没有什么差别，但它们的调域，即声调音域中的音高范围是有差异的。有时候，英语单音节词也可以载有不同的调型。例如：

(46) a. nō（平调）　　　　　　　b. nó（升调）
　　 c. nǒ（降升调）　　　　　　d. nò（降调）

这里，no 的音高可用平调，表示陈述语气；可用升调，表示疑问语气；可用降调，表示肯定语气；还可用降升调，表示保留意见。音高变化可以用来表达感情意义，但不直接承载词义，即 no 的调型无论如何变，原有词义依然不变。此外，二者的差异表现在两个方面：一是英语音高的作用域可以是单音节，但更多的是多音节词、短语或话语；二是英语话语如果出现单音节调，其间通常使用相同的调型，如 óne, twó, thrée, fóur, five and sìx。但音节之间如果载有不同的调型，英语母语者就会一筹莫展。如在"图书馆座无虚席"[túshūguǎn zuòwúxūxí] 这句话中，除了每个音节都载调外，其间的调型也多有变化，英语母语者在习得这种音节调时，总是感觉无所适从，因此难免出现声调"盲点"，说起汉语来带有洋腔洋调。

根据哈特曼和斯托克（1981：178）的定义和区分，语调指说话时声音音调（pitch）变化形成的旋律模式。与此不同，声调语言的词、词义和 / 或语法范畴可用音调特征来区分，音调特征是词的结构的一部分，而不是句子结构的一部分。译者将 pitch 译为"音调"，现在通常译为"音高"。由此可见，音高在英语和汉语中的差别在于，英语的音高变化大多体现在多音节上，而且缺失表义功能。Ladefoged（2009：253）解释得很清晰，英语虽用"声调"，即音高描述音节的高调或低调，但并不影响词义，譬如英语有 be'low 和 'billow 之类的重音对立，而不是声调对立。再如，三音节词 Canada，其音高的作用域跨越三个音节，而不是局限于单个音节。另外，无论指派平调、升调、降调还是降升调，它的词义依然不变，还是"加拿大"。但重音具有区别语法和词义的功能，如 be'low 的重音置于词尾音节，为介词或副词，意思是"在……下面"，

'billow 的重音置于词首音节，为名词或动词，意思分别是"巨浪"和"翻腾"。说到底，英语的所谓"声调"实指"语调单位"（intonation unit）或"语调群"（intonation group），译为"音调"更为恰当（详见 7.1.1）。恰恰相反，汉语的音高变化体现在单音节上，且具区别意义的功能，如 dā（答）、dá（达）、dǎ（打）和 dà（大），四个字义不同，显然取决于不同的声调。这就是学界将汉语声调称作"字调"的原因所在。

我们知道，四声调变化是汉语区分其他语言的一个显著特征。因而，在汉语作为二语习得中，声调习得始终是英语母语者的最大难点，即便到了中级或高级阶段仍然难以克服。林焘（1996）认为，"洋腔洋调形成的关键并不在声母和韵母，而在声调和比声调更高的语音层次"，所以"声调教学比声母和韵母教学更为重要一些，确实也更难一些"。朱川（1997：591）认为，在汉语语音习得的许多难点中，声调是影响话语可懂度的最敏感因素。在王安红（2006）看来，对初学汉语的欧美学生来说，他们对音高变化的单字调简直是一头雾水，很难准确把握每个音节的升降平曲。基于此，对外汉语学界把外国学生的语音习得聚焦到声调上。沈晓楠（1989）认为，美国学生学习声调的难度顺序是，阴平和去声要难于阳平、上声和轻声，错误类型主要集中在调域而不是调型上。王韫佳（1995）和王安红（2006）持不同看法，美国学生习得声调的难度顺序是阳平和上声要明显难于去声和阴平，调域错误和调型错误同时存在。而上声调的主要难点是位于调域下半部分的曲折调，其特点可以概括为"低"和"凹"，起始部分有些下降，将近一半时长都停留在调域的底层，末尾部分上升到声调的最高值（石锋、王萍，2006）。王韫佳（1995）的调查发现，美国的汉语学习者常把阳平和上声发成介于两个声调之间的 324 调。将阳平混同于上声的主要原因是起点音高没有把握好，如同刘娟（2004）的实验结果所示，当拐点位置在 20% 至 60% 之间时，起点音高对声调的感知作用最为显著，低于 20% 就会造成调位感知上的偏误。这说明，起点音高和拐点位置对于上声和阳平的感知界限偏移具有互补作用。

如果说单字调让英语母语者感到很头疼，那么连续变调，即语调层级影响下的声调变化，更是难上加难。石锋、王萍（2006）对北京话单字音声调进行了统计分析，并区分每个声调调位的稳态段和动态段。声调音高变化的动态段必须以稳态段为基础，以便正确传递与之相关的语法语义信息。因此，"对母语为非声调语言的学习者而言，他们的障碍是如何赋予音高以区别词义的功能，即建立声调系统；而母语为声调语言的学习者则面对如何改造已有的声调系统，即调整声调系统"（梁洁，2012）。

5.7 小结

本章考察了重音指派给英语多音节词，声调指派给汉语单音节字的对应依据。从两种语言的节奏内部属性看，英语词重音和汉语词声调的差异体现在音强特征与音高特征、多音节词与单音节字、词重音规则与词声调规则、词重音功能与词声调功能等方面。对比显示，英语词重音的节律结构及其组合特征不同于汉语词声调的音高特征及其聚合机制。音系内部属性模铸的结果是，汉语母语者对声调非常敏感，而在习得英语时经常伴随着"重音盲点"与汉腔汉调；英语母语者对重音非常敏感，但在习得汉语时总是显示出"声调盲点"与洋腔洋调。

第六章 英汉音步类型对比

迄今为止，学术界对重音和声调的研究远远超过了对节奏的考察。重音和声调不仅是超音段音位，而且是英汉两种语言各自的内部系统或内部证据。声调之于汉语，犹如重音之于英语，二者在各自语言中的节奏支点作用都是毋庸置疑的。因此，将重音和声调视为两种音系类型的"灵魂"应该是恰当的比喻。就此而言，重音是激活英语音步的基础，而声调是激活汉语音步的基础，由此形成两种不同的音步类型。

6.1 英语节律音步的定位

从历时演变的角度看，英语节奏单位的类型定位也曾历经艰辛的探索过程。英语的节奏类型先后历经比附希腊语、拉丁语等强势语言的尴尬，曾经出现音量观、重音观和时间观的节奏定位（刘现强，2007：15）。直到19世纪初，重音观才被确认为英语节奏的本质属性。

实际上，对重音系统的研究始于20世纪50年代，而真正开始认识重音的结构特征则始于20世纪60年代末期的生成音系学（generative phonology）。20世纪中期，语言学界就如何描写和表现重音与节律问题一直争论不休。结构主义音位学家认为，英语的重音现象是任意的，位置无法确定，没有什么规律可循。出于描写的需要，他们把英语重音或分为"重、中、轻"三个等级，或分为"重、次重、中、轻"四个等级。按照这种理论，超音段区别性单位与音段区别性单位的发现程序应该是统一的，但依照这一原则得出的结论却漏洞百出。1956年，Chomsky、Halle & Lukoff（1956）合作发表一篇关于复合词和短语重音的论文"英语的重音与音渡"（On accent and juncture in English），这是生成音系理论第一篇有影响的力作。1968年，Chomsky & Halle 合作出版《英语音系模式》（The Sound Pattern of English，简称 SPE），它的问世标志着结构主义音位学统治的终结，也标志着生成音系学的标准理论进入新时期。SPE 使用形式化的分析手段，借助数量有限的规则对重音等语音"不规则"现象进行解释，归纳出生成音系学的基本理论和一整套规则，不仅讨论了英语的重音曲线 (stress contour)，并且认为语言的发音、单词重音、句子重音都是有规律的，也是可以预测的。SPE 的创新之处在于，"许多非限定句子的音义对应取决于规则系统，语言习得者将这种系统加以内化……正是这种规则系统才使人们生成并解释从未见过的句子"(Chomsky & Halle，1968：3)。SPE 在理论上突破了传统音位学的重音观，运用形式化的分析方法和规则对所谓"无规则可循"的英语重音现象进行了解释与概括（宫琪，1993），但对重音规则的表述仍然受到线性模式的制约，因此受到学界的质疑与批评。由于开创性的成就和无法回避的问题，SPE 受到了极大关注和巨大挑战。

1975 年，Liberman 完成博士论文"英语的语调系统"(the intonational system of English)。他受音乐研究方法的启发，通过节律分析法论述语言重音和节律。20 世纪 70 年代中期，Kahn (1976) 的博士论文较为全面地阐述了音节在音系过程中的重要作用，这一理论得到普遍认同。受 Kahn 音节理论的启发，Liberman & Prince 于 1977 年发表"论重音与语言节奏"(On stress and linguistic rhythm) 一文，率先对 SPE 的线性模式提出质疑，并为节律音系学的形成与发展奠定了基础。他们指出，根据 SPE 理论，重音在任何音串中都会产生相对的排序，它们产生的重音值远比人们想象的多。Hogg & McCully (1987：63-64) 评价说，SPE 的重音指派规则产生了太多的重音值，英语母语者绝不会认同如此难以穷尽的重音层级。Liberman & Prince 的洞见在于，重音应该视为句法和词法成分的相对突显，而不是抽象重音值向元音的（准 -）聚合指派 (paradigmatic assignment)。

Liberman & Prince (1977) 鲜明地指出，"英语是重音语言，不是声调语言或者音高重读语言；英语词内与词间的重音模式具有节奏模式的语音现实，显示出完全独立于语调曲线位置的协调作用"。Hayes (1995：8) 据此解读说，"节律重音理论 (metrical stress theory) 的核心观就是，重音彰显出语言的节奏结构。也就是说，在重音语言中，每个话语都有一个节奏结构，作为话语音系实现和语音实现的组织框架"。重音语言的"节奏结构"就是节律音步 (metrical foot)。按照这种定义，重音和节律音步是一种相互依存、密不可分的关系。

　　Liberman 和 Prince 的节律理论早已得到学界的普遍认可，相关研究已经趋于完善。Halle & Vergnaud（1987）对 SPE 假设的线性理论进行了修正，认为不应通过 [±重音] 特征对重音进行表述，应当着力考察重音结构位置及其音节之间的强弱关系。这个位置就是音步，即音节之上、单词之下的音系成分。Hayes（1981，1995）、Kager（1989，1999）、Prince & Smolensky（1993）、Hyde（2001）等学者从不同视角考察了重音语言的节律问题，深入研究了节律的相对轻重原则（relative prominence principle）。他们将音步看作节律结构的一个底层单位，即重音音步（stress foot），双音节构成的音步为基本音步，又称标准音步或普通音步，通常置于音系词域内，且有一个严格规定：一个音步只能指派一个重音。

　　围绕重音构建的节律音步具有坚实的理论基础。Martinet（1960）早就指出，"声调是特征性和聚合性的，与此相反，重音是结构性和组合性的。原型声调具有区别性功能，而力重音则具有对比性功能"（引自 Hyman，2006）。基于此，Hyman（2009）将世界语言划分为重音原型与声调原型，指出重音是一种结构属性，其音节在节律层级上排列为相对的重轻关系，显示出重音的对比功能。重音在某一载重单位的出场意味着它在其他位置的缺场，由此形成重读音节与非重读音节之间的交替，这种轻重组合的对比关系显示在表层结构。作为典型的重音语言，英语的节律结构非常清晰，这一点已被普遍认可。Hyman（2014）认为，英语要比其他许多语言更"关注"重音。重音是激活英语音系的杠杆，而且已经成为英语词层音系学和词汇学的中心话题。他多次强调，重音语言的词层节律结构必须满足两个中心标准：1）必选性：一个词汇词至少有一个音节标记为节律突显（主重音）的最高等级；2）主峰性：一个词汇词最多有一个音节标记为节律突显的最高等级。此外，重音系统还必须遵守载重单位（stress-bearing unit）必须是音节这一属性。张洪明的观察和归纳非常清晰：

> 音系学家所说的音步是词内音步，也就是节律凸显音步。普遍规则保证每个音步只有一个音节是凸显（如强、重、长、高等），而语言特定规则确定哪一个是凸显音节。在特定语言中音节组成音步有严格限制。（张洪明，2014a）

英语的节律特征彰显于重轻交替、强弱搭配，这种特征在音步层、短语层和话语层均有体现。按照 Greenberg & Kaschube（1976）的形象说法，这种特征就是"君主式"的节奏模式，英语就是此类音步的典型代表。

6.2 汉语的音步类型之争

将英语节奏单位界定为节律音步，已经形成学术界的共识。然而，伴随着汉语学界的重音之争，汉语同样存在着音步类型之争，至今尚无定论。争论的焦点主要包括两个方面：第一，汉语音步是否具有词端绝对左重，或者词层重音非左即右的节奏模式？第二，汉语的基本音步究竟是双音节还是单音节？

6.2.1 汉语音步的名称之争

截至目前，汉语学界已有"莫拉音步"观、"音节音步"观和"松紧音步"观，其间的分歧有大有小。

6.2.1.1 莫拉音步观

端木三（1999，2000，2014）认为，节奏实际上就是重音，因此节奏论就是重音论。凡是节奏都是轻重拍交替，而重音和音步共存，因此汉语也有轻重拍交替的音步。他提出，第一，汉语有莫拉音步[1]，所以普通音节比轻音节重。第二，汉语有左重音步，所以重音都落在奇数音节上。第三，词以上的重音，由句法关系而定，即辅助成分比中心成分重，即"辅重论"。对此，许多学者（如 Chen，2000；王洪君，2004；吴为善，2005 等）提出质疑。法国学者 Dell（2004）批评说，莫拉音步观并没有充分的音系证据，有些例证与左重毫不相干，有些却与右重相一致。王洪君（2004，1999/2008：143）

---

1 莫拉意指每个音节的轻重高低长短基本相等，端木三虽将汉语的节奏单位定义为莫拉音步，但从所用的术语和论证看，几乎全部指重音音步，很少谈及声调。此外他坚持认为，汉语的"很多重音规律跟英语是一样的"，包括汉语在内的"音步一律有重音，而且一律是左重"（端木三，2014）。

认为，音步单说的形式才是它的深层表现，所以普通话的音步是后字长，后字重。她借助蒋平的如下观点加以论证，即音步重音可以有多种表现，从音系着眼，普通话是前字变调，后字不变调，不变调的后字应该有音系学意义上的重音，所以普通话的音步是后重。根据侍建国（2006）的观察，北京话双音节词的韵律格式只有"强强"与"强弱"两种；比较"强强"两个音节，后者更强，但这样的强没有类型上的对立作用。贾媛（2011）的"轻-重"感知实验数据表明，在两字组层面，语法结构无法决定重音的分布位置，所谓"辅重论"缺乏可靠的证据，偏正式和动宾式均倾向于"右重"。邓丹（2010：62）的研究结果显示，汉语的孤立词右重比例偏多，而语流中的韵律词左重比例偏多。王志洁、冯胜利（2006）的数据统计显示，北京人的双音组合出现左重、右重和等重各占三之一的现象，甚至等重比例更高。由此看来，诸多数据结果也不支持绝对左重的莫拉音步观。诚然，即使北京话里后字轻音较多，但"除前字带对比重音或后字是轻音的两字组外，北京话里并不存在一定要读前重的两字组"（赵杰，1995）。

6.2.1.2 音节音步观

冯胜利（2000：106）也不认可"韵素音步"（即"莫拉音步"）型，并提出自己的"音节音步"观，这一名称已经无限接近汉语归属"音节定时"型的节奏划分。不过他认为等重式并不存在，"在具体使用语境中要么是左重，要么是右重，视韵律句法交际的场所而定"（冯胜利，2012）。他甚至提出"北京话是一个重音语言"（冯胜利，2016）。北京话里重音多于其他汉语方言，这是不争的事实，但由此判断它是一个重音语言，这种命题似乎失之严谨。所谓"语境中的左重、右重"，当指话语层的语用功能，而否定"等重式的存在"又与左重、右重与等重各占三之一的数据相矛盾。"前重后轻"型充其量只占北京话的三分之一，仍有多于三分之二的数据提供了反证。为什么北京话没有全部成为"前重后轻"型呢？因为汉语声调载义，语义传递是口语交际遵循的前提，声调对重音产生的反作用是不言而喻的。由于"没有明确的'词'概念"（Chao，1976），所以"没有明确的'词重音'"（沈家煊、柯航，2014）。毕竟，

"汉语作为声调语言，在词层面没有结构性的范畴化、系统化的轻重音"（张洪明，2014a），另外，重音能否辨别词义，这是判断重音类型的关键。诚如马秋武（2015：152）所言，重音在重音语言中具有区别词义的功能，而且也是构成韵律音步的主要成分。汉语不存在具有辨义功能的词重音，但短语或短语以上的重音在汉语里无疑是存在的，它是语调重音，而非词重音。汉语的"语调重音"就是短语层或话语层不可预测的重读（accent），但有可能重叠于词层突显，这样的重音用 word accent 似更合适（许希明、沈家煊，2016）。原因如巴维尔（1987）所述，汉语多音节成分没有固定或者可预测的重音模式，而重读音节的相对突显主要受到相邻载调音节和语境的制约。受到"语境制约"的重音只能是语用重读，而不是词层绝对的左重型音步，也不是词端重音非左即右的节奏模式。

6.2.1.3 松紧音步观

王洪君（2004）认为，汉语音节都是字调，而单字调型在连读中的实际表现直接取决于结合的松紧，这种节奏并非体现在轻重的交替，而是表现在间隔的长短，由此她将汉语节奏定义为松紧型，即一段语流总是某两字或某三字的内部结合较紧，两字或三字组之间结合较松，由此形成松紧交替的回复。沈家煊、柯航（2014）既论证了汉语节奏的松紧问题，也考察了英语节奏的松紧问题。不同点在于，前者是"松紧控制轻重"，后者是"轻重控制松紧"。其实，他们自始至终谈的都是汉语音节松紧和意义松紧的特征，并没有直言松紧就是汉语的节奏类型或者音步类型。不过，"松紧"或者"停延"当指"语流中的音空载负着信息，所以'停延'应该是节律的重要特征"（吴洁敏、朱宏达，2001：5-6）。"松紧"或者"停延"就是王力（1959）所说的"顿"，但它"本身不表示节奏，顿的均匀只表示形式的整齐，也不表示节奏"。另如黑格尔（1981：77）所述，"顿"的功用就是防止音步之间的枯燥和单调，使节奏的时间尺度（长短）获得真正的生动化。总之，许多语言的单词、短语乃至话语之间都存在着松紧／停延问题。由于声调语言和非声调语言均有松紧或者停延的节奏特征，因此将松紧定义为汉语的节奏类型也不够贴切。

6.2.2 汉语双音节基本音步观

节律理论将双音节音步定义为节奏的最小单位（或单元），通常定义为基本音步和标准音步。基于此，冯胜利（1996：163）也把双音节音步看作汉语最小的、最基本的"标准音步"，把其他音步形式看作标准音步的"变体"：单音步是"蜕化音步"（degenerate foot）；三音节音步是"超音步"（super foot）。三种音步的不同在于，在一般情况下，标准音步有绝对优先的实现权，因为它是最基本、最一般的。"超音步"的实现条件是：在一个语串中，当标准音步的运作完成以后，如果还有单音节成分，那么这个 / 些单音节成分就要依附在一个相邻的双音步上，构成三音节音步。"蜕化音步"一般只能出现在以单音节词为"独立语段"（independent intonational group）的环境中，这时它可以通过"停顿"或"拉长该音节的元音"等手段去满足一个音步。

冯胜利（1998）进一步论述了汉语的"自然音步"，他以音译词"加拿大""斯里兰卡""布尔什维克""捷克斯洛伐克""布宜诺斯艾利斯"和并列字组"工农兵""东西南北""金木水火土""柴米油盐酱醋茶"为例，总结出如下规律：

1）单音节形式不足以构成独立的音步；

2）汉语的自然节律中不存在 *[1#1#2]、*[2#1#1]、*[1#2#1]；

3）汉语的自然节律中不存在 *[1#2#2]、*[2#2#1]、*[1#2#2]；

4）汉语自然音步实现方向是由左向右（即"右向音步"）；

5）汉语自然音步的音节"小不低于二、大不过三"；

6）在任何一个奇数字串中，纯韵律结构至多允许一个三音节音步。

王洪君（2002）赞同冯文的观点，并把普通话的节律模式概括为"二常规、三可容、一四受限"。此外，她将普通话"自然音步"的参数归纳如下（王洪君，2008：127）：

1）音节计拍

2）两拍步

3）音步实现方向：L → R（由左向右）

4）孤儿音节并入邻近音步，构成三音节的超音步王先生解释说，由于普通话划分自然音步的方向是从左向右，剩余的"孤儿音节"只可能在右向的末音节，所以三音节的超音步也只可能是右向最末一个音节。例如：

```
金  木  水  火  土          布  宜  诺  斯  艾  利  斯
*   *   *   *   *           *   *   *   *   *   *   *
(*  *) (*  *)  *           (*  *) (*  *) (*  *)  *
(*  *) (*  *   *)          (*  *) (*  *) (*  *   *)
```

不过，马秋武（2008：194）在引征 Feng/冯蔚（2003）观点的基础上，认为汉语的三音节音步不符合音系分析的一致性，应该分为两个音步："双音节音步"和"右向成音步"。据此，上例的音步格局应改为：

```
金  木  水  火  土          布  宜  诺  斯  艾  利  斯
*   *   *   *   *           *   *   *   *   *   *   *
(*  *) (*  *) (*)          (*  *) (*  *) (*  *) (*)
```

从音系分析的一致性来看，这类三音节分为一个双音节音步和"孤儿音步"确有一定的道理，因为尾部的单音节音步后可以适度延长，即跟有虚拟的轻音节。

截至目前，将双音节音步视为汉语的基本音步，几乎成为学术界的一致意见，理据是现代汉语的"双音节形式占到总数的75%"（吕叔湘，1963），甚至更高的比例。由此，汉语学界也在仿效英语的双音节基本音步的套路，构建汉语音步，但总是在前重还是后重问题上持有不同看法，同时也缺乏一以贯之的数据支撑。

6.3 英语节律音步的树形表征

节律音系理论问世之后，人们通常把重音语言的"节奏结构"视为节律音步。仅此而言，重音和音步密不可分，相互依存：音步基于重音而构建，重音依托音步而突显。

6.3.1 英语节律音步的结构

节律音步内只能有一个重读音节，即音步核心。节律音步可以表征为二分组合的树形结构。其特点是：1）双向分枝；2）每个节点有一个支配性的（dominant）强分枝（s）和一个被支配的（recessive）弱分枝（w）。二分组合可以表现为 [重轻]，即左重（left-dominant）结构或者 [轻重]，即右重（right-dominant）结构。如图 6–1 所示：

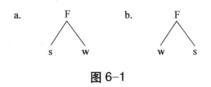

图 6–1

无论是左重右轻（如图 6-1a），还是左轻右重（如图 6-1b），这种音步总是表现出一种相对轻重、相互依赖、缺一不可的组合关系，即"轻"并非孤立的"轻"，而是"较轻"，"重"也并非绝对的"重"，而是"较重"。图 6-1a 通常被认定为音步的典型结构，它含有两个端点的二分组合（binary-branching），并且显示出端点之间的强弱关系。实际上，一个音步还有可能超过两个音节，如图 6-2 所示：

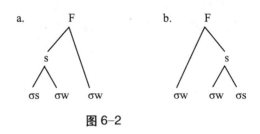

图 6–2

在节律树分析法中，重音的相对性和重音交替通过节律树的形式而得以表达。英语的节律音步是左重还是右重呢？在第三章谈到，英诗音步可以左重，即扬抑格，也可以右重，即抑扬格。为了格律规整的美学目的，英诗格律的布局通常是非常严格，甚至是苛刻的。在自然语言中看似没有资格承载重音的音节或封闭性词类，在某些格律诗行中可以破例升格而载有重音，充当音步中心，而有些开放性词类又必须降格而失去重音，否则就会破坏诗律的结构。由此观之，诗歌是源于自然语言，又高于自然语言的文学艺术形式。不过，"节律理论的音步概念既类似于但又有别于诗律音步……诗歌音步或格律应用于美学目的。但在节律重音理论中，音步则没有这种功用，它是单词节奏结构，即重音模式的表征"（Gussenhoven & Jacobs，1998：207-208）。

在自然语言结构中，孤立的多音节词其音步中心可以在左端，也可以在右端。但在话语节奏中，英语的音步中心一般定位在音步的左端，所以它的音步标记为左重，即 [s w] 组合序列。这种序列在词层、短语层和话语层都是如此，而且还可以跨词界而构建。左重组合序列的音步类型如树形图 6-3 所示：

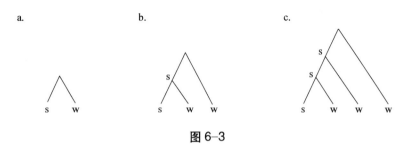

图 6-3

图 6-3a 为双音节音步，是英语最常用的音步类型；图 6-3b 是三音节音步，比较常用；图 6-3c 音步为四音节，常常被看成潜在的两个双音节音步，尤其是在美国英语中。

节律结构为解释英语音系词（又称韵律词）、短语和话语提供了坚实的理论支撑。按照 SPE 的分析，blackbird 可以分析为 1 2，也可以分析为 2 1，而 blackbird's nest 应该分析为 2 3 1[1]。基于音系节律理论，它们就能得到合理的解释。如图 6-4 所示：

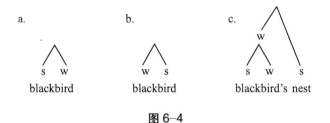

图 6-4

1　根据 SPE 的分析，数字 1 表示一级重音，2 表示二级重音，3 表示三级重音，其间似乎并没有内在的强弱关系，因而备受质疑，最终遭弃。

在图 6-4c 中，nest 承载的重音等级最强，其次是 black 上的重音，而 bird 受两个 w 支配，所以最弱。这种强弱关系远比 SPE 的分析简洁，且层次清晰。显而易见，节律理论的强弱关系并非"特指单个音段（或音节）的属性，而是体现在句中音节、单词和句法短语组合的层级节奏结构中"（Liberman & Prince，1977）。

6.3.2 英语节律音步的分析

在音系词、短语或话语中，必然会有一个突显音步。由于突显音步的中心吸纳语调核心或超时长（extra duration），因而它比其他音步的音步中心显得更为突出，音步之间同样存在着支配和被支配的关系。不过，随着重音指派的位移，"支配节点"（prominent node）和"被支配节点"（recessive node）的位置是可变的，故此将 recessive node 译为"隐退节点"更为合适。支配节点和隐退节点之间应当理解为一种辨证的动态关系，因为随着话语重音的位移或增减，支配节点有可能成为隐退节点，隐退节点也有可能成为支配节点（许曦明，2008：144）。含有三个或三个以上音节的音系词，很有可能指派两个重音。以音系词 moderator 和 moderation 为例，二者均有四个音节，应指派两个音步。如图 6-5 所示：

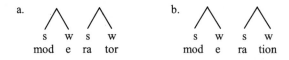

图 6-5

在音步层，图 6-5a 和图 6-5b 显示出清晰的重音曲线，但从音系词的层面看，这种节律结构还不够完善，因为音系词层也要显示出节律之间的强弱等级关系。如 moderator 的第一音节和 moderation 的第三音节载有主重音；与此相反，moderator 的第三音节和 moderation 的第一音节则载有次重音。它们之间的节律等级关系可以表征为图 6-6：

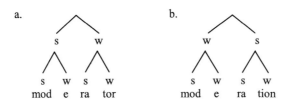

图 6-6

在图 6-6a 中，mode- 组成音系词的主要音步，-rator 则成为音系词的次要音步；图 6-6b 由 -ration 构成音系词 moderation 的主要音步，mode- 则成为音系词的次要音步。两个音系词的重读音节 mod- 和 -ra- 分别是所在音步的中心，较之音步的隐退节点 -e- 和 tor，它们是支配节点。但在音系词的节律结构中，较之主要音步中心 mod- 和 -ra-，次要音步的中心 -ra- 和 mod- 又成为隐退节点，即由支配性变为隐退性。不过，在节律音步的重音格局业已定位的 'mode͵rator 和 ͵mode'ration 中，-e-、-tor 以及 -tion 三个轻读音节则不可能由隐退节点升格为支配节点。随着话语重音的增减变换，支配节点有可能成为隐退节点，隐退节点也有可能成为支配节点。多音节音系词的重音指派是这样，短语的重音指派也是如此。以 understanding English 为例：

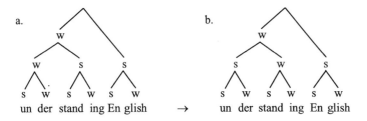

图 6-7

在 under- 这个音步中，un- 是支配节点，但与 -standing 音步中的支配节点 -stand- 相比，un- 则成为隐退节点，而 -stand- 与 English 中的支配节点 En- 相比，则又变为隐退节点。然而，-stand- 与 En- 相比虽是隐退节点，但与 un- 相比，却又成为支配节点，如图 6-7a 所示。根据英语节律规则，重音相对轻重的原则必须体现在每一个层级。为了避免短语层音系词 -standing 与 English

之间的重音碰撞，-standing 音步中的支配节点还得往左移至 under 音步的支配节点上，即由图 6-7a 改为图 6-7b（详见 6.4.3）。

节律结构的轻重原则在更大的节律单位——话语层中也是如此。"Many linguists go to Essex." 就是音系学家们常常举证的一个例子。这句话可以表征为图 6-8（引自包智明等，2007：261，略有改动）：

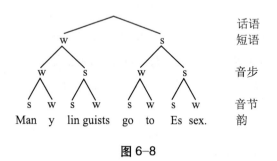

图 6-8

这里，英语节律结构体现在音节、音步、音系词、短语和话语的各个层级中。该例中的 lin- 和 Es- 在各自的音系词层都是支配性的，进入话语层后同样要呈现出相对轻重的组合关系，Es- 要突显于 lin-。与此同时，Es- 还吸纳了话语的语调核心或超时长。诸多例子说明，音系分析的首要任务就是找出语言的节律结构，即音段之间的强弱关系，音段如何构成音节，音节如何构成音步，音步如何构成音系成分，音系成分如何构成话语（颜宁，2009：73）。

6.4 英语节奏音步的调控 *

事实上，在很多情况下，音步并非和谐的结构配置，轻重组合时常发生节律冲突，因此必须进行调控，重新构建节奏单位，人们称之为节奏重音（rhythm stress）。英语节奏重音调控的对象是相邻的单音节实词或词内的相邻重音节，一般通过添加零音节、去除重音和抑扬颠倒手段进行变通。

---

* 本节部分内容引自 Hogg & McCully 所著 *Metrical Phonology: A Course Book*（Cambridge University Press，1987 年版）。

6.4.1 添加零音节

添加零音节主要针对单音节实词，而实词均有重音，只是隐含在底层（如词典注音所示），人称自动重音（automatic stress）或默认重音，但在节律结构分析中必须显示在表层。根据 Hogg & McCully（1987：228-229）的论述，音步是等时性的载体，又是音系时间的单位，因而单音节音步和双音节音步占有相等的音系时间。据此，单音节音步尾部当有一个虚拟的"空白"节点，可以定义为零音节（zero syllable），用符号"ø"来标记，意指占据着停顿（或延时）空间，相当于一个轻读音节的时长。譬如，由 two black cats 构成的短语，其音步结构如图 6-9（引自 Hogg & McCully，1987：229）所示：

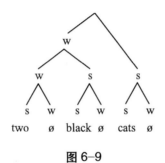

图 6-9

不过，零音节的位置不能随意添加，如在 fish and chips 的图示 6-10（引自 Hogg & McCully，1987：231）中：

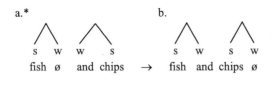

图 6-10

根据 Hogg & McCully（1987：229）的分析，零音节不仅应当黏附在音步中心的右端，而且必须置于两个重读音节之间。如果置于重读音节和轻读音节之间，如图 6-10a 所示，则零音节不合法。原因是两个音步一为 [s w]，一为 [w s]，节奏显得不和谐。而图 6-10b 恰好组成了 [s w][s w] 音步，从整体上彰显出相邻音步的节律关系。同样，话语中也可以添加零音节，但其位置应视情况而定。比较图 6-11a 与图 6-11b（引自 Hogg & McCully，1987：267）：

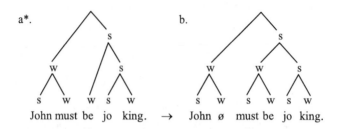

图 6-11

在图 6-11a 中，must 虽与 John 构成一个节律音步，但 be joking 构成 [w s w] 音步则违背了重音指派的规则。如将 John 和 must 视为两个隔离的分界，那么二者都有可能成为音步中心：must 与后跟的 be 一起构成一个音步，而 John 可以带有零音节，从而构成重轻交替的和谐节奏，如图 6-11b 所示。

6.4.2 去除重音

如果话语中连续出现重读音节，则带有比较明显的音节计时倾向，这显然不符合英语的节奏模式。因此必须进行操控，重新构建音步。调控的手段，或保持一个单音节音步，或去除重音（destressing）。Hayes（1981：171）指出，"去除重音规则"（destressing rules）就是"删除音步规则"（rules of foot deletion），意指去除一个音步的节律结构，并通过游离音节邻接（stay syllable adjunction）将其连接到相邻音步上。去除重音或去除音步（defooting），其目的还是促使音节出现重轻交替的节律格局。由于英语自然节律音步是左重结构，一般应去除偶数重读音节，将其连接到左端相邻的单音节音步上，恰好构成一个重轻音步。以图 6-9 为例，第一、第二音步中的零音节均可省略，将第二音步的重读音节变为轻读音节，构成一个重轻音步，故此图 6-9 应变为图 6-12：

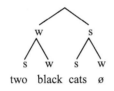

图 6-12

再以 John's cats killed two big mice 为例，根据去除重音规则，该句应该变为 'John's cats 'killed two 'big mice，其节律结构如图 6-13 所示：

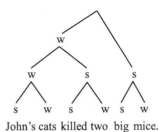

John's cats killed two big mice.

图 6-13

的确，英语话语鲜有重读音节毗邻出现的情况。就节律效果而言，连续出现重读音节一则不合英语节奏，二则英语母语者会觉得讲话人显得不耐烦，甚至粗鲁无礼（Fowler, 1983：212）。就交际效果而言，可能还会误读话语意义，导致交际失败。

6.4.3 抑扬颠倒

抑扬颠倒（iambic reversal）意指，如果出现一个轻重曲线，其后又紧跟一个重的节律结构，即 [w s s]，那么这个轻重曲线就要颠倒为重轻曲线，即 [s w s]，以免发生重音碰撞（stress clash）。thirteen men 是一个非常典型的例子，常被戏称为"十三人规则"（thirteen men rule）。其中，thirteen 两个音节都是重音节，均有资格承载重音，词首音节为次重音，词尾音节为主重音，但不允许等重。但在 thirteen men 中，thirteen 的重音必须前移到 thir-，-teen 须去除重音。如图 6-14 所示：

147

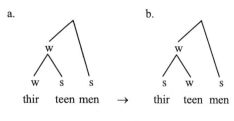

图 6-14

抑扬颠倒既用于音步层，也适用于多音节音系词。例如 ex'pect 加上后缀 -ation 之后，-pect 上的重音就会与其后 -a- 的重音发生碰撞，因此须将 -pect 的重音前移至 ex-，使 expec- 成为一个左重音步的分支韵，形成与 -ation 轻重搭配的节律结构，即 ,expec'tation。这种规则也当用于短语层和话语层。图 6-7 已经谈及这种现象，以此类推，图 6-13 中的话语层韵律 [w s s] 还需调整为 [s w s]。

然而，抑扬颠倒会受到音节值的制约。如包智明等（1997：178）给出的两个例子 raccoon coat 和 maroon coat，前者的重音位置可以颠倒，后者却不能。原因在于，raccoon 的词首为重音节，具有承载重音的资格，而 maroon 的词首为轻音节，没有资格承载重音，只能固守轻重曲线，无法与 coat 一起构成"重轻重"的节律结构。可见，抑扬颠倒受音节值的制约，相关音节必须是重音节，即只有"次重音＋主重音"的音系词才有可能变成合法的"主重音＋次重音"的重音曲线。

6.5 汉语节律音步的尴尬

根据 Liberman & Prince（1975）的研究，节律栅（metrical grid）把重音分析为一个抽象的二元列阵。其中，重音所在的节律位（metrical position）用"*"星号标记，非重音用空白表示。在节律栅里，语言的词重音结构分为三层：I 层、II 层、III 层。I 层为音节层，词的每个音节通常都在该层投映一个位置。II 层为音步（metrical foot）层，III 层叫词层。

侍建国（2006）认为，在北京话双音节词里，音节的重轻对应于音步的强弱，但双音节以上的重音类型就不存在这样的对应了。不过，他用节律栅形式，把北京话带有轻音节的三音节词韵律结构表示为 A、B、C 三式。简述如下：

```
    A 式                      B 式                     C 式
           *    词层                *    词层           *       词层
     *     *    音步层        *    *    音步层          *       音步层
     σ   σ   σ  音节层        σ  σ  σ  音节层       σ  σ  σ   音节层
     格  子  布                老 豆 腐                师  傅  们
```

在以上三个节律栅中，每个音节都在音步层和词层标示出其性质，星号为强，空白为弱。A 式是一个强弱音步后加一个强的不完整音步，B 式是一个强弱音步前加一个强的不完整音步，C 式是由一个强弱音步后加一个弱的不完整音步。

如果音步层两个重音相连，且相邻的节律位不是轻音音节，那么北京话的两个重音也要避免碰撞。例如，双音节词"塑料"的词重音在后，扩展为"塑料花"时，音步层两个重音发生碰撞，即 Aa 式。

```
        Aa 式
                         *     词层
            *            *     音步层
            ←    *       *     碰撞回避
                 *       *     重音回避
            σ    σ       σ     音节层
           (塑   料)     花
```

根据侍先生的分析，北京话的"碰撞回避"规则要求星号向左移动，这能够解释音步上"塑料花"的中间音节为弱音。按照他的解释，Aa 式与 A 式在音步层和词层的重音类型一致，二者同属一式。

"白塑料"的节奏可说成"单双"或"双单"，无论是前者还是后者，它们的韵律相同。之于"单双"节奏，韵律与"格子布"相同；之于"双单"节奏，韵律与"塑料花"相同。它的"单双"节奏可以表示为：

```
                  *      词层
        *         *      音步层
        σ    σ    σ      音节层
        白   (塑   料)
```

"白塑料"与"格子布"相比，虽然各个音步所辖音节数量不同，前者为 x (x x)，后者为 (x x) x，但二者音步层、词层的重音类型是一致的。"白塑料"

的中间音节因音步层无重音，韵律上只能是弱音。

如将三音节扩展为四音节，层次可能会增加，结构可能更复杂，但词层重音仍落在最高音步层的后一节律位上。一般四音节的韵律结构为 D 式。

```
D 式              *      词层
           *            *      音步层
      σ    σ    σ    σ    音节层
      黄    浦    江    畔
```

D 式第一、第三音节的音步层上均无重音，但两个音步不是弱起音步，因为所辖音节不是轻音音节。

带轻音音节的四音节词，根据轻音节的不同分布，分别为 E 式和 F 式。

```
E 式                           F 式
           *      词层                          *      词层
      *      *      音步层                  *      *      音步Ⅱ层
      σ  σ  σ  σ  音节层          *  *        *      音步Ⅰ层
      豆 腐 渣 子                    σ    σ    σ    σ    音节层
                                        老    豆    腐    汤
```

E 式与 D 式的不同在于音步所辖音节的性质，E 式音步下辖一重一轻的两个音节，D 式音步下辖两个重音节。在 F 式中，轻音节仍然控制着音步类型，"老豆腐汤"的节奏，不能像一般四音节词那样形成 (x x) (x x)，而是由一个完整音步前后带两个不完整音步，即 x (x x) x。其中，"腐"是轻音，节律上不能与前面的音节分离，"老豆腐汤""王麻子面"之类不能说成"（老豆）（腐汤）"或者"（王麻）（子面）"。此外，F 式音步Ⅰ层有两个相连重音，其中第二个星号并未因"重音碰撞"而移开，可能是"碰撞回避"规则不允许右向移动，也可能是轻音节不能承担重音。

根据侍建国（2006）的归纳，北京话双音节词有"强强"与"强弱"两种韵律类型。我们赞同这种分类。基于强弱搭配的节律原则，他又分别把三音节词和四音节词分为三种韵律类型。这种分析确有一定的道理，尤其是对轻声音节的音步分析，而遇到"重音碰撞"现象时，也会采用"碰撞回避"的原则。然而，这种分析显得复杂化了，原因如 Hogg & McCully（1987：63-64）对 SPE 的质疑，即重音指派规则产生了太多的重音值，英语母语者绝不会认同如此难以穷尽的重音层级。更何况包括北京话在内的汉语都缺失系统化、范畴化的轻重音（张洪明，2014a），即没有重音作为底层形式的确凿依据。譬如，侍先生将"白塑料"的中间音节，以及"黄浦江畔"的第一和第三音节分析为音步层无重音，韵律上只能是弱音。这种判断也显得牵强，毕竟"塑"和"黄""江"在底层上都是载调音节，称之为无重音或是弱音，似乎说不过去。再者，对于四音节词的重音模式，汉语学界也有不同的看法。譬如，赵元任（1968：35）认为，四音节词最后一个音节最重，其次是第一个音节，中间两个音节最轻。显然，用节律栅分析北京话的多音节词有点顾此失彼。

与汉语相反，英语节律栅具有范畴化的词重音为基础与依据。如 Alabama 的第一音节为次重音，第三音节为主重音，而第二、第四音节为轻音，轻重交替的节律结构具有明显的范畴化模式。该词的节律结构可以表示为图 6-15：

```
        *       词层
 *      *       音步层
 σ  σ   σ  σ    音节层
 Al  a  bam a
```

图 6-15

即便将 Alabama 扩展为短语，其重音曲线依然清晰。如在 visit Alabama 中，重音位置仍具远距离的影响力。可用节律栅表示为图 6-16（引自包智明等，2007：258）：

```
            *       IV   短语韵核重音规则
 *          *       III  词 层
 *      *   *       II   音步层
 *  *   *   *  *  *  I    音节层
 vis it Al  a bam a
```

图 6-16

与上例不同，词层之上的短语也要显示韵律突显。根据韵核重音规则，短语重音应置于第二个词上。节律栅解释英语节奏重音位移现象更为合适。例如，Mississippi River 的可以表示为图 6-17a，但它的实际表征却是图 6-17b（引自包智明等，2007：259，略有改动）。

a.   b.

```
                    *                          *    IV  短语韵核重音规则
          *         *              *      ←    *    III  词    层
    *     *         *              *      *    *    II  音步层
  * * * * * *                    *  *  *  *  *  *  I  音节层
 Mis sis sip pi Riv er   →   Mis sis sip pi Riv er
```

图 6-17

　　一般认为，在图 6-17a 词层（III 层）上，两个词重音前后相邻，产生碰撞，为此应将词层左边的星号再向左移动一位，变为图 6-17b。根据节律栅的阶梯性结构，星号应移到与音步层重音相对应的音节上。于是，在 Mississippi River 这个短语里，短语重音置于第二个词 River 上，而词重音则分别置于 Mis- 音节上和 Riv- 音节上。

　　"重音碰撞"在英语节奏中也能得到很好的解释，我们已经通过节律树形式谈到"节奏重音"的这种现象。下面再简要讨论节律栅的表征效果。以 engineer union（工程师协会）为例，根据短语的韵核重音规则，它的节律栅可表示为图 6-18a：

a.   b.

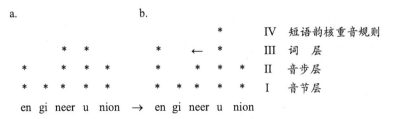

```
                              *        IV  短语韵核重音规则
        *   *             *    ←   *    III  词    层
  *     *   *   *         *        *    *   II  音步层
  *     *   *   *         *    *   *    *   I   音节层
 en gi neer u nion   →   en gi neer u nion
```

图 6-18

　　很明显，两个词重音位置前后相邻，-neer 与 u- 发生重音碰撞，根据回避规则，它的正确表征应当为图 6-18b。比较而言，英语有词重音作为构建节律音步的物质基础以及可供遵循的范畴化依据，而汉语缺失词重音的范畴化基础。显然，以重音为基础的汉语节律分析处在比较尴尬的境地。的确，我们可以借鉴西方的研究成果，但不能机械套用，原因是汉语缺乏英语重音那样的物质基础，也缺乏构建重音音步的基因和机制。

6.6 汉语声调节奏类型的构想

迄今为止，汉语学界几乎都把双音节组合或"二字＋顿"的交替往复看作汉语的基本节奏单位。然而，这样的基本节奏单位已经造成汉语音步类型的上述诸多分歧。看来只能跳脱上述思路，才有可能找到一条解决问题的路径。

6.6.1 汉语的声调节奏属性

汉语声调的属性定位似乎也要经历曲折的认识过程。三国时期，魏国孙炎的《尔雅音义》首次运用反切法注音，说明当时的学者已经较为清楚地认识到汉语声、韵、调的音节结构。"切"就是切分之义，即把一个音节的汉字读音切分为声、韵两部分，但韵是带调的。隋代陆法言的《切韵》继承了反切思想，也继承了南朝时期周颙和沈约受梵文影响创立的四声说，对平、上、去、入各韵部进行汉字释义，然后反切注音。唐代孙愐的《唐韵》丰富了《切韵》的内容，将韵部分得更细。本来，反切已暗含一个汉字的声、韵、调诸要素，但声调表达尚不明确。至唐代末年，汉语等韵学兴起，等韵图研究明确地显示出声调，它用标记汉语声类的字母，再依据《切韵》系韵书的韵部，把字音一纵一横地排列起来，用一声一韵各自拼合而成各个字音。韵母按声调直排，每个声调一大格，四个声调四大格。每个大格又各分四小格，自上而下四格，顺序为一二三四等，以四声统四等。四等之下是具体的汉语音节，音节之下是更具体的汉字。等韵学解释了声调与声母和韵母之间的关系，以及声调自身之间的关系，即声调并不属于具体的汉字，而是汉字的共有特征。等韵图把声调置于音系的最高位置，而且隐含了音层的思想。尽管中国古代音韵学家早就看到了声调的特点，但并没有提出声调独立于音节的概念，原因是他们"囿于汉字的限制，更多地注意了声调依附于音节的一面，较少注意音节的相对自主性"（包智明等，1997/2007：132）。

从刘俐李（2004）提供的信息看，学术界对汉语声调的认识一是比较晚，二是仍有一定的局限性。20世纪50年代，人们将汉语声调的定位归纳为三种观点：第一，声调隶属于音节，是一种独立的音位，与辅音音位、元音音位并列；第二，声调附着于元音，不是独立的音位；第三，声调是整个音节的音高，但只是识别音位变体的一种条件，不能独立成音位。这三种观点都有缺陷。直到 1978 年，国内学术界才统一了对声调属性的认识：1）汉语声调是音节内有区别作用的一种相对音高；2）这种相对音高的变化是滑动的，即连续的、渐变的，而非跳动的（刘俐李，2004：20-22）。仅从学术界 1978 年形成的共识看，似乎仍有尚待补充完善的理论问题。从英语节奏的定位看，没有重音就没有节律音步，重音具有节奏支点作用，而且英语重音还有语法表义功能。诸多要素的叠加，才使英语母语者形成对重音敏感的心理定势。反观汉语，声调之于音节，绝不是依附关系，而是相互依存关系。如果只是将声调视为"音节内有区别作用的一种相对音高"，这种表述还不够确切，至少忽略了它作为"超音段特征"的定位。此外，声调还有语法表义功能，这应该是不可缺位的认知，也是汉语母语者在心理上对声调敏感的关键要素。基于汉语声调的"相对自主性"及其音系类型，学术界应当考虑将声调定义为汉语的节奏类型，这一立论完全契合于汉语归属声调语言系统的定位。

从音系类型的角度看，Hyman（2009）把英语和汉语分别看作重音原型和声调原型的典型代表。同时，他还指出声调系统的多种证据：每个载调单位必须载有声调，每个声调均须界定为聚合特征属性。具体证据表现为五点：1）三种（或更多）平声调：高（H）、中（M）、低（L）；2）三种（或更多）浮游声调/声调的语素：高(H)、中(M)、低(L)；3）一个载调单位中所有可能的平调曲线：高中（HM）、高低（HL）、中高（MH）、中低（ML）、低高（LH）和低中（LM）；4）高调延伸、中调延伸和低调延伸的规则：高－低（H-L）、中－低（M-L）、中－高（M-H）→ 高－高低（H-HL）、中－中低（M-ML）、低－低高（L-LH）；5）其他论据：每个载调单位须有一个声调赋值（100% 的声调密度）。

根据 Hyman 的描述，声调系统的聚合特征属性及其五点证据几乎完全吻合于汉语的基本事实。除此之外，节奏类型的定位绝不能将与之密切相关的字义/词义功能排除在外。英语重音是这样，颇具特色的汉语声调更应该如此。诚如洪堡特所言，"汉语的声调不同于其他语言的所谓声调。大多其他语言即使有所谓声调，亦只有语调上的制约性，唯汉语的声调才有意义的制约性和区别性"（引自关子尹，1994）。

6.6.2 "节奏单音调" 与单音节基本音步

赵元任（1976）在《汉语词概念的节奏和结构》这篇重要文献中提出许多独到的见解，文中虽然没有使用"音节定时"这一术语，但已经隐含着二分法的类型观。尤其是他将"节奏"作为首选关键词，足以显示其良苦用心。他说，"单音节是变化不大的单位，它非常活跃且富有意义，因此话语出现大量的节奏单音调（rhythmic monotony）"。"由于大多数音节载有完整的声调"，因此"倾向于一种均匀的节奏"。"单音节单位"就是一个"更加完整、更加响亮的单位"（Sapir，2002：189），且与 Hyman（2009）的声调聚合观有契合之处。而"节奏单音调"就是单音节载调的节奏，二者结合可以概括为以单音节为支点的声调节奏，简称声调支点节奏（许希明，2013）或声调节奏型。

"节奏单音调"说已为许多实验数据所证明，譬如汉语载调音节"都是清晰度很高的语音单位，具有很强的抗干扰能力"（张家騄等，1981）。汉语声调调值虽有较大变化，但"绝大多数音节内部的音高对比关系在语流中仍有较强的稳定性"（熊子瑜，2009）。另外，根据吕叔湘（1999：18）的观察，"从远处听人说话，首先分辨不清的是声母，其次是韵母，最后只剩下声调还能辨别"。沈家煊、柯航（2014）将"均匀节奏"的单音调解释为，"汉语语流里一个个音节本身就是一个个大致'等音长'的节奏单位"。汉语虽有大量结合得很紧的多音组合，特别是双音组合，但是这些多音节在表达的时候仍然可以还原成一音节一顿的节奏。为此，他们将"单字＋顿"的交替往复假设为汉语节奏的基本单位（primary unit），称作基本音步（primary foot），不是"蜕化音步"（degenerate foot），而是未充实或可充实的"虚松音步"；双音节是"衍生音步"，是经过充实的"紧实音步"或"强势音步"。沈家煊（2017a）进一步指出，英语的节奏模式是"单|音节"和"双|音节"，而汉语的节奏模式是"单音|节"和"双音|节"，前者"音节"指 syllable，后者"节"则指节奏单位（rhythm unit）。这种区分具有音系类型学上的意义：英语双音节是基本音步和标准音步，而单音节不能独立成步，两个相邻的等重音节也不能构成一个合法音步，只有通过添加零音节、去除重音或抑扬颠倒才能实现重轻交替的节律音步。与此相反，汉语单音节可以组成一个基本音步，并衍生出双音节和多音节音步。

汉语的声调节奏模式体现出相邻音节的声调变化和松紧变化。譬如沈家煊、柯航（2014）提供的例子，汉语诗句"床前明月光"常被念成"床前｜明月光"（2+1）或"床前｜明月｜光"（2+2+1），但仍然可以念成一字一顿的节奏。再如赵元任给出的例子"金木水火土"，它可以是一字一顿或一字一音步"金｜木｜水｜火｜土"，可以是二字合一"金木｜水火｜土"，还可以是三字合一"金木｜水火土"，甚至是四字合一"金木水火｜土"。如果构成一字一顿的音步，它就是五个节奏单位，每个单位只含一个音节，语速最慢，结合最松。如果五字合为一个节奏单位，它就含有五个音节，因而语速最快，结合最紧。从单音节音步到五音节音步，其间构成了松紧不等的连续体。

"节奏单音调"说以及"单音节基本音步"观以汉语的基本事实为依据，在古汉语和现代汉语中都是如此。先秦哲学家荀子曾在《正名》中谈到汉语语言单位的划分问题，"单足以喻则单，单不足以喻则兼"（引自潘文国，2002：249）。"单"就是单音节，"兼"就是双音节或多音节。在荀子看来，单音节能够清晰表达意义时就用单音节，单音节不足以达到交际目的时，就用复音节。清代学者刘大櫆在《论文偶见》中也曾详尽地论及汉语的单音节支点特征，"盖音节者，神气之迹也；字句者，音节之矩也。神气不可见，于音节见之；音节无可准，以字句准之。音节高，则神气必高；音节下，则神气必下，故音节为神气之迹。一句之中，或多一字，或少一字；一字之中，或用平声，或用仄声；同一平字、仄字，或用阴平、阳平上声、去声、入声，则音节迥异，故字句为音节之矩。积字成句，积句成章，积章成篇，合而读之，音节见矣；歌而咏之，神气出矣"（引自潘文国，2002：134-135）。

毋庸置疑，单音节载调是汉语节奏模式的基础。虽然汉语具有多达75%的双音节形式，但它们以单音节为基础的事实仍然没有改变。然而，如果没有声调的参与，汉语就无法构建自足的节奏系统，正是丰富多变的声调指派才弥补了汉语音节总量偏少的缺陷。在这种意义上，单音节组合为双音节，必然伴随着声调指派，故此"声调对音步的发展具有限制和促发的作用"（冯胜利，2005：86）。基于此，我们有理由将声调视为汉语节奏类型。这种立论与汉语划归声调语言系统的类型观相契合，并形成二者相互支撑的统一格局。

6.6.3 汉语字词的主辅关系

Karlgrem（1949：59）指出，汉语的特征一是单音节性质（monosyllabic nature），二是孤立语性质（isolating nature）。赵元任（1976）通过区分英语"词"和汉语"字"，考察了英汉语节奏单位之间的差异，认为英语一个"词"相当于汉语一个"字"，但其间的结构并不相同。如果汉语不宜采用"字"的名称，那么不如称之为"音节词"（word-syllable），并且将其定义为单音节。"音节词的单音节性似乎会妨碍表达的伸缩性（flexibility），但实际上反倒提供了更多的伸缩余地"，因为"汉语的有意义单位，其简洁性和规律性偏重于将结构词和短语分为两个、三个、四个、五个有时更多音节的便捷模式"，如"金木水火土"。但是，并非所有的长词都可以作如此解释，沈家煊、柯航（2014）分析说，词典把"中国人民解放军"或"中华人民共和国"当作一个"词"收录，这很好理解，因为七字构成一个均匀而紧凑的 [1+1+1+1+1+1+1] 组合，且有专门的意义解释。如果拆解为 2+2+3，那么当作"一个"词录入词典就失去一个重要的理由。再如"中国人民武装警察部队工程大学"，这个校名多达十四个字，如果拆分为七个均等的双拍节奏单位，即 2+2+2+2+2+2+2，恐怕也会失去它作为校名的意义。但人们利用汉语词的弹性特征，可以将其简称为"中国武警工程大学"甚或"武警工大"。至于原称与简称中哪些音节重，哪些音节轻，似乎并不存在于汉语母语者的意识和心理表征中，他们关注的还是声调、字形和词义。

赵元任（1976）进一步指出，应当澄清字词之间的主次关系，"'字'是汉语的中心主题（central theme），而'词'在很多不同意义上都是辅助副题（subsidiary theme），这是节奏赋予汉语的一个定式"。由于汉语以"字"为主，以"词"为辅，所以汉语的词概念通常难以厘清。既然"字"为单音节，"词"为多音节，那么"字字"组合就是"主主"或"强强"组合。而"强强"组合的"词"，何为重何为轻，至少在原型上是难以确定的。话语中的双音节形式如果出现绝对的"左重"或"右重"，反倒颠覆了汉语"字"与"词"的主辅关系。

"音节词"的概念非常类似于索绪尔的"单纯词"（simple word），即索氏定义的"非能产"(unproductive) 词,"汉语绝大多数词都是不可切分的(unsegmentable) 单纯词,而人工语言词几乎都是可切分的"能产词 (Saussure, 1972: 165)。原因在于,"汉语几乎所有的语素都是单音节的",即"一个个语素的声调特征"(王士元,1987)。从古代汉语到现代汉语,其"语音系统如声调的使用,以单音表达的语素等习惯是丝毫未改的"(关子尹,1994)。"由于汉语缺少发达的形态……词和非词(比词小的,比词大的)的界限,词类的界限,各种句子成分的界限,划分起来都难于处处'一刀切'"(吕叔湘,1979:11)。再者,"词"在欧洲语言里是现成的,而"字"在汉语里是现成的;"汉语里的'词'之所以不容易归纳出一个令人满意的定义,就是因为本来没有这样一种现成的东西"(吕叔湘,1980:46)。"汉语节奏本来是一字一顿,双音组合也是大致同重的'次重—重'式,没有明确的'词',也没有明确的'词重音'"(沈家煊、柯航,2014)。由于汉语有很多"像词"(word-like) 的组合,因而词的概念难以界定 (Chao, 1976)。既然词的概念难以界定或者"词界不清",词重音当然难以确定。如果词重音难以确定,又何来绝对的左重音步,或者要么左重,要么右重的音步呢?正如 Hyman (2014) 所言,非重音语言的音节没有区分性,且不显示重音的经典符号,因此其母语者可能显示出重音"盲点"现象 (Peperkamp & Dupoux, 2002;Kijak, 2009: 157-158)。如果词重音成为汉语母语者的"盲点",那么汉语就没有重音支点的节律音步。皮之不存,毛将焉附?

综合诸多学者的论述,单音字理当解读为汉语的基本特征。"字"与单音节互为观照,因为一字一音节,一音节一声调,而且又是自足的意义单元;"词"与双音节或多音节组合相吻合,而载调音节的组合又为声调对比和变调提供了契机。汉语虽有多达 75% 的双音节形式,但"单足以喻则单,单不足以喻则兼",汉语单音字与多音词之间显示出灵活的弹性机制,尤其具有"以字为主,以词为辅"的逻辑关系。

赵元任先生的字词观以汉语事实为依据,具有很强的解释力和说服力。另外,我们举证的许多研究成果,虽然视角不同,所用术语不同,但都指向"单"这一不争事实,即汉语是"音节定时""音节支点""单音节性""节奏单音调""字调""韵律字""声调支点""字本位"等。尤其是沈家煊和柯航将单音节定义为汉语的"基本音步",这无疑具有音系类型学上的学术贡献,既是对汉语"双音节基本音步"观的挑战，也是对赵元任先生"节奏单音调"以及字词观的继承和发展。

6.7 汉语声调音步的理据

张洪明（2014a）从韵律音系学的角度，考察了确定韵律单位的原则和方法，区分了不同层次上的概念，这对建立汉语韵律音系学确有重要的学术价值。根据他的分析，音步指两类不同的单位：词内音步和跨越词界音步。音系学家所说的音步是词内音步，也就是节律凸显音步。一种语言是否存在音步这一韵律单位，取决于它在词层面有无系统的二元节律凸显特征对立，诸如轻重、长短、高低、强弱等。由于普通话音系结构缺乏这种特征对立，因而不存在韵律音系学意义上的音步。

6.7.1 汉语声调音步的基础

侍建国（2006）构建的汉语多音节音步，显得颇为复杂，别说普通百姓难以辨别，学界的看法也不一致。20 世纪 80 年代，Shih/石基琳（1986）把普通话双音节的节奏单位称作"音步"，Chen/陈源泉（2000）则放弃"音步"，用"（普通话的）最小节奏单位"（Minimal Rhythmic Unit）取而代之。王洪君（2008：125）分析说，陈先生多半不同意普通话的节奏为重音交替，因而弃用"音步"这一术语。的确，从二元节律凸显特征对立的角度看，汉语载调双音节无法构成前重或后重规律的交替模式，这已为许多实验数据所证实。不过，"汉语母语者和汉语研究者几乎都同意……普通话在音节之上还有一级两音节三音节的节奏小单元"（王洪君，2008：124）。这样的节奏单元当然也应该算作音步，但不是以重音为基础的节律音步，而是以声调为基础的音步类型。

基于沈家煊、柯航（2014）和沈家煊（2017）的"单音节基本音步"观，由声调构建的音步就有了一定的理论根据。汉语的声调音步既简单明了，又易于理解。这类音步指"语言中那些突显单位之间可感觉到的整齐和匀称"（Crystal，1997），用沈家煊、柯航（2014）的话说，有了"轻重"只是有了"突显单位"和"非突显单位"的区分，而有了"可感觉到的整齐和匀称"同样也可以构成节奏。尽管汉语不存在绝对二元对立的音步，但应该具有"民主式"的音步（见6.7.2），显示出较为"整齐和匀称"的特征。这一点意味着，声调语言的双音节可以打破不可等重的禁忌，为等重音步提供了理论支撑。

与重音节律音步不同的是，汉语"双音节音步似乎就是声调的变调域"（Kijak，2009：67）。这种音步的特征也如林焘、王士元（1984）的听感结果所示，高调的背景更容易将嵌入的目标词感知为低调，相反，低调的背景更容易将目标词感知为高调。就是说，汉语双音节音步有可能发生变调，其间也有或多或少的声调对立。在石锋（1994）看来，无论是在汉语普通话中还是在其他方言中，声调之间的对立常常呈现出一种对称状态，或者准对称状态。当然，汉语语流中会因词义或语用需要，时常出现或左重或右重的现象，显示出声调反衬下的弹性特征。

由声调形成的双音节音步，仍然体现出声调的特征性和聚合性（Martinet，1960；Hyman，2006，2009）。基于此，为什么北京话双音节词只有"强强"与"强弱"两种韵律格式（侍建国，2006）就可以得到合理的解释，关键还是汉语载调音节的聚合特征在起作用。由此观之，对英语和汉语来说，重音和声调不仅指普通意义上的超音段音位，而且应该分别特指两种语言系统赖以存在的节奏基础。英语重音指派与多音节结构形成了密不可分的对接机制，从而形成"主峰性"的突显特征，促成轻重交替、强弱搭配的节律模式。汉语声调指派以单音节为支点，显示出集声、韵、调、字、形、义于一身的聚合特征，也显示出组字为词的伸缩性和随宜性。尽管两种语言均有重音和声调，但它们的内涵和所指并不完全相同，汉语的重音不同于英语重音（王洪君，2004；吴为善，2005；许慧娟，2006；刘现强，2007；许曦明，2008：225；许希明，2013；马秋武，2015；许希明、沈家煊，2016），汉语的声调也不同于国外语言学界讨论的"声调"（王洪君，2008：222；许希明，2013；马秋武，2015：151-152）。根据"重音是激活英语节奏的动力"观（Hyman，2014），我们应将声调看作是激活汉语节奏的动力。仅此而言，汉语的节奏类型必须围绕声调属性来构建，舍此基础就会一事无成。

6.7.2 等重式：声调音步的原型

文炼、陆丙甫（1979）把汉语单音节的伸缩性叫作"音步划分的随宜性"，沈家煊、柯航（2014）将这种节奏的伸缩性或随宜性解释为"一生二，二生三，三生万物"（老子语），"一"（单音节）是所有变化的根本，"一生二"形成的单音节和双音节的对立也是根本。"变化的根本"也好，"对立的根本"也罢，前者是单"强"，是基础，后者是双"强"，是衍生或强势，这就是等重式的原型或"本来式"（沈家煊、柯航，2014）。

郭绍虞先生曾指出汉语的单音节性以及单双音节之间的弹性关系，同时也指出汉语与其他语言之间的复音词差别，"盖中国之复音语词，与他族语言之复音语词不同。中国之复音语词，也已受方的字形之牵制，祇成为两个单纯化的声音之结合。其孳化的基础，依旧是建筑在单音上的。由这一点言，即谓为单音化的复音语词也未尝不可"（郭绍虞，1938/1985：74）。"复音语词"或双音组合"是建筑在单音上的"，这说明它们均以单音节为基础。那么，如何看待汉语双音组合的轻重呢？赵元任（1968：35）将载调双音词语称作"正常重音"或"普通重音"（normal stress），其间没有停顿。按照他后来的解释，"正常重音""跟法语的双音节词差不多：两个音节都重读，每个音节都有完整的声调但第二个音节稍稍重一点儿"（Chao, 1976）。沈家煊、柯航（2014）认为，后字偏重是"两个音节都重读"的自然倾向，并将这种"大致同重"的"次重－重"式称作本来式。"大致同重"就是 Greenberg & Kaschube 所称的"民主式"节奏单位：

> 如果说重音是君主式的（monarchic），音长是寡头式的（oligarchic），那么我们可以说，声调则是民主式的（democratic）。声调语言最常见的是，每个音节都有可能承载声调，而词内则没有主峰式的等级排列结构。（Greenberg & Kaschube, 1976）

"民主式"指节奏单位内允许出现两个等重的载调音节，由于其元音都是完整或者饱满的音值，因此其间的轻重抑或强弱关系常常并不明显，难以形成规律性和系统性的对立和交替，但可以形成"音和音的相对关系和组合关系"

（罗常培、王均，1956/2002：164），或者"突显单位之间可感觉到的整齐和匀称"（Crystal，1997）。

事实证明，汉语双音词被声调优先占据，且对词层端重产生反作用。Bao（2003）和包智明、曹梽文（2014）从音系类型学上论证说，汉语缺失重音的节律结构，其声调系统摇摆于声调和重读之间，所以其变调域应该建立在重读分析，而不是重音韵律分析的基础上。面对汉语词重音之争的尴尬局面，许希明、沈家煊（2016）从话语层的突显视角切入，提出重读既控制重音和声调，又与词层突显的载重音节和载调音节相重叠，抑或兼指词层突显[1]。换句话说，汉语可用术语"重读"指涉不可预测的词层突显。区别在于，英语重读指派的作用域是多音节，汉语重读指派的作用域是单音节。恰如赵元任（1976）所言，jīn—mù—shuǐ—huǒ—tǔ（金木水火土）可以构成一个个更为便捷的节奏单位，因而更容易把握。这就好比英语常用的点数法 eeny—meeny—miney—mo，即流行于英美国家的一种顺口溜，恰好构成 O o | O o | O o | O 这种整齐的四音步重轻格。由此可见，重读可以指派给汉语的每一个载调音节，但只能间隔指派给英语的载重音节，意指轻读音节不允许或者没有资格承载重读，由此构成重轻交替的节奏模式。

将单音节字组合为双音节词是现代汉语发展的需要，也是语言表达趋于清晰的需要，故而出现多达 75% 甚至更多的双音节形式，但这与单音节基本音步的属性并不矛盾。事实上，除了极少数的语法轻声和外来借词如"葡萄""苜蓿""玻璃"等之外，汉语几乎每个汉字都有可能构成词组和短语，显示出单音字的无限生命力。以同音字和同调字为例，它们可以构成同音词和同调词，例如"法治—法制""功夫—工夫""机智—机制""修养—休养""意向—意象"等。它们的音和调虽然没有差异，但字形不同，词义也不同。下面从微信上摘录一则由此引爆的笑料：

> 大妈上了空调车投了一块钱。司机说："两块。"大妈说："是的，凉快。"
> 司机说："空调车两块！"大妈答："空调车是凉快。"司机又说："投两

---

[1] 近期阅读文献发现，早在 1826 年，德国语言学家洪堡特（2001：111）在提到汉语的重音时，所用术语就是 accent，而且注明指的就是声调。洪堡特"把不同的声调视为不同的 accent，有见地"（沈家煊语）。

块！"大妈笑说"不光头凉快，浑身都凉快"，说完往后头走。司机说：
"我告诉你钱投两块。"大妈说："我觉得后头人少更凉快。"司机无语，一
车人笑翻了！

引文中的着重号与下划线系笔者所加。"两块"为上声加去声，"凉快"为
阳平加去声。其实，在组字为词的汉语话语中，上声调与阳平调有时很难区
分。至于"钱投"与隐含的"前头"也是音域调难分，由此造成词义反差，引
起笑料爆棚。"两块"和"凉快"，从词层左重（着重号）到词层突显不再（下
划线），其实均指话语意指下的突显与非突显。第一个"两块"是前面"一块"
的对比重音，第一个"凉快"又是"两块"的对比重音。在司机与大妈后面的
对话中，由于"两块"与"凉快"成为已知信息，词义趋于弱化，因而词层重
音也消失了。这个例子说明，汉语词层突显与否会受到话语重读的控制，当然
也是语义和语用的需要。

同音字和同调字还可以构成一些词义不同的同素反序词，如"山东—东
山""海宁—宁海""名酒—酒名""书评—评书""事故—故事""情调—调
情""产生—生产""地基—基地"等。汉语声调的表义功能体现得非常充分，
如在"优人""游人""友人""诱人"和"搭话""答话""打话""大话"这两
组词语中，发音虽同，但不同的声调承载着不同的词义。例子举不胜举，不再
赘述。

除了等重式外，汉语词端的确会出现右重式或左重式，这应该视为静态和
动态两个层面。作为基本节奏单位的单音节，在组成新生双音词时，人们的熟
悉程度很低，出现等重式很正常，这属于静态层，而且是它的本来式和原型，
显示出"民主式"的节奏特征。但在成为熟悉的习用词之后，前字或后字有可
能成为冗余信息，因而产生右重式或左重式，这属于动态层。但在慢速和语体
需要或者口语意义交流不畅的情况下，动态层还得回到静态层的等重式。根据
王洪君（2004）的解释，汉语的左重和右重"是在强制二选一的要求下得到的
结果，如果增加一项'等重'的选择，相信选择后重的更会大大下降"。因此，
"'等重'或'重重'是汉语双音节词（非轻声音节）最基本、最常见的节奏模
式"（许曦明，2008：238）。

6.7.3 轻声：声调音步的变式

由载调音节加轻声音节构成的词称作轻声词，如此形成的节奏单位，常被称作重轻音步，非常类似于英语的左重步。但类似并不是等于，从音系类型的角度看，我们宁可称之为轻声音步。总体上说，轻声词数量很少，原因如赵元任（1968：38-39）所言，大多数文言词语，现代生活的新名词和科技语都不含轻声，其余的就是老资格的口语词语，有人会说都有轻声，但实际上有的有轻声，有的没有轻声。冯胜利（2012）在谈到汉语双音词时说，由于人们对国名或地名的熟悉度不同，轻重也不一样，例如"[天]津、台[南]；[越]南、不[丹]；[蒙]古、车[臣]"（"[ ]"里的词相对重）。同是国名地名，有的前重，有的后重，恐怕很难从词层上作出合理解释，原因在于轻重既没有语法规约，又缺失语义理据。可见，脱离声调而谈轻重，有很多问题解释不清。"熟悉程度不同"，显然还是语用问题。文炼（1994）曾谈到"常规"与"变例"的关系，"变例并不否定常规，正因为肯定常规的存在，才显示变例的特殊"。我们也可以把等重式看作常规，把重轻式当作变例，但不能因为有了重轻式而否定等重式的存在。先有本，后有末，本末不能倒置，更不能有了末而否定本。汉语的声调音步观不仅可以对北京话左重式偏多的现象作出合理解释，也可以对右重式偏多的台湾普通话，乃至其他方言的节奏模式作出合乎逻辑的判断。

蒋冀骋（2013）从信息传递的角度论述了汉语载调双音节组合的轻重问题，认为单说词、新生词在音段的响度上表现为"后重"，而习用词和后附加词在声调的高低长短上表现为"前重"。这一点与赵元任的看法相一致，即"资格老一点的词常常含有轻声字，资格浅的词（新名词之类）就差不多总是照单字匀着念的"（赵元任，1929/2002）。在沈家煊、柯航（2014）看来，"习用语之所以重音在前，是由于说话人说出前字，听话人就能预测下字是什么……因为新生词是在语流中频繁使用、经常'打包'后才成为习用词的"。

在词义虚化的情况下，重读驱动会使声调对比产生中和化（Hulst，2011），汉语轻声就是这样的产物。比如冯胜利（2012）举证的汉语（北京话）双音词，如果是新生词，都没有轻声，如"电视""手机"等。这种新词出现时绝不可能出现"电·视"与"手·机"。看来，汉语词的轻重还是缘于语用需要。

语用轻声显得更为微妙复杂，更加飘忽不定，因此更加难以解释，甚至无法解释。王彩豫、王群生（2007）发现，实际口语中的双音节词语"后字轻化"的频度，跟一个人的普通话水平呈现正相关，普通话水平越高，后字轻化的频度越高。

汉语几乎每个音节都有本调，但载调双音节词如果都用本调，就会出现不伦不类的读音，因此需要变调。根据相关规则，如有两个上声音节相邻，前一个上声就要自动变为阳平，如"老李"[lǎolǐ] 须变为 [láolǐ]，"李老"[lǐlǎo] 须变为 [lílǎo]。此外，变调还会使某些音节变为轻声，如大家熟知的"老虎"[lǎohǔ]，前字先由上声变为阳平，成为 [láohǔ]，然后后字弱化，去除上声，变为轻声，成为重轻格"老·虎"[láohu]。再如赵元任（1976）给出的例子"尺寸"，前字本调为上声，后字本调为去声，变调之后，前字变为阳平，后字变为轻声，构成轻声音步"尺·寸"[chǐ·cun]。由此观之，双音词的变调或者轻声，体现出声调的动态开放系统。然而，由于字义载调的反作用，轻声词数量很少。即使在左重式里，载调双音词数量仍然占多数。厉为民（1981）对汉语一部词典的考察表明，大约有 30,000 个双音节复合词（或假复合词），其中只有大约 2,000 个显示为重轻，约占 6.7%，其余的或是等重，或是可选择性的等重。孙金城等（1996）的数据显示，轻声在"国标字库"中仅有 0.75%，其静态数据占到 2.7756%，动态数据上升至 8.63%。根据王志洁、冯胜利（2006）的论证，左重式约占三分之一，即 33.3%，而轻声词还不足 9%，其中的载调双音词多达 24%。编撰者的统计显示，《现代汉语词典》（2012 年版）中轻声词的数量更少，仅占 5.86%。显然，轻声词在汉语词汇中"缺乏普遍性，远不像英语的轻重模式覆盖整个词汇"（沈家煊、柯航，2014）。从类型学的角度来看，汉语的重轻结构是声调对比驱动下的弱化现象（Hulst，2011），本质上属于声调变化的范畴，即它由载调音节与轻声音节所构成，不同于英语重轻曲线的组合形式（许希明，2013）。由于声调、语法、语义和语用的制约，所以汉语节奏难以形成有规律的重轻结构。

根据赵元任（1968：38-39）的研究，北京方言里出现轻声的复现率高于其他方言，有些例子存在轻声和无轻声两种形式，可称作可选轻声（optional neutral tone）。Chen/陈重瑜（1984）论证说，弱重音或者非重音不见得产生轻声，轻声也并非总是表现为弱重音。真正的轻声是一种无调音节，指普通话里的一些语助词，如"的、呢、了、吗"、名词后缀如"—子"、动词后缀如"—着、—了"等，常被称为语法轻声。但"轻声词"即词汇轻声似乎没有规律可循，因为"几乎任何带四个正规声调之一的字在一定的条件下都能变为轻声字"（赵元任，1968/1979：26）。当然，轻声字也可以回归本调，甚至语法轻声也可以载调，如沈家煊、柯航（2014）给出的例句，"你知道我在等你吗（ma⁵⁵）"，其中的语法轻声"吗"指派为阴平调。轻声现象如巴维尔（1987）所言，"轻声音节的界限也许不像普遍相信的那么严格，倒是很可能随文体、年龄甚至特定说话人的不同而有多种不同的范围"。

汉语轻声音节的比例很小，缺乏普遍性规律。这一事实反衬出汉语载调音节总量的绝对优势，也形成饱满元音的绝对优势，体现出汉语字正腔圆的节奏效果。所谓"抑扬顿挫"的节奏诉求，实指话语中绝大多数载调音节之间的变化，即变调，其中因表情达意需要不乏词层某个或某些音节的突显，即重读。

查阅《现代汉语词典》（2012 年版）可知，轻声词多为双音节，也有极少的三音节轻声词，如"老·人·家"、"师·傅·们"，但轻声连续出现的短语较多。譬如"·不·得"（·表示其后的字为轻声）前加一字，构成如"见·不·得""来·不·得""了·不·得""免·不·得""舍·不·得""使·不·得""要·不·得""由·不·得""怨·不·得"等。方位动词"·来"和"·去"构成相邻轻声短语的频率非常高，如"·过·来"·过·去"、"·回·来""·回·去"、"·进·来""·进·去"、"·上·来""·上·去"、"·下·来""·下·去"。如果前面再加一字，可以构成轻声短语，如"走·过·来""走·过·去"、"跑·过·来""跑·过·去"等。由"·来"和"·去"构成的轻声短语非常灵活，如果用较慢语速，可以省去一个轻声，即"过·来""过·去"、"回·来""回·去"、"进·来""进·去"、"上·来""上·去"、"下·来""下·去"等。甚至因语用表达的需要，两个轻声都可以省去，回归声调原型，如"过来""过去"、"回来""回去"、"进来""进去"、"上来""上去"、"下来""下去"等。

再如，"椰·子树""电·视台""技·术科"和"豆·腐干"应该读为 [yézishù]、[diànshitái]、[jìshukē] 和 [dòufugān]，但中间的轻声韵母可以省略，

变读为 [yézshù]、[diànshtái]、[jìshkē] 和 [dòufgān]。从组合形态上看，这些词仍然是三音节，但读音上却变成了非鼻音辅音作韵尾的双音词，不过汉语母语者在心理上仍然将它们看作三音节。有必要指出，在快速的语流中，这里的"子""视""术"和"腐"虽有可能失去声调和韵母，但在底层上仍然是声调原型，只是在表层上演化为它们的变体而已。这组例证与赵元任和陈重瑜的上述解释相吻合，而且足以证明，包括轻声在内的音节原本也是载调音节，即载调音节也是其原型或本来式。

6.8 小结

本章首先讨论了英语重音节律音步以及汉语的音步名称之争，然后对比了英语的节律音步与所谓的汉语节律音步，最后讨论汉语的声调节奏类型以及声调音步。我们认为，音步这一术语不是重音语言的专利，包括汉语在内的声调语言也可以使用，只是此音步非彼音步。英语音步与词重音息息相关，词重音的节奏模式体现在重读音节与轻读音节的交替上，由此形成重音支点的节律音步。但汉语音步必须置于声调属性的框架下进行考量。已如第一章所述，汉语虽有音节定时型或音节支点型的特征，但尚不足以体现汉语作为声调语言的节奏属性和音步特征。统而观之，汉语音步的名称应以荀子"制名以指实"的观点为依据，即"制名"要以"实"为前提，因为"名有固善，径易而不拂，谓之善名"（均见《正名》）。意指好的名称既要名实相符，简洁明了，又不会与其他名称的特征相混淆。明确且不生歧义，简洁而避免误解，这就是荀子判断"善名"的客观标准。按照 Bacon（2010：48-49）的观点，名称定义不可混乱，抽象概括不可草率，名物相符才能避免词语理解上的假象。反之如孔子所言，"名不正，则言不顺；言不顺，则事不成"。为此，基于 Chao（1976）、Greenberg & Kaschube（1976）、Hyman（2006，2009）以及潘文国（2002）、王洪君（2004，2008）和沈家煊、柯航（2014）等学者的论述，我们提出汉语声调节奏类型的构想以及声调音步，一种不同于英语重音节律音步的类型。两种音步类型的异同点可以归纳为三点：

第一，双音节是英语节律音步的基本音步；单音节是汉语声调音步的基本音步。

第二，双音节既是英语的标准音步，又是普通音步。双音节是汉语的衍生音步，也是汉语常见的普通音步或强势音步。

第三，英语普通音步具有重轻交替的节律属性；汉语普通音步具有音高变化的特征属性。

两种音步类型的理据可以概括为三点：

第一，作为各自的"内部系统"（Sapir 语）或"内部证据"（沈家煊语），英语重音的作用域是多音节，为间隔音节指派，易于形成重轻音节之间有规律的交替往复。汉语声调的作用域是单音节，为相邻音节指派，其间难以形成有规律的强弱对立。多音节作用域的节律音步以词重音为基础，节律层级易于形成相对的重轻关系，体现出强弱分明的主峰性节奏效果。单音节作用域的声调音步，形成载调音节之间的交替，显示出音高变化的对称状态或准对称状态。节奏表现较为灵活，但略显松散，故而常常出现字正腔圆的节奏效果。

第二，汉语音步以单音节为基本音步，而且多半延续着 1+1 的基本音步属性，衍生出强强组合的普通音步，其间的交替"倾向于一种均匀的节奏"（赵元任语），显示出"民主式"的节奏单位，体现出"突显单位之间可感觉到的整齐和匀称"（Crystal 语）。这说明，等重式不仅存在，而且是原型，不过因语法、语义和语用需要，重读驱动下的声调对比会使某些音节突显，某些音节趋弱，而且可能与词层突显相重叠，继而出现右重式和左重式，但决不能因此否定作为原型的等重式。同理，也不能因为认可等重式而否定左重式和右重式。三者大约各占三分之一的统计数据就是确凿的事实。必须指出，先有等重式，后有右重式和左重式，前后顺序不能颠倒，否则将汉语划归声调系统的分类就失去了逻辑证据。

第三，基于"民主式"节奏与"君主式"节奏之间的差异，汉语仅仅出现不足 9% 的轻声词，而英语的轻读音节多达 64.1%，重读音节仅占 35.9%（Denes，1963）。由于声调原型的制约，汉语绝大多数音节相邻载调，其间虽有变调的影响，但音变大多出现在饱满元音之间，只有极少轻声音节变为弱化元音，而英语则有多达 37.43% 的音节成为弱化元音（Delattre, 1965：62）。从音系类型上看，轻声字的原型仍是载调音节，故有回归本调作为基本音步的资格。因此，轻声音节的音系属性是声调而不是重音，少数由载调音节和轻声音节构成的节奏单位，也当划归声调的音系类型。汉语虽有 90% 多的音节都载调，但有多达 75% 的双音节形式，说明单双音节具有互换的弹性特征。

以词重音为基础的英语节律音步已经得到学术界的认可，本章以音系类型学为切入，提出汉语的"声调音步"型，目的在于抛砖引玉。根据李兵、王晓培（2014）的译介描述，即使是在与重音关系密切的音步话题中，学界目前讨论的重点也"放在如何定义不同类型的音步、音步的结构、音步的跨语言分类以及音步在其他音系现象中发挥的作用"。但有一点可以肯定：将英语重音节律音步套用在汉语节奏单位上，是一条行不通的路径。至于如何定义汉语作为声调原型的音步属性，学界似乎仍有许多探讨的空间。

第七章　英汉语调对比

语调（intonation）是较大的超音段节奏单位，通常指语句的音调变化或音高变化（pitch movement）模式，它在口语交际中具有传情达意的功能，属于人类语言的普遍现象。从音系类型或内部系统上看，英语节奏表现出重轻交替的节律模式，汉语节奏显示出声调变化的特征模式，它们赖以存在的音系基础必然体现在语调这一更大的节奏单位中。本章以英语重音和汉语声调的内部音系证据为基础，分析二者与语调之间的关系。首先简要考察声调语言与语调语言的概念，然后分别讨论英语重音/汉语声调与语调的关系，最后比较语调的功能或作用。

7.1 声调语言与语调语言

由于汉语已有声调作为制约音高变化的基础，语调起到次要作用；相反，制约英语音高变化的基础是语调，重音则起到次要作用。为此，本节拟从音高变化的角度，简要谈谈汉语声调与英语音调/语调的概念差异。

7.1.1 英语音调与汉语声调

英语和汉语描写调的术语均有 tone，其间有什么异同呢？让我们先来分析一下 tone 在音节结构中的表现，然后再讨论二者之间的名称及其概念差异。英汉语都有 fan 这个读音相近的实词，英语载有自动重音或默认重音，无论用平调 fān，升调 fán，降升调 fǎn 和降调 fàn，意思仍然不变，还是名词"扇子"、"……谜"或者动词"煽动"。但在汉语中，阴平调 fān（番……）、阴平调 fán（繁……）、上声调 fǎn（反……）和去声调 fàn（犯……），都有固化的静态调，且载有不同的字义，而且字义可能还不止一个。下面再比较一下 fan 在两种语言里构成双音节词后的情况。先看汉语：

(1) a. [fānguā] (番瓜)　　[fānqié] （番茄）　　[fānshǔ] (番薯)　　[fānhào] (番号)

　　 b. [fánduō] (繁多)　　[fánróng] （繁荣）　　[fánsǒ] (繁琐)　　[fánmào] (繁茂)

　　 c. [fǎnzhī] (反之)　　[fǎncháng] (反常)　　[fǎngǎn] (反感)　　[fǎnhuà] (反话)

　　 d. [fànguī] (犯规)　　[fànnán] （犯难）　　[fànfǎ] (犯法)　　[fànzuì] (犯罪)

　　汉语双音节词里，由载有四个调型的 fan 与四个不同调型的音节所构成，即两个音节都指派声调，形成不同调型之间或近似调型之间的音高对立，并产生不同的词义。从表层上看，在例（1）a [fānguā]、例（1）b [fánróng] 和例（1）d [fànzuì] 中，两个声调都相同，但实验数据显示，它们也有调域上的差异，只是差异值较小而已，即准对称状态的声调对立（石锋，1994）。按照变调规则，例（1）c 中 [fǎngǎn] 的第一个音节调应当改为 [fán]，形成 [fángǎn] 的声调对立，但意思不变，还是"反感"。

　　再看英语由 fan 构成的双音节词、三音节词和四音节词及其载调表现：

	平调	升调	降升调	降调	词义
(2) a. 双音节词:	fāncy	fáncy	făncý	fàncy	幻想/想象力
b. 三音节词:	fāntasy	fántasy	făntasý	fàntasy	幻觉/白日梦
c. 四音节词:	fāntasizer	fántasizer	făntasizér	fàntasizer	幻想家/梦幻者

　　英语双音节词 fancy（幻想 / 想象力）、三音节词 fantasy（幻觉 / 白日梦）和四音节词 fantasizer（幻想家 / 梦幻者），重音均置词首。与汉语不同的是：1）同一个词无论用何种调型，承载的词义始终不变。2）同样一个调可以延长到双音节、三音节甚至四音节。

　　比较发现，英汉音节结构最为相似的是例（1）d 中的 [fànnán]（犯难）和例（2）a 中的 făncý，都是前降后升。然而，这只是符号标记的表层现象，或者说是貌合神离。差异在于，汉语的降升体现在两个隔离的音节中，即前一个音节用去声（降调），后一个音节用阳平（升调），二者之间结合较松；而英语的降升调虽在两个音节，但其间结合较紧，应该作为降升调这样一个调型来完成。以此类推，făntasý 和 făntasizér 的降升调则分别在三音节和四音节的单元内完成，其间结合得更紧。

　　例（1）和例（2）之间的差异就是区分英汉语中 tone 概念的重要依据，也是区分声调语言与语调语言的根据，不少西方文献对此均有论述。譬如，Clark & Yallop（2000：339-340）详细解释说，tone 的同义词通常就是"音高"（pitch），如英语词 no，可用降调和升调，也可用降升调。英语的 tone 通常只是语调的一部分，但在许多语言中，tone 与单音节或词义密切相关，如汉语普通话。不同的音高用来区分词义，这样的语言叫作声调语言（tone language）。英语音节虽然也有或升或降的音高变化，而且伴有表情达意的功能，但这种变化更多地体现在短语或句子上，而不是限制在单音节词或多音节词的某个音节上。如果语言的音高变化其旋律体现在更大的节奏单位上，这样的语言就称作语调语言（intonational language），英语属于此类。

Ladefoged（2009：253）解释得也很清楚，汉语声调通过音高影响词义，英语句子也用音高描述音节的高调或低调，但如此"声调"并不影响词义，尽管它会影响短语意义或句子意义。英语句子具有 be'low 和 'billow 之类的重音对立，而不是声调对立。不过，既然声调语言里有 tone，语调语言里也有 tone，那么如何在汉语名称上进行区分并展示二者的差异呢？学术界将汉语里的 tone 译为"声调"，这是一致的看法。不少学者也将英语里的 tone 译为"声调"，但马秋武（2015：151-152）引用周殿福（1980：304-305）的话说，汉语里声调与字调（lexical tone）意思相同，语调语言里把 tone 译为"音调"，至少可以表明它是纯语调的，而非声调或字调的音高变化。将语调语言里 tone 译为"音调"而不是"声调"，这种名称区别清楚地说明 tone 在两种类型语言上的差异。马先生进一步论证说：

> tone 或音高变化在英语里没有区别词义的作用，但却是语调韵律的重要构件。tone 或音高变化在汉语里具有区别词义作用，同时它也是语调的重要构件。研究 tone 在重音语言中词的辨义功能，显然是有问题的；研究重音在声调语言中词的辨义功能，同样也是有问题的。（马秋武，2015：152）

上述讨论说明，术语名称固然重要，但术语的概念更为重要。虽有同样的英语术语，但有不一样的概念和音系类型。比较而言，英语音调指语调语言里的词调、短语调和句调，而汉语声调则指声调语言里的字调或者音节调，这是问题的关键所在。

7.1.2 语调结构简述

语调又称语言的韵律（the melody of language），表达由词或词组构成的句子和句子以上的交际意义。语调的定义有广义和狭义之分。狭义的语调是指句中音高的变化，而广义的语调是指话语所有的语音特征。语调作为广义的节奏单位，涵盖了"语言节律的总和，它包括由音高、音长、音强乃至音色的方方面面，形成停延、节奏、重音以及声调、句调、基调等在内的节律总和"（吴洁敏、朱宏达，2001：302）。

无论是从狭义还是广义来定义，语调不仅有表音层的描述，还有表意层的考量，承载着传递话语意义的功能。在语调单位（tone unit 或 intonation group）中，至少有一个音节或词项具有十分突显的音高，人们将突显部分称作语调单位的核心（nucleus 或 nucleus stress），简称调核。此外，语调单位的其他成分可能还有调冠（prehead）、调头（head）和调尾（tail），但它们都是可有可无的成分，唯独调核必不可少。图 7-1 表示语调各单位之间的选择关系：

任选　任选　必选　任选

调冠 ＋ 调头 ＋ 调核 ＋ 调尾

图 7-1

调核之所以如此重要，就是因为它在语义表达上承载着信息焦点，或者说，信息焦点通过调核得以实现。作为一种语音聚焦手段（means of focusing），调核的作用就是将说话人意欲表达的重要信息突显出来，使之成为焦点。

在英语语调单位中，音高变化的旋律模式作用于句子，使话语有高低起伏的音调变化。其中的音调分为静调（static tone）和动调（kinetic tone），前者指平调，即音调所在的高度，又分高平调和低平调；后者指曲折调，包括降调、升调和降升调。结合静态和动态，又可以分为静态高调和静态低调以及动态高调和动态低调。静调可高可低，但作为动态的调核往往决定着调尾的走向，或降，或升，或平。请看下列图示：

He **came** to the **thea**tre **yes**terday.　（降调）

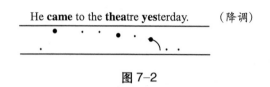

图 7–2

图 7–2 是一个陈述句，又是一个语调单位，其中的所有音节都有对应的音调。调冠是 he，came to the theatre 为调头，yes- 是调核，-terday 为调尾。句中的重读单词或音节与大黑点上下对应，轻读单词或音节对应着小黑点。调冠一般处在较低的位置上，调头通常处在较高的调域，尾随的小黑点可以处在大致水平的位置，也可以处在稍低的水平线上。标记为调核的音节用低降调，用下降的曲线加以标记；其后尾随两个轻读音节 -terday，处于低平调的位置。该例如用一般疑问句，通常用升调。

Did he **come** to the **thea**tre **yes**terday?　（升调）

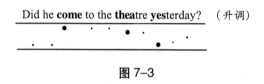

图 7–3

在图 7–3 中，调冠 did he 处在较低位置上，调头大体上如图 7–2，具有相同的道理。调核 yes- 已经降到了调域的最低位置，因此随后的两个轻读音节 -terday 处在逐渐上升的位置。当然，话语如果没有调尾，图示就会出现少许变化。例如：

It is a **won**derful **film**.　（降调）

图 7–4

Is it a **won**derful **film**?　（升调）

图 7–5

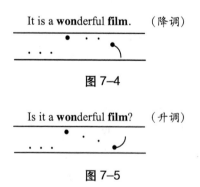

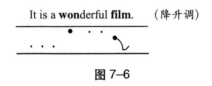

图 7-6

图 7-4、图 7-5 和图 7-6 分别表征一般陈述句、一般疑问句和表示怀疑的陈述句，其中的调核 film 没有调尾，因此必须在调核自身完成。所用调型虽然不同，但词义没有任何改变。需要指出的是，film 不同于汉语的字调，其自身并没有固定的音高变化，而是随着讲话人的口气，分别用降调、升调和降升调，起到传情达意的功能。

语调的调型较多，也较为复杂。这里举证的几例旨在说明，英语语调单位大多体现在多音节的话语中，诸多音调则取决于整个语调单位的特征及其所在语调单位的位置。本节的图示及其说明也是对上述内容的补充。英语虽然不存在音节调，但在音高变化中，语调具有至关重要的作用。英汉两种语言虽然都有语调，但它们"所起的作用不同，英语只略受重音的约束，而汉语则受字调的绝对制约"（王桂珍，1990）。汉语声调具有独特的节奏模式，与英语的语调模式存在着音系上的差异。

7.2 英语重音与语调

上文提到，语调是更大的节奏单位，当然与句子重音，即重读有关系，对英语来说更与词重音息息相关。在重读与语调的影响下，有的重音更加突显，有的重音趋于弱化，其中必然涉及重音指派与信息焦点之间的动态关系，即信息焦点通过重音得以实现。

7.2.1 重音与信息焦点

就句子结构而言，重读突显的成分又与信息焦点密切相关。Quirk 等（1985）学者把语调句法结构和信息焦点融为一体，力图从语法的角度阐明语调的表意作用。冯胜利（2000：59）论证说，焦点是通过重音形式实现并表现出来的，所以句子带上特殊焦点重音以后，全句其他成分的发音分量都因凸显焦点而全部降低。在这种情况下，普通重音便让位于局部焦点重音，即重读。根据 Dik（1997：326）的论述，焦点是指在一定的交际背景下，讲话人认为最有必要将那些最为重要的信息传达给听话人。重读无疑是传递信息焦点的一种重要手段，而焦点所对应的句法成分叫作焦点范域（focus domain）。根据包含的词项（lexical item）数目，焦点范域又有狭域（narrow domain）和广域（broad domain）（Cruttenden，2002：74）之分。狭域焦点直接对应于词项，一般只包含单个的词，其重音指派比较简单，可以直接指派给相应的词项。狭域焦点多为对比焦点，其位置一般可以通过上下文信息的不同节点予以确认。较之狭域焦点，广域焦点包含的词项不止一个。一般情况下，广域焦点内的词项并不全部重读，而只将重读置于其中若干或者一个词项上。Gussenhoven（1983）称这种现象为"重读渗漏"（accent percolation）。

人们在将信息焦点投射到句中某一词项的同时，也把重音指派给了同一个词项，即重音就是对信息焦点的选择。也可以说，重音受到信息焦点，即语义语用功能的制约。

7.2.2 重音与常规焦点

语言交际的一般原则是先安排已知信息，然后再浮现新信息，即处于话语尾端的信息往往是新信息，常被学界称为末端焦点（end focus），而末端焦点又称作常规焦点或无标记焦点。例如：

(1) John ran all the way to the STAtion.

(2) I don't know what to DO.

（Cruttenden，2002：75）

尽管常规焦点大多出现在句尾位置，但实际上，常规焦点还可能投射到其他位置。如在英语中，起状语作用的词语经常出现在句尾，即常规焦点的位置，但是并非所有末端状语都可以指派重音而成为焦点。有学者认为，两种语境不能用调核将末端状语突显为焦点：一种是意义由说话时的情景（situation）

明确给定（Leech & Svartvik，1974：173），另一种是处于末端的评注性状语（disjunct）。前者以说话时的情景为参照作出判断，大多为表示时间或地点的末位状语，如 today、tonight、yesterday、this morning、last night、here 等。在这种语境下，调核常常置于紧邻此类状语前的实义词项，并将其标示为焦点。例如：

(3) I went out and bought some new BOOK today.

(4) John brought his SON here yesterday.

句末评注性状语常常表示事后的想法，并不是话语中的主要信息部分，因此它不能标记为焦点，当然调核也只能由紧邻评注性状语前的实义词项来承担。例如：

(5) He didn't know how to DO it fortunately.

(6) I've found out her TELephone number incidentally.

(Cruttenden，2002：77)

7.2.3 重音与有标记焦点

通常，由重音体现的常规位置是正常的无标记焦点，而在其他非常规位置出现的重音则是异常的有标记的焦点。Cruttenden（2002：75）将有标记焦点分为三种情况：1)"事件性"句子；2)末端状语；3)形容词性的 wh 宾语。这里只讨论 1)和 3)）。

7.2.3.1 "事件性"句子

"事件性"句子通常指句中的不及物动词，表达时隐时现或不幸的意义，语义比较"虚灵"，非常有限，被称为语义空泛（semantically empty）动词。这种句子的主语常常承载重音，用来说明主语在语境中的状况或者不言自明的信息。例如：

(7) a. What happened in the afternoon?

　　 b. A WIND got up.

(8) a. What happened while I was out?

b. The MILKman called.

(Cruttenden, 2002: 75)

Quirk 等（1985: 1366）学者认为，这种句子违反末端焦点原则，将信息焦点置于主语的名词上，说明名词通常比动词传达的信息多。不过，句中主语搭配的是不及物动词，因此相关的主谓部分是可以推知的。例如：

(9) The TÈLephone's 'ringing.

(10) The SÙN is 'shining.

(Quirk *et al*, 1985: 1366)

根据他们的解释，主语部分体现出的信息比谓语部分更重要。首先，主语部分必须是名人和有名字的个人（如 John、the President），或是颇具概括性或其存在是著名的实体或活动（如 The kettle）。其次，谓语部分通常指很有普遍性的相关活动（尤其是表现鲜明的肯定/否定选择的活动），例如或隐或显的动作，或指死亡或其他不幸事件之类的普遍性质。试比较：

(11) The BÈLL is 'ringing.　　　比较：The bell is GLÌTtering.

(12) JÒHN has ar'rived.　　　　比较：John has FÌNished.

(13) The PRÈSident has 'died.　比较：Someone has DÌED.

(Quirk *et al*, 1985: 1367)

这里，左端例句中的主语信息量较大，而动词的信息量较小；右端例句中动词的信息较为重要，而主语的信息量则较弱。

7.2.3.2 形容词性的 wh 宾语

形容词性的 wh 宾语指的是，含有 wh 的词项具有动词宾语的功能。例如：

(14) Which COURSE did you take?

(15) Whose adVICE will you accept?

(Cruttenden, 2002: 77)

在这些例句中，调核或焦点落在含有 wh 形容词功能后的宾语名词上。但与此不同的是，如果 wh 充当代词或者动词带有补语，那么调核或焦点则不落在宾语上。例如：

(16) What did you DO?

(17) Whose advice did you find most USEful?

（Cruttenden，2002：77）

有标记焦点的句子类型很多，这里不宜详述。不过，有必要考察一下复合词与名词短语的焦点投射及其差异。由于句法特征的制约，位于句尾的复合词其重音并非指派给最右端的开放类词项上，而是复合词固有的重音位置上。如例 (18)，含有复合词的重音布局只能是 a，而 b 则不合语义要求。

(18) a. Mary ate sweet ICE cream.

　　 b. * Mary ate sweet ice CREAM.

与此不同的是，名词短语可以根据信息焦点的轻重，灵活调整重音的位置，或者名词短语的标记焦点取决于相关词项是新信息还是已知信息。如果中心词是新信息，则应当在常规焦点上指派重音；反之，重音应当在其前置修饰语上显示有标记焦点。试比较：

(19) a. She's a brilliant DÒCtor.

　　 b. She's a BRÌLliant person.

（Quirk *et al*，1985：1368）

7.2.4 重音与对比焦点

Cruttenden（2002：77）在论述信息与焦点范域时认为，已知信息常常置于焦点范域之外，而新信息通常构成焦点范域。但在某些情况下，旧信息也有可能成为关注的焦点。正是基于这一点，英语中才出现了为数不少的对比焦点及其重音的移位。其实，对比焦点就是句子的对比重音。对比焦点可以置于开放性词类上。例如：

(20) He had BREAD, CHEESE, MILK for breakfast.

(21) George gave BILL, not MAry or JOHN, the book.

(22) Mike ate the apple QUICKly, not SLOWly.

（梁华祥，1996）

对比焦点还可以置于封闭性词类上。例如：

(23) He put the book UNder the table, not on TOP of it, or beSIDE it.

(24) Are you going to clean the room beFORE or AFter supper?

（梁华祥，1996）

上述例句的对比焦点出现在两个或两个以上的词项参照中，但在实际的话语交往中，有的句子在词项缺席参照的情况下，也会出现对比焦点。请看下列一组含有封闭类词项的例句：

(25) Who are you 'working FÒR?　　（不是 with）

(26) He's chasing the cattle ÌN.　　（不是 out）

(27) He was speaking to MÈ.　　（不是 you）

(28) So we bought THÌS 'house.　　（不是 that one）

(Quirk *et al*，1985：1369)

通常，封闭类词项并不指派重音。如果指派重音，其实指的就是重读。有些英语句子，其重读似乎只有指派给句尾的封闭性词类，才能避免歧义和误解。例如：

(29) What 'firm is your BRÒTHer with?

(30) Who's the NÓVel by?

如果听话者把这些信息焦点看成强调（如 brother 与 sister 形成对照，the novel 与 review 形成对照），那么就会产生歧义。为此，有必要在这些开放类词项后的介词上标示常规焦点：

(31) What 'firm is your brother WÌTH?

(32) Who's the novel BỲ?

有时候，出于语用表达的需要，有些词项在添加否定性前缀后，也会指派重读，而正常的重音位置却消失了。这种现象也应视为对比重音。例如：

(33) (Happy?) I thought he 'looked ÙNhappy.

(34) (Agreeable?) I thought he 'seemed DÌSagreeable.

(Quirk *et al*，1985：1371)

另外，有的句尾看起来焦点投射位置相同，但由于开放类与封闭类词项不同，它们标示的焦点却有差异。试比较梁华祥（1996）列举的一组例句：

(35) a. John read the novel to JOAN.

　　 b. John read the novel to HER.

(36) a. Mary wanted to marry a DOCtor.

　　 b. Mary wanted to marry HIM.

显然，例（35）a 和例（36）a 都属于常规重音；但例（35）b 和例（36）b 的末端代词 her 和 him 虽然指派了重音，却都是对比性的。根据相关规则，常规重音只能由句尾开放性词类担任，但例（35）b 和例（36）b 得到的则是反证。由此可见，对比焦点的位置非常灵活，既可以置于句首，也可以置于句中，还可以置于句尾。有时候，对比焦点与常规焦点的位置会发生重合。尽管如此，我们只能把焦点投射给句尾的封闭性词项认定为对比焦点，而不是常规焦点，也不是有标记焦点。

7.3 汉语声调的特征

前文谈到，汉语声调变化应归纳为音节内的相对音高和滑动式的音高变化，这两个特征是曲线声调语言区别于非曲线声调语言的界线。Hyman（2009）在将重音原型定义为结构属性的同时，将声调原型定义为特征属性，"指一种带有词层音高特征的语言，如汉语普通话"。王力（2000：5）早已谈到这一点，"语音的高低、升降、长短构成了汉语的声调，而高低、升降则是主要的因素"。这里简要考察一下汉语声调的诸多特征。

7.3.1 汉语声调的音域

汉语声调研究经常提到调类和调值。普通话的调类有四个，指阴平（一声）、阳平（二声）、上声（三声）和去声（四声），另外还有轻声，但不是一个独立的调类。语流总是呈现出音的高低和方向变化，这种音高的上下变化幅度，即从最高音到最低音之间的范围，人们称之为音域、调值或音区。沈炯（1992）解释说，音域是"各种声调以及声调起伏极限之间的音高范围"，指同一条件下各种声调占用的音高范围，或者说是同一特定条件下各种声调聚合一起的音高分布范围。相邻音节的声调音域大都很接近，但是多少会有一些明显的变化，有时候它们的差别又很大。两个不同的方言，其调类可以相同，而每一调类的调值却可以不同，如阴平在北京话中读高平调，在天津话中读低平调，即调值是相对的，不是绝对的。

早在 20 世纪 30 年代，赵元任先生就提出声调音域的概念，他用五度制标出声调的调值，且显示出汉语声调的音高曲线：

声调	名称	调性	起讫点	调型
第一声	阴平	高平	55:	˥
第二声	阳平	高升	35:	˧˥
第三声	上声	低降升	214:	˨˩˦
第四声	去声	高降	51:	˥˩

（赵元任，1979：21）

这里的数字表示音高的等级，5 的调值最高，1 的调值最低。四个声调都是双莫拉，其中阴平为平调，阳平和去声为斜调，上声为曲折调。刘俐李（2004：135-136）将汉语调值分为音区性和曲拱性，即调值的描写显示出声调的区别性特征。根据赵先生的 5 度标记法，声调组合分为高低两个音区，以体现汉语声调的高音特征和低音特征。1、2 在低区，标记为 L；4、5 在高区，标记为 H；3 度是高音区和低音区的交界点，标记为 M。阴平和阳平都有高音特征，上声前段有低音特征，尾段有高音特征；去声前段是高音特征，尾段是低音特征。高音区和低音区的表征沿用惯例：高—H，低—L。按照邢福义（2011：

59) 的划分，平调有的是高平 55，有的是中平 33，有的是低平 11 或 22；升调有的是低升 13，有的是中升 24，有的是高升 35；降调有的是高降 53 或 51，有的是中降 42 或 31，有的是低降 21；还有曲折调，先降后升，或先升后降。另外，调类的音域会受到前后相邻音节的影响。许毅（1989）的实验数据显示，前后音节在音高上主要有两种差别：一是双音节均为阴平时，前音节的音高大都略高于或等于相邻后音节的音高；二是在阳平和去声时，不仅前音节的调中值（基准音高）高于后音节，而且音高的调域（音高变化范围）也大于后音节。

7.3.2 连续变调的制约

本节讨论汉语普通话的语境变调。先看普通话三音节上声的连续变调，这也是学界讨论较多的例子。变调的理由很简单，三个上声音节的调值都很低，无法形成音高对立。按照规则，如果两个上声字再跟一个上声字，那么前两个上声调值都要自动变为阳平，后一个上声须保留。例如：

(37) a. zhǎnlǎnguǎn　　→　　zhánlánguǎn　　（展览馆）

　　　b. pǎomǎchǎng　　→　　páomáchǎng　　（跑马场）

但是并非所有的三个上声组合都会发生这样的音高变化，连续变调还会受到词法、句法和重读的制约。包智明、曹枦文（2014）将变调域定义为发生在连续变调的音节串，认为变调域一旦形成，连续变调就会直接发生。但在一些普通话中，句法结构直接决定变调域，且支配变调规则的使用。根据 Kaisse（1985）的后词库音系规则，上声变调规则受到词汇派生组合的限制，具有循环性（cyclicity），即同一音系规则的重复使用，从词最内部的词素开始，逐渐扩大到词的外层，一直到整个词的形成（包智明等，2007：286）。按照这一规则，"小老虎" [1+2] 与"展览馆"、"跑马场"之类的"老虎口" [2+1] 就会产生不同的变调结果。例如：

(38) a. [[老虎] 口]

    3 3   3   原字调

    (2 3)   循环一

    (2 2   3   循环二

    *3 2   3

   b. [小 [老虎]]   原字调

    3   3 3   循环一

    (2   3   循环二（无变调）

    (3   2 3

    *2   2 3

在例 (38) a 中，上声变调规则首先用于"老虎"，得出２３;后跟上声字"口"后，"老虎"均变为阳平，上声变调规则得以循环使用，即２２３。但在例 (38) b 中，"老虎"变成２３后，前面的上声字"小"缺失上声变调的条件，因此上声变调规则不能循环使用，"小"仍然保持原有上声。

郑锦全（1973：46）曾举出"买好酒"的例子。该例是一个载有三个上声的动词短语，但含有不同的句法结构和语义取向。"买好酒"既可以理解为"买｜好酒"[1+2]，也可以理解为"买好｜酒"[2+1]。前者"好"，用作定语，修饰名词"酒"；后者"好"用作状语，修饰动词"买"，作"已经"解。郑先生认为，该例的连续变调规则受到语境的制约，因此不是循环性的。再看他的经典例子"老李买好酒"及其分析。

(39)   老 李 买 好 酒

   a. 2 3 3 2 3

   b. 2 2 3 2 3

   c. 2 3 2 2 3

   d. 2 2 2 2 3

   e. 2 1 1 1 3

        （郑锦全，1973：48-50）

该例五个音节均为上声。根据郑先生的解读，a 句是慢速发音，变调规则的范域就是最小的两个名词短语："老李"和"好酒"，因此变调规则将其中的"老"和"好"变调为阳平；b 句发音速度稍快于 a 句，"老李买"是一个音系短语，在 a 句仍保留两个低调，按照变调规则，"老李"变调为阳平；c 句发音较快，变调规则用于前两个字"老李"和后三个字"买好酒"。d 句语速更快，变调规则用于整个句子"老李买好酒"。e 句语速最快，用于随意的口语交际中，促使句子中间的三个阳平变调为阴平。显然，变调与语速有关。通常，带有支点的表层结构为发音规则的应用提供了合适的制约。对于该例的诸多变调，郑锦全（1973：53）认为，表层结构本身为变调规则的应用提供了正确的音系短语。

一般说来，音系短语与句法建构密切相关。但音系短语的长短因随意性和语速表情等因素而各不相同。语速慢，音系短语的长短就会小；语速提升，其长短也会提升。张洪明（2014a）将普通话上声变调规则的应用分为两种模式，一种是循环应用模式（cyclic mode），一种是从左至右重复应用的模式（iterative mode of from-left-to-right）。前者应用于韵律词和音系短语，后者应用于语调短语。他将"老李买好酒"分析为例（40），层次显得更为清晰。

(40)　　　　老李买好酒

　　单字调　　3 3 3 3 3

　　变调一　[23]$_ω$[[3]$_ω$[23]$_ω$]$_φ$　　（循环应用）

　　变调二　[223]$_ι$[23]$_ω$　　（从左至右重复应用；循环应用）

　　变调三　[23]$_ω$[223]$_ι$　　（循环应用；从左至右重复应用）

　　变调四　[2 2 2 2 3]$_ι$　　（从左至右重复应用）

这里的 ω 代表韵律词，又称音系词；φ 代表音系短语；ι 代表语调短语。单字音系词"买"既可以与韵律词"老李"一起构成语调单位，即变调二，也可以与韵律词"好酒"组成语调单位，即变调三。前者"好"为定语，修饰"酒"；后者"好"为状语，修饰动词"买"。上声变调规则虽然循环应用，但变调域不同，起到了排除歧义的作用。

连续变调盘根错节，十分复杂，原因在于"语调变调和字调变调的范围不同。字调的变调是以字或词为单位的。至于语调以短语为单位来变调"（吴宗济，1997）。两种变调会形成音高变化的相互交织与重叠，造成调域的差异性和区分的复杂性。

7.3.3 连续变调与重读

有时候，汉语句子的连续变调会因语用表义的需要指派重读[1]。如包智明等（2007：326-327）给出的例（41）：

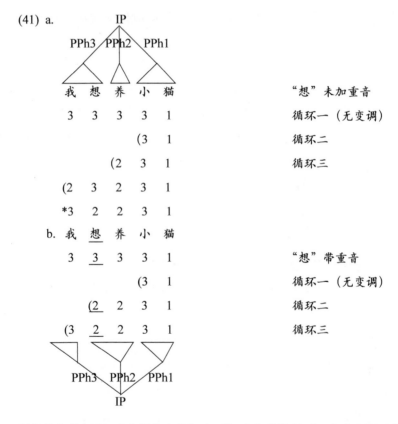

(41) a.

		IP			
PPh3	PPh2		PPh1		

我	想	养	小	猫	"想"未加重音
3	3	3	3	1	循环一（无变调）
			(3	1	循环二
		(2	3	1	循环三
(2	3	2	3	1	
*3	2	2	3	1	

b. 我	想	养	小	猫	
3	3	3	3	1	"想"带重音
			(3	1	循环一（无变调）
	(2	2	3	1	循环二
(3	2	2	3	1	循环三

		IP			
PPh3	PPh2		PPh1		

根据他们的解释，"我想养小猫"在不加重音的情况下，上声变调过程与

---

1 迄今为止，汉语学界通常把句子的突显部分称作重音。我们将句子重音称作"重读"，意在区分词重音、短语重音和句子重音，或者词层突显与话语突显之间的差别。已如前述，重音和重读这两个术语的内涵和所指不同。我们当然可以说"句子重音"，但其对应的英语术语应当是 accent，而不是 stress。

本调结果是 23231，而 *32231 的变调结果却不能接受，如例（41）a 所示。如果突显句中某字的重音，无论句中上声变调原本的运用场如何，加重的字会重新开始一个双音节的上声变调运用场。如在例（41）b 中，"想"加上重音后，就会自动与"养"组成一个两音节上声变调的运用场，因此改变了例（41）a 的上声变调运用场，使 32231 成为可以接受的变调结果。

Xu/ 许毅（1999）曾经给出"猫咪摸猫咪"的例子，因句首和句尾的两个"咪"都是高平调，具有相同的音高绝对值，因此他认为汉语只有降阶而没有音高下倾。而在"猫咪摸马刀"中，句尾高平调的"刀"，其音高绝对值要比"咪"低很多。因为"刀"出现在低音"马"之后，是降阶作用使它音高降低，而前一个句子则没有出现低音，所有的高平调 55 都不降低。王安红（2003）解释说，汉语既有降阶也有音高下倾，因而"猫咪摸猫咪"句尾"咪"的音高之所以不下降，就是因为它处在句子重音的位置，而句子重音要求提升音高，由此抵消了音高下倾的作用。这一事实说明，高层级语言单位和低层级语音单位均有各自不同的组合规则，前者由后者组合而成，而且高层规律的制约力更强，往往受到语法、语义和语用层面的制约（刘俐李，2004：114-115）。就是说，声调变化受到重读这一语用表义层的制约。

7.3.4 轻声的音系属性

汉语学界曾就汉语轻声的音系属性存有争议，焦点集中在轻声是否具有独立调位的资格，目前已经基本上形成共识，即轻声不是所谓的第五调，而是特殊的变调。另外，不少学者结合轻重音问题研究汉语的轻声现象，其中涉及"轻声"与"轻音"之间的关系问题。有人认为，轻声由轻音转化而来，轻音的范围大于轻声；有人提出，轻声就是轻音，轻音的提法更准确。在梁磊（2008：68）看来，轻声着眼于声调，应该说部分反映了汉语的本质，而轻音对应于重音，但与重音语言的所谓轻音有很多不同，因此应该区分轻声和轻音这两个概念。

Chen/ 陈重瑜（1984）将轻声和轻音区分为两个不同的独立特征，二者之间没有必然的因果关系。弱重音或者非重音不见得产生轻声，轻声也并非总是表现为弱重音。真正的轻声是一种无调音节，指普通话里的一些语助词，如"的、呢、了、吗"、名词后缀如"—子"、动词后缀如"—着、—了"以及重叠称谓之类的轻声，具有表达语法意义的功能（冯胜利，2012），人称语法轻声。其音节底层上无调，表现为弱重音或非重音。通常所说的词汇轻声（包括动词重叠的后字），其实都是轻读的载调音节。当一个载调音节处于弱重音时，它的时长缩短，声调的区别性特征减少。这是它常常和真正的无调音节相混淆的原因。[+声调]音节无论承载重音还是轻音都会引起变调，而[−声调]音节无论承载重音还是轻音都不会引起变调。声调有辨义作用，是底层结构；轻重音没有辨义作用，是可变化的表层结构。普通话并不存在应该预设的必读轻声词，因为1）轻重音（即轻读或重读）没有辨义作用；2）所谓的"轻声词"没有一个准则，即词汇轻声没有规律可循。

Shen/沈晓楠（1992）指出，所谓的[−声调(±)重音]音节类型不能引起上声连续变调；所谓的[+声调(±)重音]音节类型可以引起上声变调。然而，还有大量的双字组后字为轻声，前字是其他调类的情况。如果这样，连续变调的标准就不能应用了。这一研究支持并大大深化了区分轻声和轻音的认识，其主要观点可以归纳为四点：1）不是所有的轻声都源于原有的饱满调（full tone）；2）轻声可以分为三种类型，即无调（toneless）、去调（detonic）和非调（atonic）；3）轻声的声调映像（tonal mapping）来自于同化——前字的声调特征从左向右传到轻声上；4）轻声的这种分类支配着去重（destress）和失调（tone loss）的互动。

20世纪末，有关轻声声学性质的研究取得了显著成果，尤其是林茂灿、颜景助（1980）、林焘（1985）和曹剑芬（1986）的研究引人关注。主要体现在：1）音强不是轻声的本质属性；2）轻声与音长密切相关，音长缩短是轻声的主要特点；3）轻声与音高密切相关，轻声的音高曲线取决于前邻载调音节的调值；4）音色（音质）趋于含混。相关成果提高了人们对轻声的认识，尤其是关于轻声与音强的结论，纠正了过去音强决定轻声的误解（刘俐李，2002）。他们的观点有的很接近，有的有分歧。分歧主要表现在两点：

第一，音长和音高都是轻声构成的要素，哪个是轻声的首要特性，看法不一。林焘（1985：24）认为，音长是轻声的第一特性，因为"音高的变化在重音音节中已经起了非常重要的辨义作用，在分辨轻重音时以音长为主"。曹剑芬（1986）持有异议，认为音长和音高是构成轻声的两个重要因素，但"或许还是音高的作用更大些"。

第二，对于轻声调形（型）所起的作用，存在着不同见解。林焘（1985）认为，调型的升降起一定作用，音高在轻声听辨中虽有重要的辨义作用，但远没有音长重要，"调型的升降显然不是轻音的本质特点"。不过，在曹剑芬（1986）看来，"调形可能对轻声的听辨具有重要作用"。她的这一判断得到熊子瑜（2009）实验数据的印证，熊文认为，轻声与前邻载调音节一起构成一个完整的声调曲线单位，即轻声是前字声调不可分割的一部分，而且轻声的调值也取决于前字。

魏刚强（2000）从调值和调类两方面来认识轻声。"调值的轻声指连读时读得很短的字调，即使原调类依然保存；调类的轻声指失去原调类的字调，即使调值并不短"。"读得很短"是说调值，"失去了原来的声调"是说调类。譬如，普通话上上字组后字变为轻声有两类：一类是调值的轻声，一类是调类的轻声。后字是调值的轻声，即后字虽然读得短，但仍保持上声调类，该调类就制约着前字上声，使之变读为 [35]；而前字读 [21] 的，后字是调类的轻声，与其他轻声前的上声字变调相同，都是 [21]。把轻声字作为汉语母语者潜意识里的原声字，这种观察很有洞见，说明原调是音系的归属，变调是动态的体现。原调虽然异化了，但字义仍然不变，不然话语交际就会出现乱象。

尽管音长和音高均为汉语声调的主要声学表现，但轻声不能独立构成声调单位，只能依附在前邻载调音节上，而且其音高变化也有一定的表义功能。因此，就声调系统的属性而言，音高应该是汉语轻声构成的首要特性，也是轻声的音系属性。

7.4 汉语声调与语调

赵元任（1932/2002）早就指出，汉语语调须从三方面来研究：第一字调，第二中性语调，第三表情语调。"字调"是静态调，又是基础调；"中性语调"和"表情语调"都是动态调，与连读变调和语法、语义和语用密切相关。

7.4.1 汉语语调的特色

汉语语调与声调交织在一起，显得非常微妙而且复杂，赵元任先生借助诸多比喻形象地论证了二者之间的动态关系。

> 有人经常会问，汉语既然已有确定的字调，怎么还有句子语调呢？最好的回答是把音节调和句调比作小波浪跨在大波浪上（虽说前者偶尔可能"大"于后者）。实际结果是两种波浪的代数和。正数加正数，数值增大；正数加负数，数值抵消。如在"你姓王，我姓陆"中，前一小句用升调，"王"字的阳平比常调升得更高；后一小句用降调，"陆"字的去声比常调降得更低（或者在此特例中，由于去声降至接近音的极限，因而句子降调使之始音更低一些，压缩更窄一些）。但在"我姓陆，你姓王"中，"陆"字的整体音高会上升一点，但去声的声调曲线仍然不变；"王"字的整体音高会下降一点，但阳平的声调曲线仍然不变，没有失去声调的特性（identity）。外国人有时完全用句调覆盖字调，似乎说成"我姓卢，你姓望"了。(Chao，1968：39-40) [1]

此外，赵元任先生在《语言问题》一书中也谈到了汉语声调与语调之间的代数和关系。请看相关的汉语表述：

> 语调跟字调可以并存，他们两者的关系，是个代数和。怎么叫代数和呐？因为代数里有正有负，正的加正的越加越大，负的加负的越加越负；正的加负的，他就相消了，看是哪一个多一点儿，它就望哪一边儿……再有一个比喻，就是你拿字调跟语调比小波跟大浪。大浪在那儿起伏，每一个浪上头仍旧可以有小波儿。所以字调在语调上，就仿佛小波在大浪上似的，都可以并存的。(赵元任，1980：94)

---

[1] 本段是赵元任先生关于汉语声调与语调的经典论述，学界引证很多。迄今已有两种汉译本，一是吕叔湘先生的摘译本（见《汉语口语语法》，商务印书馆，1979 年第 28 页），二是丁邦新先生的全译本（见《中国话的文法》，香港中文大学出版社，1980 年；又见《赵元任全集》（第 1 卷），商务印书馆，2002 年第 228 页）。前者译语简练，但内容不全，后者直译偏多。拙译或修补内容，或润色词句，力求忠实原文意义，传达准确信息。

细读原文发现，吕叔湘先生漏译了一个信息……（虽说小波浪偶尔可能"大"于大波浪），这一信息看似一个附加细节，但很重要，意在说明字调不仅受到语调的制约，而且偶尔还会对语调产生反作用。比较赵先生的英汉本，可以看出字调和句调的互动关系以及汉语语调的特点：字调升，句调升，则字调升得更高；字调降，句调降，则字调降得更低；字调升，句调降，或字调降，句调升，字调仍保持原型，只是整体上稍升或稍降。

自《汉语口语语法》（*A Grammar of Spoken Chinese*, 1968）这部经典之作问世以来，一直受到汉语学界的推崇，其中有关字调和句调的论述多为学者们所引证，所解读。譬如吴宗济（1982）将"小波浪跨在大波浪"的叠加关系解释为"说话时频率高低变化所造成的旋律模式，也就是若干音节连读时的调型"。沈炯（1985）认为，"语调是由一连串声调音域组织起来的音高调节形式，声调是在声调音域中滑动的曲拱。语调对声调音域有调节作用，声调音域的改变表现在声调曲拱发生的量变上"。

不过，胡明扬（1987：170-171）不同意字调和语调"叠加"和"代数和"的说法，认为"叠加"关系，特别是所谓"代数和"，一般人会理解为"是字调和语调这两种音高变化的'相加'"。按照代数和的解释，平调的字调（如阴平）和升调或降调的语调叠加就肯定不可能再是平调。然而，不论是凭语感还是凭实验材料，不管读哪种语调，字调始终不变；如果字调变了，听起来就成了另外一个字。此外，胡先生还详细举证说：

> 北京话语调的音高问题不是音高变化，即"升"或"降"的问题，而是字调的起点高低问题，或者说是调阈的高低问题。北京话语调在这一点上和英语语调的差别是极其明显的。"高"是整个字调定调定得高，而不是叠加一个从低到高的音高变化过程，也不是要"扬"一下，"升"一下。"低"是整个定调定得低，而不是叠加一个从高到低的音高变化过程，也不是要"抑"一下，"降"一下。所谓高低当然是相对的，是和全句或末句的小句或短语中的字调的起点的平均高度比较来说的。（胡明扬，1987：172）。

不可否认，将字调和语调视为小波浪与大波浪的代数和的关系是赵元任先生的一个形象比喻，而胡明扬先生的质疑在某种意义上是对这种比喻的补充。其实，赵先生的例证也在突显字调起点的高低以及它与语调的微妙差异。随着研究的深入，学界对相关问题的认识逐渐趋于明朗。如吴宗济先生认为，小波浪与大波浪的代数和可以理解为字调的平均音高跟语调的平均音高的代数和，而字调调形基本上没有什么变化（吴宗济，1996）。就是说，"代数和"指基调调阶，即音阶之和，而不是调形曲线之和（吴宗济，1997）。

曹剑芬（2002）通过实验分析，阐述了汉语语调的深层本质和内在结构，揭示了声调与语调之间的复杂关系，对小波浪与大波浪的并存叠加关系进行了详细分析。如在"中国人民解放军"中，起首音节"中"和末尾音节"军"虽然都是高平调，但前者的音阶明显高于后者，原因就是前者处在短语语调波浪的浪峰上，后者处在浪谷里。"声调与语调并存叠加"关系，声调"小波浪"骑跨在语调"大波浪"上，一方面保持着它的基本调型，起着区别词义的作用；同时以它的音阶随着大波浪的波动而上下起伏，起着载荷语调信息的作用。曹剑芬得出的结论是：

> 语调在汉语里的实现方式具有不同于非声调语言语调的特色。这种特色主要体现为声调跟语调之间相互依存和相互制约的对立统一关系：语调存在于声调之中，它的总体音阶走势必须通过声调实体体现出来；而声调实体本身的实现又受语调综合旋律的制约，在语调的总体框架内发挥它的语言学作用。汉语的语调与声调作为各自独特的音高运动模式，既相对独立，又同时并存，其内在本质就在于，它们是音阶的相互叠加，而不是调型的相互叠加。（曹剑芬，2002）

林茂灿（2004）的研究明确支持胡明扬先生关于汉语语调的音高问题不是音高变化，即"升"或"降"的问题，而是字调的起点高低问题这一观点。我们也支持这一看法，另外在此补充说明一点，英语语调的音高变化是重音指派的结果，而汉语语调的调域高低是声调指派的结果。二者的根本差异在于，重音指派的作用域是多音节，在语调单位中体现为音高曲线变化，而声调指派的作用域是单音节（字调），但字调在语调单位中的调域不能削弱，更不能走样，因为"汉语里的声调是区别意义的，一旦调型改变了，就会变成另外一个字了"

（许毅，1989）。就此而言，以字调为支点的句调音高必然受到或多或少的制约，以满足字调和字义的需要。

汉语声调资源非常丰富，其音节组合会产生复杂的音高对立与变化。连字成词成句时，声调组合的空间更大，不像英语语调的音高变化总是受波浪形音高变化规律的限制，再加上语调模式的影响，使汉语语调的调型变化非常微妙，也非常复杂。

7.4.2 语调对声调的作用

吴宗济先生长期研究汉语语调中的连读变调组，认为"普通话语句中的一切声调变化，都是以单字调和二字连读变调为基础的"，而这些基本调型就是"句调的基本单元"（吴宗济，1982）。他的论证说明，汉语单字调和二字连读变调是语调的基础。林焘、王理嘉（1992：187）持有同样看法，"语调高低升降的变化并没有对声调原有的高低升降模式产生严重的影响"。

尽管如此，语调作为大波浪，也会对小波浪的声调产生一定作用。如王安红（2006）的研究表明，语调会对单字调产生如下影响：1）双音节连读会有连读变调，二者的声调曲线有异于两个单字调的简单相加。如两个上声相连，前一个上声读35调。两个去声相连，前一个去声读53调。2）在语调短语内部，说话人开始时声门下压力较大，音高较高，越往后，声门下压力越小，音高很难达到起始处的高度（Cruttenden，2002）。如在"张三周一开飞机"这个语调短语中，如果没有特别强调，那么短语末位的"飞机"虽与短语首位的"张三"同为阴平，但"飞机"的音高略低于"张三"。3）语调短语内在音高上如有"低"特征的音节，它会使其后音节的音高值低于其前音节的音高值（Xu/许毅，1999）。如在"张三喜欢开飞机"这句话中，如果没有特别强调，其中的"飞机"比"张三周一开飞机"中的"飞机"要低，因为"喜"是上声，音高上具有"低"特征，对其后音节的音高值有降低作用。4）音高与焦点位置有关。由于交际需要，一句话通常会有强调或语义焦点，焦点的语音表现会改变焦点所在音节及其周围音节的声调曲线。焦点位置不同，整句话的音高曲线产生显著差异。同样是"张三周一开飞机"这句话，如果强调其

中的"张三"或"周一",那么整句话的音高曲线就会产生很大差异。5)音高
与语气语调有关。还以"张三喜欢开飞机"为例,不同的语气会影响这句话的
音高曲线。如用平淡语气,这一层级的作用不是很大。如用疑问语气,音高
曲线的起伏变小,音高整体上居于较高水平,特别是后边音节的音高有一定
幅度的提升。

除了语调对单字调影响外,重读会突显语调单位的某一成分,林茂灿
(2004)称之为"音高重调"(pitch accent),并据此讨论了汉语语调与声调之间
的关系。他给出"马厂长买五把好雨伞"的例子,并通过声学实验进行了分析。
其中,词汇词"厂长""五把"和"雨伞"均含两个上声音节,第一个上声都
变成阳平调。另外,这个语调短语分为3个韵律词:"马厂长""买五把"和"好
雨伞",其中"买五把"的"买"相对"马厂长"的"长"有较大的基频(Fo)
跃变和较长的无声停顿,而"好雨伞"的"好"相对于"买五把"的"把",
其基频跃变和无声停顿都较小。因而,3个韵律词组成2个韵律小短语,"马厂
长"和"买五把好雨伞"。

根据林茂灿先生的分析,语调短语各音节的基频变化,首先而且主要受到
韵律结构制约音高重调的作用,其次受边界调的作用。语调短语中,音高重调
有不同的等级,分别体现在韵律词、韵律短语和语调短语。在韵律词中,音高
重调后面音节的基频曲线位置往往下降,音域往往变窄,前面音节的基频曲线
位置低一些,基频曲线音域也窄一些。音高重调为上声时,其后面音节的基频
位置要抬高。韵律结构制约着音高重调的数目和等级,使得语调短语的基频曲
线跌宕起伏、不断变化。语调短语中基频曲线(及时长)的这种起伏变化,使
人们对它产生抑扬顿挫的感觉,让人们觉得那部分内容更重要。边界调使语调
短语的基频曲线产生局部改变,给人们以不同语气的感觉。他的结论是,语调
对声调的作用是通过韵律结构,使各音节基频(及时长)产生规律性变化,因
而汉语语调对声调的作用是单向的、层次性的。

在语言交际中,汉语也可以通过语调表达特殊的表态意义。而"语调和语
义是对立的统一,人们说话是语调的各部分的配合,完全是由语义决定的,但
是语调反过来又会影响语义。语调和语义完全吻合,才能准确的传情达意,达
到交流思想的目的"(石佩雯,1981)。林焘、王理嘉(1992:185)论证说,

感情的变化常常伴随着句子语调的变化。有的感情语调带有强烈的感情色彩，这时全句的高低、轻重和快慢都有非常明显的变化。例如，情绪高昂时往往语调升高、响度增加，情绪低沉时往往语调降低、语速缓慢，与人争辩时语速往往增快，生气愤怒时往往把一些音节的振幅特别加大。然而，语调的感情意义不同于字调的基本意义。在劲松（1992）看来，字调和语调都用音高及其变化来辨别意义，这是二者的共同本质，但它们属于不同的系统，在形式上各有不同的调域。从结构上看，字调与每个音节和语素联系在一起，而语调只出现在特定位置的音节上；从意义上看，字调表示词汇意义，而语调则表示语法和情感意义。

7.5 语调的功能

比较而言，英语语调的功能和意义远比汉语语调丰富，它常常在话语的词汇意义上添加很多语调含意。Roach（2008：183）将英语语调的功能归纳为四种：表态功能（attitudinal function）、语法功能（grammatical function）、重读功能（accentual function）和语篇功能（discourse function）。表态功能指，在语言交际过程中，语调主要用来传达说话人的感情变化，即说话人通过语调来表达自己对某件事的态度，这显然会给口语交际增添特殊的表态意义。Roach（2008：184-185）将表示态度或情感的语调概括为：降调表示肯定和意思完整；升调表示疑问、鼓励、列举事例和言不尽意；降升调表示不肯定、犹豫和请求；升降调表示惊讶和感叹。我们已在 7.2.4 中比较详细地讨论了语调的重读功能，下面主要讨论英语语调的语法功能和语篇功能，另加表义功能。另外，本节在讨论两种语言的语调功能时，涉及英语语调的内容较多。

7.5.1 语调的语法功能

作为语法的一部分，语调单位的划分、调核的定位以及调型的选定都会对句子结构产生直接的关系。这样的变化甚至足以改变整个句子结构，进而生成迥然不同的意义。语调的这种语法功能主要体现在调型指派与话语结构之间的对应配置上。同样一个短语或话语，如果使用不同的调型或在不同的位置停顿，就会产生微妙乃至迥然的差异。例如：

(42) a. 'Don't you 'love ͵pop music?（问句）

你不喜欢流行音乐吗？

b. 'Don't you 'love `pop music！（感叹句）

难道你不喜欢流行音乐！

同样一个句子，如果语调单位界限不同，也会产生不同的话语意义。例如：

(43) a. ｜ 'Those who 'sold ͵quickly ｜ ͵made a ͵profit

b. ｜ 'Those who ͵sold ｜ ͵quickly ͵made a ͵profit ｜

(Roach，2008：195)

基于语调单位界限位于不同的位置，Roach 将例（43）分别解释为：

(43) a'. A profit was made by those who sold quickly.

利润被销售快的商人赚去了。

b'. A profit was quickly made by those who sold.

利润很快被商人赚去了。

(44) a. ｜ The 'students who have 'got the ͵chance ｜ are ͵pleased.

b. ｜ The ͵students ｜ who have 'got the ͵chance ｜ are ͵pleased.

可以看出，例（44）a 中的主语与 who 引导的从句一起构成一个语调单位，使用一个调核，表明 who 从句是一个限定性定语从句，其意义为"部分获得这一机遇的同学"，而例（44）b 中的主语则与 who 引导的从句分属两个语调单位，使用两个调核，提示 who 从句是一个非限定性定语从句，其隐含意义则是"所有获得这一机遇的同学"。

如同英语，汉语因停顿位置不同而造成意义差异的例子很多。吴洁敏、朱宏达（2001：74-75）举出这样一个例子。一位大学生在朗读徐志摩的诗歌《再别康桥》时，错置了停顿位置，导致诗歌意义走样。

(45) a. * 轻轻的我 | 走了，‖ 正如我 | 轻轻的来。‖……‖ 悄悄的 我 | 走了，‖ 正如我 | 悄悄的来。

何谓"轻轻的我"？何谓"悄悄的我"？如果听者没有读过原作，一定会一头雾水，不知所云。如果朗读时将停顿位置作如下改动，则意思清晰明了，效果截然不同。

(45) b. 轻轻的 | 我走了，‖ 正如我 | 轻轻的来。‖……‖ 悄悄的 | 我 走了，‖ 正如我 | 悄悄的来。

7.5.2 语调的语篇功能

顾名思义，语调的语篇功能指的是大于句子层面的功能，即语调在不同语境下的话语交际功能。一般认为，语调的语篇功能体现在两个方面：一是选择适当的调核定位，向对方提示新信息和已知信息，将对方的注意力聚焦于最重要的信息上；二是遵循会话原则，调节话语行为，突显语篇信息的组织功能，以求双方信息交流的顺利对接。

在口语交际中，说话人如果要强调某个重要信息，其最有效的手段就是将音调音节（tonic syllable），即调核重读指派给相关的词或音节，以此区别话语的主要信息与次要信息。

(46) a. They 'decorated the 'girl with FLÒWers.

　　　他们装扮了那位手持鲜花的姑娘。

　　b. They 'decorated the GÌRL with · flowers.

　　　他们用鲜花装扮了那姑娘。

(47) a. He be'gan to 'study 'English LÀter.

　　　他学英语比别人晚。

　　b. He be'gan to 'study ÈNGlish · later.

　　　他后来才开始学习英语。

例（46）语义差异的关键在于 with 的句法功能，因为由 with 构成的介词短语可以作定语，也可以作状语。作为定语，with 修饰的是名词 the girl，从而使 flower 成为句子的信息焦点。作为状语，它修饰的是动词 decorated，这样就使 girl 成为信息焦点。在例（47）中，later 是个状语，但重读与否可以体现出它所修饰的不同成分和句子意义。如果载有焦点，它就是句子的语义重心，应理解为修饰动词 study，later 的含义应是"later than others"，如例（47）a。如果焦点移到 English，则应把 later 看作修饰句子的其他成分，later 的含义则是 later on，如例（47）b。

在某些句子中，反身代词重读与否对句子意义起着关键作用。反身代词可分为强调特征和非强调特征，作为同位语，它是强调性的，需重读；作为宾语，它是非强调性的，不重读。基于不同的重音指派，句子意义会有差异，甚至有些句子的语义表达不合乎逻辑，例如：

(48) a. She 'used to 'cook herSÈLF.

　　　 她曾经自己煮饭。

　　 b. * She 'used to CÒOK herself.

　　　 *她曾经煮自己。

在例（48）a 中，herself 重读时为主语同位语，cook 为不及物动词。在例（48）b 中，herself 轻读时则是宾语，cook 应视为及物动词。由于例（48）b 中的 herself 是及物动词 cook 的宾语，造成语义有悖于逻辑，因而只有取例（48）a 的重音模式，句子才有意义。

再看下面两个对话：

(49) A$_1$：He 'looks a bit TÌRED, DÒESn't he?

　　 B$_1$：YÈS, VÈRy tired.

　　 A$_2$：'What did he 'do last NÌGHT?

　　 B$_2$：He 'worked all NÌGHT last · night.

（王桂珍，2000：159）

在例（49）A$_1$ 和 A$_2$ 的问话中，TIRED 和 (last) NIGHT 分别作为语篇的信息焦点，因而载有调核；而例（49）中 B$_1$ 和 B$_2$ 的回答则分别将这两个成分作为已知信息，调核因此分别前移至主要信息 VERy 和 (all) NIGHT 上。

(50) A₁：'Where are you GÒing?

　　B₁：AMÈrica.

　　A₂：WHÈRE in A · merica? To the NÓRTH or to the SÒUTH?

　　B₂：NÈITHer. I've SÈEN the north and sóuth. I'm 'going ÈAST.

（王桂珍，2000：159）

在例（50）A₂ 问话中，America 既然成为已知信息，因此调核移至 WHERE 上；而例（50）B₂ 的回答则将 NORTH 和 SOUTH 作为已知信息，因而将调核置于新的信息焦点 EAST 上。

7.5.3 语调的表义功能

有时候，书面语会出现意义模棱两可、含糊不清的句式结构。如果在适当的位置安排停顿，且辅以恰当的调型，则可以消除歧义。仅此而言，语调具有辨别意义的功能，也可以说是表义功能。这一功能的生成无疑得益于不同调型的基本含义，即降调一般表示"肯定"或"完整"，升调表示"不肯定"或"不完整"，而降升调则把降调和升调之间的相反意义融为一体，表示"对比"或"保留"，同时又暗示出深层含义，表明言未尽意。换言之，降升调除了自身所体现的信息外，往往还导致另一相对信息的出现。例如：

(51) a. He's 'fairly CLÈVer.

　　b. He's FÀIRly CLÉVer.

（Quirk et al，1985：1372）

两句虽然同为一个语调信息单位，但意义迥然不同。Quirk et al（1985：1373）从两个方面进行了分析，在语义方面，例（51）a 含有肯定性的评价意义，例（51）b 比较勉强且含贬义，对聪明的评价表示怀疑。在信息方面，例（51）a 适合回答一般性的问题（What do you think of Tom?），而例（51）b 则暗示出关于他是否聪明的问题已经提起过（Tom is clever, isn't he?）。从这种程度上说，例（51）所标记的升调词项 clever 代表了"已知"信息，故此它应当从属于另一个已经成为焦点的词项 fairly。

Quirk *et al*（1972：432）指出，在口语中，大多数位于主语和谓语之间的焦点附加语，通常可以使句中不止一个部分成为焦点。换言之，焦点是可以移动的，同一个句子，假如焦点位置不同，必然产生语义上的细微差异。而不同位置的焦点，可以由不同的调核来实现。例如：

(52) John only phoned Mary today.

(Quirk *et al*，1972：432)

在书面语中，这里的限制附加语 only 可以理解为修饰句中的任何一个成分（only 可修饰 John/phoned/Mary/today），造成句义模糊。排除歧义的方法，只能调整 only 的位置。不过在口语中，only 可以使它前后的四个成分都成为焦点，由不同位置的调核来决定，以彰显语义。例（52）可以分别变为：

(52) a. John ŎNLY phoned MÀRY today.

= Nobody but John phoned Mary today.

b. John only PHÒNED Mary today.

= John did nothing else with respect to Mary but phoned her.

c. John only phoned MÀRY today.

= John phoned Mary but nobody else.

d. John only phoned Mary toDÀY.

= John phoned Mary today but not at any other time.

在英语否定结构中，歧义句更是不乏其例。有学者认为，带 not 的否定句，都是某种意义上的歧义句。其原因主要涉及否定范围（the scope of negation）和否定焦点（the focus of negation）的变化。根据 Quirk *et al*（1972：382）的观点，否定范围和否定焦点既有联系又有区别，二者关系非常密切。在一般情况下，否定焦点必须在否定范围内。但是某些被否定的成分有时并不在否定范围内，而实际上它们又是被否定的，这也可以称为"否定焦点"。而某些否定范围内的成分，由于不是否定焦点，则应理解为肯定意义。譬如：

(53) Harry didn't attack the Labour Government.

(Quirk *et al*，1972：382)

这里，否定焦点可以是"Harry"，也可以是"attack"，还可以是"the Labour Government"。由于焦点的变化，该句产生多重歧义，但采用表示对比意义的降升调，可排除歧义：

(53) a. HÀRRY didn't attack the Labour GŎVernment.

　　= Someone attacked the Labour Government but it wasn't Harry.

　b. Harry didn't atTÀCK the Labour GÓVernment.

　　= He did something to the Labour Government but he didn't attack it.

　c. Harry didn't attack the Labour GÓVernment.

　　= He attacked some government, but it wasn't the Labour one.

在例（53）a 中，"Harry"虽然不在否定范围内，但通过语调显示，它是否定焦点，因而含有否定意义。例（53）b 中的"the Labour Government"虽在否定范围内，但不是否定焦点，所以具有肯定意义。而例（53）c 中的"attack"尽管在否定范围内，由于否定焦点落在"Labour"上，故含肯定意义。从例（53）b 和例（53）c 中还可以看出，如果否定范围内的一部分具有否定意义，那么另一部分则含有肯定意义，反之亦然。概言之，肯定成分与否定成分在结构上相互依存，在意义上具有微妙的差异。又如：

(54) Tom doesn't beat his wife because he loves her.

在这个句子中，否定范围的两个部分都有可能被否定，既可理解为否定"beat his wife"，又可理解为否定 because 从句，因而产生歧义。如语调不同，歧义可部分排除：

(54) a. Tom doesn't beat his WÍFE because he LÒVES her.

　b. Tom doesn't beat his wife because he LŎVES her.

例（54）a 在两个分句中，用了一升一降两个语调单位，置 because 分句于否定范围之外，所以否定的只是"beat his wife"，即 Because Tom loves his wife, he doesn't beat her（因为汤姆爱他妻子，所以不打她）；而例（54）b 用了一个语调单位但包含了两个分句，并且在 loves 上用了表示对比意义的降升调，结果否定焦点转移到 because 分句上了，从而排除了主句的否定意义，即 Tom beats his wife, but it wasn't because he loves her（汤姆不是因为爱他妻子而打她）。同理：

(55) a. I didn't go THÉRE to visit my FRÌEND.

我没到那里去拜访朋友。

b. I didn't go there to visit my FRĬEND.

我并非为了拜访朋友才去那里的。

(56) a. I don't beLÍEVE that he will come toMÒRrow.

我不相信他明天会来。

b. I don't believe that he will come toMǑRrow.

我相信他明天不会来。

关于 all 和 every，Quirk *et al*（1972：383）是这样论述的，在标明否定范围向左延伸以包括主语时，语调也可以起决定性作用，这是在主语中含有"普遍"量词 all 或 every 时所见到的一种个别现象。例如：

(57) a. 'All cats don't like WÀTer.（= All cats dislike water.）

所有的猫都不喜欢水。

b. ÀLL cats don't like WÁTer.（= Not all cats like water.）

并非所有的猫都喜欢水。

(58) a. 'Every answer is not RÌGHT.（= Every answer is wrong.）

所有的回答都不对。

b. ÈVery answer is not RÍGHT.（= Not every answer is right.）

并非所有的回答都是对的。

由于某些句子含有言外之意，因此常常会产生歧义。值得注意的是，有些歧义句如果用了降调，似乎不合逻辑，因此最好用降升调。例如：

(59) a.* ÀLL is not gold that glitters.

* 发亮的东西都不是金子。

b. ÀLL is not gold that glitters.

发亮的东西并非都是金子。

(60) a. * People can't overcome ÀNy difficulty.

　　　* 人们不能克服任何困难。

b. People can't overcome ÀNy difficulty.

　　人们并非任何困难都能克服。

对比本组例子，我们可以根据自己的常识确定否定焦点。以（59）为例，世界上闪光的东西很多，金子只是其中一种。如果说例（59）中的否定焦点为 gold，那么句义就成了"所有闪光的东西都不是金子"，显然不符合金子会闪光这一自然现象。所以，例（59）中的否定焦点只能是 all that glitters，只有这种理解才符合客观事实。

汉语语调伴随着信息焦点，也会出现表义功能。譬如，冯胜利（2000：57）谈到，相传清代有一个武将，打了败仗后准备向皇帝启奏说，"臣屡战屡败"。可是手下的人看后给他对调了两个字，改为"臣屡败屡战"。结果他不仅没有受惩罚，居然还得到皇帝的嘉奖。当然是奏折语序换位成全了他，如将"屡败"置于句尾，那么"屡败"就成了全句的焦点，给出的信息焦点就是这武将是一个无能之辈，说不定还会招来杀身之祸。如将"屡战"居后，句子焦点就是"屡战"，表现出一种不怕失败、无所畏惧的精神，虽败犹战，虽败犹荣。可见，句尾的强调功能对句子焦点的实现多么重要。

7.6 小结

语调涉及词层、短语层和话语层上的韵律特征，故被称作广义上的节奏单位。本章讨论的内容可以归纳为五个方面：

第一，在考察语调概念的基础上，区分了声调 / 音调这一术语在声调语言与非声调语言中的差异：汉语声调以音节为单位，其音高变化直接承载词汇意义，而英语音调则是一种范围扩大了的语调单位，其音高变化并不承载词汇意义。

第二，英语句子重读大多与开放类词的重音位置相重叠，但因表义需要可将封闭类指派为重读。重读的突显既与信息焦点息息相关，又与调核密不可分。信息焦点通过重读得以实现，即句子指派焦点重读之后，普通重音屈居次要地位。这种互动关系非常微妙，既有规则上的制约，又有语法、语义和语用方面的综合考量。

第三，在连续变调中，调类受不同因素的影响，其音域处在动态的变化中，但有一定的音区范围，且受到字义的制约。载调音节在连字成词或短语时，会发生连续变调，变调受到重读、语法、语义和语用的影响，但须遵循一定的规则。声调对比造成音节的强弱变化，由此产生复杂的轻声现象。语法轻声可以预测，词汇轻声一般没有规律可循。轻声音节缺乏独立性，只能依附于前邻载调音节，二者一起构成一个完整的声调曲线。在音系类型上，汉语词首是载调音节，词尾是轻声音节。

第四，汉语字调与语调犹如"小波浪跨在大波浪上的关系"，二者相互交织与叠加，即音阶的相互叠加，而不是调型的相互叠加。语调格局下的字调音高具有自身的调域范围，不能跑调，以满足字调和字义的需要。字调和语调既相对独立，又相互依存、相互制约，由此形成对立统一的和谐格局。从发展的眼光看，二者的"接口研究将会成为韵律音系学的热点问题"（李兵、王晓培，2014）。

第五，基于 Roach（2008：183）的分析，考察了语调的语法功能、语篇功能和表义功能。语调之间不是彼此孤立的，而是相互叠加、相互依存的。如表态功能与语篇功能叠加在一起，调核重读位置与"新"信息密切相关等。此外，由于话语有时出现模棱两可的意义，因而选择适当的停顿位置，并辅以适当的调型，可以起到消除歧义的作用。总之，英语语调在话语之间的作用至关重要，但无论语调如何变化，重音始终是英语语调的基础。由于汉语字调的制约，加上语调的影响，致使调型变化更趋复杂。虽然语调属于话语层的节奏属性，但作为两种语言的内部证据，重音和声调都会或多或少地影响语调的表现。

较之英语重音规则及其制约，汉语声调规则及其制约更加复杂，这是学术界已经形成的共识。我们认为，汉语变调的复杂性源于声调的单音节性及其组合衍生能力。连字成词成句隐含着变调规则，而变调规则必须以字调为基点，以词句的和谐为观照。在某种意义上，汉语轻声既是变调的衍生物，但反过来又为变调增添了许多难以预测的变数和未知数。汉语声调涵盖的内容十分丰富，而且相关研究已经取得了丰硕成果。结果说明，汉语声调的音系类型不同于英语重音，其单音节属性虽在连续变调乃至语调上受到影响或制约，但仍然起着举足轻重的作用。比较而言，英语语调与重音息息相关，汉语语调与声调密不可分。在这种意义上，两种语言的语调模式同样体现着音系类型上的差异。

第八章　英语节奏的语音实现

重音是激活英语节奏的杠杆，语音实现则是其节奏属性的反映。英语节律音步的重轻交替又激活了饱满元音与弱化元音的多重变化。在重音的驱动下，英语重读音节必须配置重音节，即饱满元音，轻读音节既有可能产生弱化元音，又有可能配置饱满元音，但深层上潜藏着变异，遇到合适时机就会跨入弱化元音的行列。相反，弱化音节如果指派重音，其元音必须提升为饱满音值，以满足重音承载的资格。

8.1 重音的作用

第六章讨论了英语重音的节律音步，并考察了重音在不同层次上的相对突显关系。基于"君主式"的音步结构，英语表现出"强者更强，弱者更弱"的节奏模式，与之同步的是语音实现，尤其是元音上的强弱协同配置。

8.1.1 音长的动态平衡

如第一章所述，语言节奏二分法涉及节奏单位的计时问题，可见音长是一个绕不开的话题。前文谈到，学界将英语界定为重音计时语言，将西班牙语定义为音节计时语言。Delattre（1966）曾对这两种语言的音节时长进行比较，发现重音虽然可以用来区分西班牙语单词，但效果远不如英语明显。其重读音节的平均音长是轻读音节的 1.3 倍，而英语重读音节的平均音长是轻读音节的 1.5 倍。引人注目的是，在非词尾的开音节中，西班牙语重读音节的时长仅仅是轻读音节的 1.1 倍，而英语多达 1.6 倍。音节时长之间的数据差异显然是学界区分两种节奏类型的一个重要依据。

对重音语言来说，重读音节和轻读音节之间的音长变化显得更加复杂和微妙。诚如 Heuven & Jonge（2011）所述，对于英语和荷兰语而言，如果缺失音高变化，那么延长音节的相对时长则是判断英语重音和荷兰重音最为有效的线索。由此可见音长在重音观照下的作用和影响。不可否认，音长会受到许多语音环境因素的影响，包括语速、重音位置、音节轻重、元音配置、话语结构、突显程度等等。在这种意义上，语音的时长是相对的、富有弹性的，它会受到许多因素的影响与制约。一般来说，英语节奏的时长感知是非常微妙的，也是难以把握的。似乎只有英语母语者才能体察入微，深有体会。请看 Laver 的如下阐释：

> 言语节奏的等时长概念隐含着潜在的规律性，只有在感知的基础上才能重温这种规律性，一般只有母语听者通过深刻了解语言词汇的音系形式才能体验得到。较为有益的看法是，人们将时长关系和升降起伏感知为存在于连续音节之间的突显，其中被感知的节奏就是言语的属性，它产生于音段响度、音节结构、音节值和词汇重音之间的互动关系。言语节奏受到感知、认知和音系诸因素的制约，此外，听话者普遍倾向于将某种程度的节奏性强加给他们对言语材料的感知上。(Laver, 1994: 157)

迄今为止，西方学者取得的共识是，重读音节与轻读音节之间的时长分布是有差异的。在同等的语音环境下，重读音节总是要长于轻读音节，显然这证明了时间维度在突显中的重要作用，其间显示出音长的动态平衡，主要体现在长元音（或双元音）与短元音之间的转换上。这种音长变化就是同源词中的词根语素元音，Cruttenden（2001：96）称之为"语素交替"（morphophonemic alternation）。从词源上说，语素交替就是同一音质的短元音与长元音之间的交替，即产生于两个单词不同节奏结构的交替，单音节词通常配置长元音，而双音节或多音节词则指派短元音。这些单词词根与其派生词之间的发音存在着某种规律性的变化。例（1）中的大多数词取自 Cruttenden（2001：97）：

(1) a. /aɪ/–/ɪ/　wise–wisdom, child–children, type–typical

　　b. /iː/–/e/　please–pleasant, sheep–shepherd, athlete–athletic

　　c. /eɪ/–/æ/　sane–sanity, chaste–chasity, fable–fabulous, grateful–gratitude

　　d. /əʊ/–/ɒ/　know–knowledge, joke–jocular, globe–globular, phone–phonic

　　e. /aʊ/–/ʌ/　south–southern, found–fundamental, pronounce–pronunciation

例（1）显示，元音的长短变化大多取决于单词音节数目的增加。如果重读音节没有后跟的轻读音节，那么该音节就配置长元音或双元音；如果加上后缀，或者失去重读，那么相关的元音就会变为短元音。在某种意义上，长短元音的变化也印证了音长均衡的道理（许曦明，1994）。它们之间的交替虽然很普遍，但也有长元音保持不变的情况，如 desire–desirable, denote–denotation, promote–promotion。

第一章曾谈到，Lehiste（1973）分析了单音节类和双音节类的四种节律音步，以证实 Classe（1939）可比条件下的等时长假说。句子音步表明，从单音节到双音节的延伸时长，音步内既有短–长分布，也有长–短分布。这样的音长调整显然满足了音节的制约条件，但实际话语中鲜有如此有规律的音长分布，绝大多数话语会出现长短参差的音长结构。我们认为，Lehiste 的分析确有一定的道理，不过显示的却是一种静态视角。只有对节律音步的音长分布进行动态解读，才能揭示出英语重音节奏的特征。

在英语音步中，一个重读音节如果后跟若干个轻读音节，那么它们会积压在一定的时间单位内。要实现若干音步之间的时长大致均衡，只有快读多音节音步，慢读单音节音步，结果导致音节重组和时长再分配，多音节音步中的诸多时长会趋于短化，单音节音步的时长则趋于延长，相当于"添加零音节"。即使如此，两类音步的总时长也难以相等。英语节奏的这一组合现象就是 Laver（1994：532）所说的"音步层短化"（foot-level shortening），即音步导入的轻读音节会使重读音节的长度变短，同时音步的总长度会适度延长。Halliday（2000：293）的研究结果表明，在正常语速的自然谈话中，双音节音步并非简单地划分为两个等长部分，随着轻读音节数目的增加，音步的长度会有相应延长。请看他列举的音步数及其对应的时长变化：

(2) 音步的音节数目：1　　2　　　3　　　4
　　音步的相对长度：1　　1.2　　1.4　　1.6

双音节音步只比单音节音步长约五分之一，而不是长一倍；三音节音步比单音节音步长约五分之二，即使是四音节音步也没有长达一倍。Halliday 的分析得到了 White & Turk（2010）的佐证，他们分别考察了多音节左重音步和多音节右重音步的音长短化现象。这里仅取多音节左重音步的如下数据：

(3)　cap　　　　　captain　　　　captaincy

　　　dog　　　　　dogma　　　　　dogmatist

　　　fish　　　　　fissure　　　　　fisherman

　　　part　　　　　partner　　　　　partnership

　　　ten　　　　　tendon　　　　　tendency

　　White & Turk 的结论是，单音节词的重读音节核（即元音）最长，双音节词的元音会变短，三音节词的元音更短，非重读音节核的元音也会随之变短，但单词时长会随着音节数的增加而延长。

　　第六章提到，音步在两个端点之间运作，它包括一个重读音节以及右向可能出现的词内一个或多个轻读音节，但不包括下一个重读音节。而且，音步范围还可以打破单词界限，扩展到词界外的轻读音节。音步是节奏重音中不可或缺的描写单位，节奏重音关注的问题：一是音步在单位中的韵律结构，即重音模式；二是重读音节和轻读音节中的语音实现，尤其是元音实现的微妙变化。此外，话语中的诸多音步长度大致相等，而音步中的音节数目却又不等，这必然导致音节长度因不同的语音环境而产生差异。换言之，要实现音步之间的大致平衡，必须打破若干音节的平均时间间隔。具体说来，必须对音位，尤其是元音的时长进行调整。实际上，轻读音节中的音质和时长调整与音步的核心成分均有密切关系（许曦明，2008：168）。例如：

(4)　'Johnathan | 'turned to the | 'left of the | `street.

　　　/'dʒɒnəs(ə)n / 'tɜːnd tə ðə / 'left əv ðə / `striːt/

　　例（4）有四个音步，前三个音步均为三音节，每一音步中的两个轻读音节都是模糊央元音 /ə/，很有规律性。最后一个音节虽为单音节音步，但它吸纳了语调核心，又位居句尾，可适度延长，所延长的时长就是添加的零音节。与此同时，前三个音步中的诸多音节略微加快，时长稍微缩短，尤其是其中的轻读音节。如此运作，单音节音步 street 与前三个音步的等时协调还是比较容易把握的。再如：

(5)　'Ted has been to the ho | 'tel | `recently.

　　　/'ted əz bn̩ tə ðə hə(ʊ) / 'tel / `riːsn̩tl/

例（5）共有三个音步，第一个音步多达六个音节。按照音步动态等时的要求，三个音步的长度应当大致相等。在两个重读音节 Ted 和 -tel 中，元音均是 /e/，然而这对于只有一个音节的 -tel 音步来说，未免过于苛刻。在它之后的音步含有三个音节，而它的前邻音步甚至多达六个音节，为求得长度大致相等，无疑必须快读并缩短多音节音步，慢读并延长只有一个音节的 -tel 音步。很明显，-tel 中的 /e/ 远远超过其正常音长，较之后续音步，其音值应延长为 /te:/；较之前邻音步，其音值应延长为 /te:::/，/:/ 表示添加的零音节。假如第一音步中没有插入的五个轻读音节，那么 Ted 和 -tel 所占用的时长应该大体相等。在这种意义上，轻读音节从音步中心处瓜分并借走了部分时长（Bolinger & Sears，1981：23）。反过来说，随着轻读音节数目的增加，英语重读音节会适度变短（Tajima *et al*，1997）。

总之，五个轻读元音所占时长是以减少音步核心 Ted 的长度为代价的。不过，这里的时长分析只是用来说明音步时长分布的道理，谁也不必也不可能度量着音节时长讲话。事实上，由于第二音步 -tel 只有一个音节，即使元音延长，也不可能在时长上取得与相邻音步的绝对等值。单音节音步显得单薄，长度不够长，如例（4）中的 street，例（5）中的 -tel，通过延长其长度，即零音节，力求取得与相邻音步时长上的大致相等，这是进行节奏操控的必要手段。与此相反，像 'Ted has been to the ho- 之类的音步显得又太长，或超长，弱读其中的诸多轻音节，缩短其长度，也是为了求得与相邻音步时长上的大致相等。这或许就是节奏时长的内在需求，或者说，时间形式就是语言节奏的具体体现，即在一定的时间单位内，语言节奏体现的是轻重缓急、高低变化、长短错位、停顿间歇等交替出现的组合关系。

诚然，所谓音步之间大致上的音长动态平衡只是理论上的观照和法度，是英语母语者心理上的节奏感知和诉求，或者说是节奏感知上的标尺。如果缺失这种法度与诉求，那么英语节奏就会处于混乱的状态中。

8.1.2 重音等级与语音实现

按照美国结构主义语言学派的分类，英语重音通常划为四个等级：1）主重音（primary stress），即最强的重音，用 /ˊ/ 号标记；2）次重音（secondary stress），比主重音弱一级的重音，用 /ˆ/ 号标记；3）三级重音（tertiary stress），比次重音再弱一级的重音，用 /ˋ/ 号标记；4）弱重音（weak stress），或称零重音（zero stress），用 /ˇ/ 号标记。标记符号通常置于相关元音之上，如 élĕvàtŏr ôpĕràtŏr（电梯操作员），人们常常用这个短语来说明四种重音的等级。由于这种分类过于繁琐，所以语言学家们普遍采用简化且实用的等级划分。

从实用的角度说，重音一般分为三个等级：主重音、次重音和弱重音。主重音的标记符号为 /ˈ/，置于重读音节的左上角，如 ˈmodern 中的 mod-；次重音指派主要用于含有两个重音或两个重音以上的音系词或短语中，其标记符号为 /ˌ/，置于重读音节的左下角，如 ˈmodeˌrator 中的 -ra-；弱重音则无需标记符号。除此之外，也可以在音节中的元音字母上直接标记重音符号，主重音的标记符号为 /ˊ/，次重音的标记符号为 /ˋ/，弱重音则没有标记符号。Cruttenden（2001：224）将英语话语的突显分为四个等级：

(a) 主重读（primary accent），标记为词中（或较长话语）末端的主要音高变化；

(b) 次重读（secondary accent），标记为词中（或较长话语）非末尾的音高变化；

(c) 弱突显（a minor prominence），产生于话语的饱满元音（full vowel），但不含音高变化；

(d) 无突显音节（a non-prominent syllable），不含音高变化，元音为 /ɪ/、/ʊ/、/ə/。

在这四个等级中，(a) 和 (b) 均含音高变化，指均有重读，(d) 不含音高变化，都是弱化元音，这三个等级比较易于把握；而 (c) 其实就是四级重音分类的第三级，虽有饱满元音，但无音高变化，指没有重读。这种"突显"处在突显与非突显的交叉点，因而最为复杂微妙，常常让人难以把握。例如：

(6) relaxation　　/ˌriːlækˈseɪʃn̩/　　attestation　　/ˌæteˈsteɪʃn̩/
　　denotation　　/ˌdiːnəʊˈteɪʃn̩/　　exploitation　　/ˌeksplɔɪˈteɪʃn̩/
　　deportation　　/ˌdiːpɔːˈteɪʃn̩/　　fermentation　　/ˌfɜːmenˈteɪʃn̩/

很明显，例（6）除了词尾无突显音节外，六个单词的前三个音节均为重音节。从表层上看，第二音节的重音节依然没变，饱满元音也没有丢失，但深层上却隐含着变异。根据 Chomsky & Halle（1968：112）的解释，第二音节的元音之所以没有弱化，是因为它们在转化为名词之前，双音节动词载有重音。如例（7）所示：

(7) relax   /rɪˈlæks/   attest   /əˈtest/

    denote   /dɪˈnəʊt/   exploit   /ɪksˈplɔɪt/

    deport   /dɪˈpɔːt/   ferment   /fəˈment/

根据英语重音规则，例（7）所有单词添加后缀 -ation 后，-a- 升格为主重音，而左端的两个音节则成为分支韵，因此须在间隔一个音节的第一音节上指派次重音，使每个音系词都形成重轻交替的两个节律音步。由此可见，为了节奏和谐搭配，并非所有的重音节都要指派重音。

重音节如果指派重音，其音值肯定是饱满的，否则音值就有可能演变为弱化元音 /ə/ 或 /ɪ/，或者处于由饱满元音向弱化元音的过渡音值。这一视角可以对英语许多重音节演变为弱化元音的现象作出解释。譬如 Gimson 给出的如下例词：

(8)   *名词 / 形容词*   *动词*

    abstract   /ˈæbˌstrækt/   /ˌæbˈstrækt/ 或 /əbˈstrækt/

    accent   /ˈækˌsent/ 或 /ˈæksn̩t/   /ˌækˈsent/   或 /əkˈsent/

    digest   /ˈdaɪˌdʒest/   /ˌdaɪˈdʒest/ 或 /dɪˈdʒest/

    torment   /ˈtɔːˌment/   /ˌtɔːˈment/   或 /təˈment/

    transfer   /ˈtrɑːnsˌfɜː/   /ˌtrɑːnsˈfɜː/ 或 /trænsˈfɜː/

    transport   /ˈtrɑːnsˌpɔːt/   /ˌtrɑːnˈspɔːt/ 或 /trənˈspɔːt/

（Gimson，1980：232）

在例（8）的"名词 / 形容词"一栏中，所有的双音节均指派重音，前者为主，后者为次，而且均配置饱满元音。而在"动词"一栏中，当第二音节指派主重音，第一音节指派次重音时，元音配置也是饱满的；但第一音节失去重音后，其饱满元音均变为弱化元音 /ə/ 或 /ɪ/。Halle & Vergnaud（1987：239）曾对这一现象作出解释，认为英语最为显著的语音属性之一就是非重读元音弱化为 /ə/。他们给出的例子是：

(9) a. 词首音节元音饱满　　　　b. 第二音节元音弱化

　　vo'cation /vəʊ'keɪʃn̩/　　　　ˌinvo'cation /ˌɪnvə'keɪʃn̩/

　　ci'tation /saɪ'teɪʃn̩/　　　　ˌexci'tation /ˌeksɪ'teɪʃn̩/

（Halle & Vergnaud，1987：240）

在例（9）a 中，词首音节 vo- 和 ci- 的元音分别读为 /əʊ/ 和 /aɪ/，但在例（9）b 中，随着两个单词添加前缀 in- 和 ex- 且承载次重音，vo- 和 ci- 因处在分支韵的轻读位置上，二者的元音也随之变为 /ə/ 或 /ɪ/。Cruttenden（2001：223）认为，"有时候，轻读音节中的长元音要长于紧邻音节的元音"。他给出的例子如下：

(10)　pillow　　　/'pɪləʊ/　　　ally　　　/'ælaɪ/

　　　frontier　　/'frʌntɪə/　　placard　/'plækɑ:d/

　　　record　　　/'rekɔ:d/　　 expert　　/'ekspɜ:t/

例（9）a 中的例子是词首轻读音节配置双元音，而例（10）中的例子是词尾轻读音节配置长元音或双元音，且长于相邻的词首重读短元音。但其中的一个微妙表述不可忽视，即"有时候"。根据许曦明（1994）的解释，像例（7）中的第二音节、例（9）a 的词首音节和例（10）的词尾音节，从表层上看都是长元音或双元音，但因缺失重音，其音长并非真正意义上的长元音，而是打了折扣的"长元音"。例（10）的词首音节表层上虽是短元音，但因指派重音应适度延长；词尾音节虽是长元音或双元音，但因缺失重音应适度缩短，详见例（11）。

端木三（2000）在讨论汉语"酱油"和"煤炭"的音步时，认为二者如同英语单词 robot，各含两个重音节。robot 的词首音节 ro- 因指派重音，读音为 /'rəʊ-/，是一个重音节；词尾音节 -bot 也是一个重音节。诚然，robot 是"重音节 + 重音节"的音步，表层上虽然均为饱满元音，但因为缺失重音指派，词尾重音节不仅可以保留音系上的饱满元音 /-bɒt/，也可以弱化为 /-bət/ 的读音。换言之，robot 的"重音节 + 重音节"的音步组合，一旦重音固化在词首音节，词尾重音节的元音就处在不稳定的状态中。端木三先生仅仅给出 /ˈrəʊbɒt/ 中的饱满元音，却没有看到 /ˈrəʊbət/ 的弱化元音（详见 Roach & Hartman，1999：427；Upton *et al*，2003：891），这很容易造成一种假象。再看 Gimson 列举的一组例词，试比较词尾音节中饱满元音和弱化元音的差异：

(11)   饱满元音   弱化元音

　　a. product   /ˈprɒdʌkt/   →   /ˈprɒdəkt/

　　b. placard   /ˈplækɑːd/   →   /ˈplækəd/

　　c. record   /ˈrekɔːd/   →   /ˈrekəd/

　　d. window   /ˈwɪndəʊ/   →   /ˈwɪndə/

(Gimson，1980：148)

有意思的是，Cruttenden 和 Gimson 都举出 placard、record 和 pillow 或 window 的例子，其实两位学者的观点并不矛盾，前者指的是"有时候"，后者指的是"有可能"。基于 Gimson 的例词，在"饱满元音"一栏里，词首重读短元音可适当延长，词尾轻读长元音或饱满元音应适度缩短，如此动态解读，前后两个音节的时长应该各占二分之一，而并非词尾音节的长元音长于词首音节的短元音。在"弱化元音"一栏里，词尾音节的元音全部弱化为 /ə/，故此前后两个音节的时长不是各占二分之一，而是前者占三分之二，后者占三分之一（许曦明，1997）。基于 Bolinger & Sears（1981：23）的借音说，词尾轻读音节缩短的部分音长又返回到词首重读音节，从而达到"强者更强，弱者更弱"的节奏效果。如同 product、placard、record 和 window 的重音，robot 的重音也是在第一音节，第二音节在表层上虽为重音节，但没有重音指派，因而慢读时为饱满元音，快读时为弱化元音。这类词的弱化读音已经收入 Roach & Hartman（1999）和 Upton *et al*（2003）编纂的发音词典中。恰与英语相反，汉语普通话"酱油"和"煤炭"却是实实在在的"重音节 + 重音节"的组合，因为两个音节都载调，而载调元音是不会弱化的，显然不宜与英语的所谓类似词例扯在一起。

综上所述，英语重音节为重音指派提供了适宜的平台，但并非所有的重音节都指派重音。缺失重音指派的重音节既可以配置饱满元音，也可以配置弱化元音，前者体现出重音节的音系类型和元音配置的静态特征，后者则体现出重音指派和元音配置的动态特征。

8.2 饱满元音与弱化元音

第六章讨论了重音的节律结构，并考察了重音在不同层次上的相对突显关系。毋庸讳言，重轻交替的节律音步为英语语音实现提供了契机。重音定位之后，重读音节与轻读音节必然会在元音配置上追求协同发音。重音节指派重音，这是和谐的配置；重音节缺失重音，势必引起英语语音实现的复杂变化。就是说，在重音在场或缺场的观照下，英语语音的实现可以由饱满元音转化为弱化元音，也可以由弱化元音转化为饱满元音，其间是一个或彰显在表层或隐藏在深层的元音变异连续体，而且体现出一以贯之的语音变化机制。

8.2.1 弱化元音的表征

在英语节奏变化中，重音和元音配置之间的不平衡、不协调是变异之源。重读音节指派饱满元音，即长元音、双元音以及后跟辅音的短元音 (/ə/ 除外)，轻读音节配置弱化元音是英语语音的和谐格局。然而，如果事情如此简单，许多相关问题或许都会迎刃而解。

英语弱化元音除了 /ə/ 音之外，还有 /ɪ/ 和 /ʊ/。三者虽说都是弱化元音，但其间也存在着微妙的差异：/ɪ/ 和 /ʊ/ 如果后跟辅音，则会自动获得重音节，也可以承载重音，如 city /ˈsɪtɪ/ 和 bookish /ˈbʊkɪʃ/ 中的词首音节，但 /ə/ 却没有这种"资格"。这里重点分析 /ə/ 的弱化特征。它源自希伯来语，专有术语称作 schwa，汉译为"模糊央元音"。/ə/ 是重音弱化的产物，它可能伴随着词汇上的实词虚化，反之也可能实词虚化伴随着重音弱化。/ə/ 又是元音音质对立的中和化 (neutralized) 产物 (Chomsky & Halle, 1968：110)，抑或轻读制约下元音弱化的产物 (Silverman, 2011)。

许多学者论述过模糊央元音的特征。譬如 Bloomfield (1933/2002：115) 指出，"英语有一种非区别性的变异，这种变异促使轻读的词和音节产生'弱化'形式：它们较短且由较松的肌肉所形成，声音有时减弱成模糊音，舌位趋于同一音位，靠近中高位置……轻读元音是重读元音一种较短较松，且较少极端成形（less extremely formed）的变体"。"较短较松"易于理解，所谓"较少极端成形"的含义是，英语的诸多区别性变异都是极端成形的变体，从而构成不同的元音音位，达到不同的语音效果，但趋于同一舌位的弱化模糊音却是例外，它形成"一种非区别性的变异"。Trask 的分析更详尽，也更清晰：

> 导致元音变化的一个主要原因是重音。重读元音用力较大可能使元音变得较长、较紧、较为边缘，有时甚至更高（higher）。重音可能使元音成为双元音。与此相反，非重读元音可能变得较短、较为趋中。在像英语、俄语这样带有强重音的语言中，这些影响是非常明显的……在通常情况下，英语大多数轻读元音会因重读而失去其固有的区别性语音特征，仅仅以模糊不清的央元音 [ə] 音形式出现。轻读元音向模糊央元音 [ə] 的这种转化是元音弱化的常见类型：弱化就是去除某些或者所有元音的区别性语音特征。弱化甚至会造成元音完全脱落。（Trask，2000：64）

Fromkin 和 Rodman（1983：91）在谈到 /ə/ 音现象时归纳出两组不同的元音现象：

(12)	A 栏			B 栏	
/iː/	compete	/i/		competition	/ə/
/ɪ/	medicinal	/ɪ/		medicine	/ə/
/e/	maintain	/e/		maintenance	/ə/
/ɛ/	telegraph	/ɛ/		telegraphy	/ə/
/æ/	analysis	/æ/		analytic	/ə/
/a/	solid	/a/		solidify	/ə/
/o/	phone	/o/		phonology	/ə/
/u/	Talmudic	/u/		Talmud	/ə/

同样的斜体元音字母，在 A 栏读为饱满元音，而在 B 栏则读为弱化元音 /ə/。Fromkin & Rodman（1983：91）认为，"弱化"元音必然来自不同的深层音位，因为元音在重读时显示出不同的音质，而在轻读时均为 /ə/。因此人们会说，/ə/ 音是所有元音音位的变体。

　　轻读音节配置饱满元音还是弱化元音潜藏着微妙的变数。尽管导致元音变化的因素错综复杂，但从某种意义上说，在音节是重读还是轻读与元音是强还是弱这一对矛盾中，重音是矛盾的主要方面，起着举足轻重的作用。重读音节配之于饱满元音，轻读音节辅之于弱化元音是平衡和谐的语音格局。一般说来，重读音节具有较高的音高梯度（pitch scale），其中的元音音值比较饱满，而轻读音节大多指派弱化元音，虽然也可以配置饱满元音，但其音值毕竟打了折扣。较之重读音节，它们发音时音强低、用力小，音高梯度较低，因而元音音段趋于短化，音质趋于模糊，易于发生弱化。

　　说到三个弱化元音，劳允栋（1986：133-134）认为，真正完全弱化的元音只有 /ə/，因为发 /ə/ 音时，口腔各部分保持自然状况，肌肉最不用力，而且永远用于非重读音节。而从 /ɪ/ 和 /ʊ/ 的音域看，它们处在从高元音 /iː/ 和 /uː/ 向全弱化元音 /ə/ 变异的中途上，很像是 /i: → ə/ 和 /u: → ə/ 或者 /ɪ → ə/ 和 /ʊ → ə/ 的中间音，如 business 读为 /ˈbɪznɪz/，也可以读为 /ˈbɪznəz/。在不影响词义误读的话语交际中，轻读音节中的饱满元音很有可能弱化为 /ə/，甚至脱落。难怪不少学者只是把它当作一个半元音或准元音（quasi-vowel）。尽管它占据一个音节位置，而且起到音节核的作用，但其完全弱化的性质决定其永久远离重读音节。基于例（12）和上述讨论发现，/ə/ 是"英语中唯一没有资格承载重读的元音，但它几乎可以替代轻读音节中的任何元音，因此它是英语元音中独一无二的特色音"（许曦明，2008：174）。

　　迄今为止，许多学者已从多个视角讨论模糊央元音。Minkova（1991）、Lass（1999）、Kim（2006）等从历时角度考察了 /ə/ 的起源与演变，认为轻读音节指派饱满元音是英语语音结构的本源，而日后出现的大量弱化元音 /ə/ 则是英语重音缺失的结果。Kager（1989）、Oostendorp（1998）、Shockey（2003）、Johnson（2004）、Davidson（2006）、Flemming & Johnson（2007）、Flemming（2009）、Garrett & Johnson（2011）、Silverman（2011）等从不同视角论述了 /ə/ 复杂多变的语音特征。有的学者（如 Oostendorp，1998）认为 /ə/ 是完全隐性的"无特征"（featureless）元音，有的学者（如 Kager，1989）认为是"无值"（weightless）元音，即莫拉缺失。Flemming & Johnson（2007）和 Flemming（2009）的研究发现，词尾音节 /ə/（如 sofa, comma）与词首或词中音节 /ə/（如

suppose, today, probable）之间存在着语音差异，前者处在半开的中元音舌位，元音音质较为稳定；非词尾 /ə/ 处在较高、较后或唇部位置，元音音质因语境而发生较多变异。他们的发现得到了数据验证：饱满元音的平均时长约为 300 毫秒，词尾 /ə/ 为 153 毫秒，而词中 /ə/ 只有 64 毫秒。故此他们认为，在有限的时长单位里，讲话者往往会缩短词中轻读元音的时长，使其相邻音段的语境相同化，并将这种现象称作"目标隐射"（target undershoot）。换言之，较长的时长意味着较少隐射，而较短的时长则意味着较多隐射。Kehoe & Lleó（2003）将 /ə/ 划分为音量弱化和音质弱化，前者指莫拉丢失，后者指元音音位特征脱离了缺失元音定位的根节点（root-node）。根据 Kim（2006）的假设，弱化影响了深层的饱满元音，使其莫拉和音位特征处在分离和浮游状态中。

8.2.2 /ə/ 音的由来

从历时的角度看，轻读音节指派饱满元音是英语语音格局的本源和本体，而日后出现的大量模糊央元音则是英语重音作用的直接结果。问题是，这种演变还在继续，但又常常不为人们所察觉，原因是语音演变的过程非常漫长。因此，很有必要谈谈 /ə/ 音的由来。

诚然，/ə/ 音生成的音系因素包括重音缺场、音节类型、单词位置、元音音质等（Kim，2006），但从历时的角度看，相当多的 /ə/ 源自重音缺失，造成饱满元音音质松散消解，进而演变为弱化元音。在古英语时期，日耳曼语族的重音一般置于词首音节的词根上，词尾音节总是处在非重读状态。古英语单词的词尾音节尽管轻读，但均配置饱满元音。例如：

(13)　古英语　　　　　　中古英语　　　　　　现代英语

　　a. cattas /ˈkatas/　→　cattes /ˈkatəs/　→　cat　　/kæt/

　　b. nakod /ˈnakɔd/　→　naked /ˈnakəd/　→　naked　/ˈneɪkɪd/; /ˈneɪkəd/

　　c. sunum /ˈsunum/　→　sunen /ˈsunən/　→　sun　　/sʌn/

例（13）表明，古英语词尾轻读元音均在边缘（peripheral）位置，音质饱满，且拼写与读音显示出高度的一致性。进入中古英语时期，词尾音节的元音字母 a、o、u 全部演变为 e，读音弱化为 /ə/。发展到现代英语，含有 /ə/ 的词尾音节大多整体脱落，但也有例外，如 naked /ˈneɪkɪd/ 或 /ˈneɪkəd/。

根据 Lass（1999：133）的考证，在古英语时期的末期，音步弱式位置上的元音就有弱化为"模糊央元音"/ə/ 的趋势。"模糊央元音"指什么并非总是很明确，但一般而言，它似乎是弱式位置中某种"模糊"的短元音，不高也不低，与强式位置中的任何音节核都不同。譬如普通民众在讲 favar、faver 和 favor 时，词尾元音均读为 /ə/。但在上层社会看来，/ə/ 是"不标准"，甚至是粗俗低劣的变体，因而刻意追求轻读元音的区分度是当时的规范发音。按照标准发音，favar、faver 和 favor 的词尾音节元音应当根据其拼写形态分别读为 /ɑ/、/e/ 和 /ɔ/，即三个不同的前、中、后音位。作为当时标准的发音，这三个单词的词尾元音是迥然不同的。然而，普通百姓在讲 favar、faver 和 favor 时并没有什么不同，他们要么使用了三个轻读元音中的任何一个，要么可能毫无差异。在这种情况下，人们无法区分究竟使用了哪一个元音。Lass 援引 Walker 的话说：

> 当元音重读时，王子和下层民众……的发音是相同的；但王子口中的非重读元音却是有区别性的、开口度大的独特发音，而下层民众则常常减弱或改变这些元音，使其成为某一其他音素。因此，那些希望发音优美（elegent）的人必须特别注意非重读元音，使其成为讲话中最为优美的纯正发音（neat pronunciation）形式。（Lass，1999：134）

然而在 Walker 看来，当时所谓的"优美"发音可能是做作的。从历时的角度看，/ə/ 源自若干个边缘元音，然后过渡到临近 /ʌ/ 的元音音位，最终演变为 /ə/ 音。很显然，追求轻读元音的区分度虽然是当时的标准发音，但显得很不自然，而下层民众口语中的"某一其他音素"，其实就是当今出现频率极高的 /ə/ 音雏形。尽管他们急促讲出的轻读元音扭曲了原有的音位，不过这种变体符合如下音理：音节一旦失去重音，其中的元音很有可能变弱。从音理的角度看，这种变化符合语言经济原则，所以易被大众所接受。因此随着时代的变迁，那种"不标准"的、甚至粗俗低劣的音位变体早已发展成为公认的规范读音。即使在文雅的谈话中，轻读元音大量中和化也成了规范的形式。

Bolinger & Sears（1981：23）考证说，英语原有三个弱化元音，即 Willie、

Willa、willow 三个单词词尾音节中的 /i, ə, ɵ/，恰好位于前、中、后音位，后来前、后两个弱化元音 /i, ɵ/ 均脱落消失，唯独 /ə/ 音得以保存。由此推断，诸如 favar、faver 和 favor 之类的词尾音节，其做作的读音分别为 /ɑ/、/e/ 和 /ɔ/，首先分别弱化为 /i, ə, ɵ/，最后固化为 /ə/。概言之，在变异过程中，弱化元音可能会有多种变体，但通过反馈和筛选，/ə/ 音最终被结构所接受，为民众所认可。统计数据显示，/ə/ 音的使用频率一直呈现上升趋势。20 世纪 40 年代，Fry（1947）的研究结果显示，在所有的 RP（received pronunciation）音位中，元音音位占 39.21%，其中 /ə/ 音出现频率最高，占 10.74%，其次是 /ɪ/ 音，占 8.33%（引自 Gimson，1980：149），二者一共占 19.07%。时至 20 世纪 60 年代，两个弱化元音的数据又有显著上升，/ə/ 的复现率高达 22.99%，而 /ɪ/ 的复现率也达到 14.44%（Delattre，1965：62），二者相加多达 37.43%，占英语元音总量的三分之一还多，可见弱化元音的复现率相当高。Denes（1963）对有声材料 "Phonetic Readers" 的统计研究更为细致。材料含有 72,210 个英语音素，构成 23,052 单词，内含 29,916 个音节，其中重读音节 10,750 个，占 35.9%；非重读音节 19,166 个，占 64.1%。音素的复现频率表明，元音占 39.2742%，辅音占 60.7256%。重读元音音节占 34.19%，重读辅音音节占 65.79%；非重读元音音节占 43.25%，非重读辅音音节占 55.48%。结果显示，/ə/ 和 /ɪ/ 分别占 16.05% 和 15.34%，而重读的 /ə/ 仅为 0.04%；/ɪ/ 的重读为 3.11%，非重读占 12.23%，弱化音 /ə/ 和 /ɪ/ 相加多达 28.24%。所有重读元音的三分之二都是长元音 /iː, ɑː, ɔː, uː, ɜː/ 和双元音，但在非重读音节中，这些音仅占四分之一。在非重读音节中，高复现率的元音只有 /ə, ɪ, aɪ/，多达 75%。其中 /ɪ/ 和 /aɪ/ 既用于重读音节，也用于轻读音节（但 /aɪ/ 是打了折扣的双元音）。

比较 /ə/ 和 /ɪ/ 的统计数据，Fry 的复现率为 19.07%，Delattre 的复现率为 37.43%，他们的百分比既包括 /ə/ 和 /ɪ/ 的弱化元音，又包括 /ɪ/ 的饱满元音，这说明 /ɪ/ 有资格承载重音。Denes 的数据剔除了 /ɪ/ 的重读比例，而二者的轻读比例为 28.24%，这应该是一个更为客观可信的数字。无论如何，三位学者的统计数据虽有差异，但在他们各自的元音复现率中，/ə/ 与 /ɪ/ 出现的频率都是最高的。二者约占英语元音总量的三分之一，而且前者常常用来替代后者（如 business /ˈbɪznɪz/ 或 /ˈbɪznəz/），这足以说明 /ə/ 在轻读音节中无可替代的独特作用。不可否认，相当多的模糊央元音体现了语言的经济原则，给人们的口语交际提供了便利，但同时给英语拼写与读音的一致性带来了很大麻烦。实际上，正是 /ə/ 音的扩张才导致了英语拼写与读音之间的反差。

8.3 元音弱化的连续体

Silverman（2011）指出，"重读孕育短化，短化孕育对比亏损，对比亏损孕育协同发音，于是 /ə/ 应运而生"，/ə/ 音约占英语元音总量的 20% 足以说明这一点。音理在于，轻读音节中的饱满元音淡化了重读音节与轻读音节之间的界线，难以体现强者更强、弱者更弱的节奏诉求。在重音的作用下，轻读音节表层上指派饱满元音，但已经打了折扣，深层上潜藏着变异；相反，/ə/ 音节如果指派重音，必须提升其元音音质的资格。然而，弱化元音并非音变连续体的终端，元音脱落才是其终极表现。但脱落必须以保证词义为前提，双音节词尾省略必须保留音节的最低限度，即成音节。三音节词变读为双音节，四音节词变读为三音节甚至双音节，也是确保其基本词义不变。

8.3.1 饱满元音的固守与潜变

不可否认，英语部分词汇确有轻读音节配置饱满元音的现象。根据 Denes（1963）的数据分析，元音约占英语音素总量的三分之一，而重读元音和弱化音 /ə/ 和 /ɪ/ 又分别占到元音总量的约三分之一。由此推算，轻读音节中的饱满元音大约也是三分之一。应该说，这一部分是英语最为复杂多变的元音。主要可以概括为以下几种：

第一，如果重音节处在重读音节前，那么其中的元音一般保留饱满元音。例如：

(14) activity /æk'tɪvɪtɪ/   alternate /ɔːl'tɜːnɪt/（英国英语）
     frustration /frʌ'streɪʃn/   spontaneous /spɒn'teɪnjəs/

第二，紧接在重读元音前的元音（分属两个音节，两个元音之间没有辅音）

一般不弱化。例如：

(15) co-opt /kəʊˈɒpt/ chaotic /keɪˈɒtɪk/

oasis /əʊˈeɪsɪs/ biology /baɪˈɒlədʒɪ/

除此之外，还有少数紧接在重读元音后的元音（分属两个音节，两个元音之间没有辅音）一般也不弱化。例如：

(16) chaos /ˈkeɪɒs/ biograph /ˈbaɪəʊgrɑːf/

biophile /ˈbaɪəʊfaɪl/ biorhythm /ˈbaɪəʊˌrɪðm̩/

第三，处在词首音节中的轻读双元音和长元音绝大多数不弱化。例如：

(17) idea /aɪˈdɪə/ identify /aɪˈdentɪfaɪ/

however /haʊˈevə/ locality /ləʊˈkælɪtɪ/

audacious /ɔːˈdeɪʃəs/ musician /mjuːˈzeɪʃn̩/

处在重读音节前的词首音节如果形不成分支韵，其中的双元音则不宜弱化。但是如果重读音节前有了分支韵，处在重读音节之间的元音还有可能演变为弱化的形式。如例（9）所示，在 citation 和 vocation 之类的单词中，词首音节分别配置饱满元音 /aɪ/ 和 /əʊ/，甚或指派次重音（Halle & Vergnaud，1987：240）。但分别加上前缀 ex- 和 in-，即 excitation 和 invocation 之后，原有的饱满元音随之变为弱化元音，成为 /ˌeksɪˈteɪʃn̩/ 和 /ˌɪnvəˈkeɪʃn̩/。但在 Cruttenden（2001：223）看来，重读音节前的非重读音节常常显示出饱满元音和弱化元音的交替。他给出的例子是：

(18) July /dʒuːˈlaɪ/ 或 /dʒəˈlaɪ/ November /nəʊˈvembə/ 或 /nəˈvembə/

proceed /prəʊˈsiːd/ 或 /prəˈsiːd/ September /sepˈtembə/ 或 /səpˈtembə/

第四，处在词尾音节中的轻读双元音和长元音绝大多数不弱化。例如：

(19) virtue /ˈvɜːtʃuː/ anyhow /ˈenɪhaʊ/

gratitude /ˈgrætɪtjuːd/ somewhere /ˈsʌmweə/

absolute /ˈæbsəluːt/ telephone /ˈtelɪfəʊn/

resolute /ˈrezəluːt/ liberate /ˈlɪbəreɪt/

photograph /ˈfəʊtəgrɑːf/ simplify /ˈsɪmplɪfaɪ/

例（19）属于英国英语模式，不过在美国英语中，处在词尾音节中的双元音或长元音一般都可以添加次重音。当然，词尾音节中的双元音也有弱化的情况，如 Sunday /'sʌndɪ/、record /'rekəd/ 和 window /'wɪndə/。

第五，轻读的 /ɔɪ/ 不论处在什么位置几乎都不弱化。例如：

(20) coyote　/'kɔɪəut/ 或 /kɔɪ'əut/　　　　appointee　/ə͵pɔɪn'tiː/ 或

　　 Loyola　/lɔɪ'əulə/　　　　　　　　　　　　　　　　/͵æpɔɪn'tiː/

第六，有些外来词在一定程度上仍然保持着原有的发音，饱满元音不变。例如：

(21) ballet　　/'bæleɪ/　　　　bouquet　　/bu(ː)'keɪ/ 或 /'bu(ː)keɪ/

　　 index　　/'ɪndeks/　　　　dialogue　　/'daɪəlɒg/

　　 dialect　/'daɪəlekt/　　　liaison　　　/li(ː)'eɪzɒn/

　　 syntax　/'sɪntæks/　　　 encore　　　/ɒŋ'kɔː/

　　 reservoir /'rezəvwɑː/　　restaurant　/'rest(ə)rɒnt/

第七，受词源元音的影响，有些轻读音节仍然保留着饱满元音。如例（6）中第二音节的元音之所以没有弱化，是因为它们在转化为名词之前，其双音节动词载有重音，如例（7）所示。如果这类名词的词源在第二音节中没有重音指派，那么其中的元音就会弱化。例如：

(22) illustrate　　/'ɪləstreɪt/　　　illustration　　/͵ɪlə'streɪʃn/

　　 devastate　　/'devəsteɪt/　　devastation　　/͵devə'steɪʃn/

　　 demonstrate /'demənstreɪt/　demonstration /͵demən'streɪʃn/

所谓饱满元音的固守，大体上还是局限于对表层结构的分析，仍然没有超越静态描写的范畴。如果对这种现象依此类推，就会大错特错。请看 information /͵ɪnfə'meɪʃn/，其动词词源 inform /ɪn'fɔːm/ 的重音在后一音节上，变成名词后重音丢失，元音并没有保留饱满元音 /ɔː/，而是弱化为 /ə/。再如 conformation /͵kɒnfɔː'meɪʃn/ 或 /͵kɒnfə'meɪʃn/，其动词却是 conform /kən'fɔːm/。如上所述，conform 的重音也在第二音节上，变成名词后重音移位，元音既可以保留饱满元音 /ɔː/，也可以弱化为 /ə/。再如，Australia 既可以读作 /ɔː'streɪljə/，

也可以读作 /ə'streɪljə/；Manhattan 发成 /mæn'hætn̩/ 是正确读音，发成 /mən'hætn̩/
也没错。显而易见，前者的读音受到音系规则的制约，后者的发音则是音理使
然，即音节重读则元音饱满，音节轻读则元音弱化。这一强、弱元音共存的语
音现象充分说明，轻读音节中的饱满元音无不处于变异状态中，一遇契机就会
由静态结构转化为动态结构。事实上，对于轻读音节中的 /æ/、/ʌ/、/ɑː/、/ɒ/、/ɔː/
等饱满元音，英语母语者在较慢的话语中常常不把它们完全弱化到 /ə/，而是取
其各自弱化路线上的中间音。这中间音当然就是所谓的音变连续体。

(23)		名词／形容词	动词
	a. abstract	/'æbstrækt/	/æb'strækt/
	b. pervert	/'pɜːvɜːt/	/pɜː'vɜːt/
	c. ozone	/'əʊzəʊn/	/əʊ'zəʊn/

显然，这组例词的前后两个音节均为重音节，配置的都是饱满元音。但在快速
语流中，英语讲话者极有可能将重音居首的一组发成 /'æbstrəkt/、/'pɜːvət/ 和
/'əʊzən/ 或 /'əʊzn̩/，也有可能将重音居尾的一组说成 /əb'strækt/、/pə'vɜːt/ 和
/ə'zəʊn/（许曦明，1997）。其实，/əb'strækt/ 和 /pə'vɜːt/ 在 Roach & Hartman
(1999) 和 Upton *et al* (2003) 的词典中就是如此标注的。

　　由例（23）可推断，在许多英语双音节词中，两个音节的元音长度并不
全都相等，所谓"各占半拍"的绝对说法是站不住脚的。我们可对下列词例作出
类似的解释。在双音节词 imprint /'ɪmprɪnt/（*n.*）与 /ɪm'prɪnt/（*v.*）以及 instinct
/'ɪnstɪŋkt/（*n.*）与 /ɪn'stɪŋkt/（*v.*）中，从表层上看似乎难以区分重读元音和轻
读元音之间的差别，因为 /ɪ/ 本身舌位就高，且前后音节中的元音又都是 /ɪ/，
不过这里仍然有个度的问题：音节重读时，音高较高，/ɪ/ 位略低，音段稍长；
音节轻读时，音高较低，/ɪ/ 位略高，音段稍短。当然这种差异是很微小的。同理，
在例（24）中，重读元音均比轻读元音较长且较清晰。

(24)	Essex	/'eseks/	period	/'pɪərɪəd/
	foxtrot	/'fɒkstrɒt/	highlight	/'haɪlaɪt/
	handbag	/'hændbæg/	finite	/'faɪnaɪt/
	forethought	/'fɔːtθɔːt/	maintain	/meɪn'teɪn/

我们认为，非重读饱满元音潜藏着变异，这一看法可以弥补 Wilson & Keil（2000：808）分析中的不足。在他们看来，当他国语言的某一单词借入本国词汇时，借词虽然会改变原语的重音曲线，但常常会保留原语单词的读音。这种解释确有一定道理，但显系一种静态观。随着借词重音曲线的改变，原语单词的读音有可能保留，也有可能发生潜变。这是动态观察的视角，唯此才能合理解释错综复杂的音变现象。元音随着重音移位而变化，彰显的是重音指派与元音实现之间的和谐平衡。其中既有音系驱动的节奏作用，也有英语母语者"排外"的心理作用。在他们的节奏感知中，重音居于词尾是非常异类的，也是无法接受的。Fowler（1983：212）的观点颇具代表性，他说，法语单词读音"似乎是选择之一，但人们却没有法语的第二天性……法语读音不顾及他人的感受，是粗鲁无礼的表现"。有鉴于此，英语母语者的节奏取向是导致重音前移词首音节的动因，而模糊央元音的大量涌现则是音理驱动的必然结果。毋庸置疑，载重音指派饱满元音、轻读音节配置弱化元音是英语语音结构的和谐布局。正是英语载重音节与轻读音节之间的交替模式，才促成"强者更强，弱者更弱"的节奏模式，使得前者与饱满元音相生相伴，成为必选项（obligatory），而使后者与弱化元音若即若离，成为可选项（optional）。由此可见，轻读音节中的饱满元音，表层上似乎等同于重读音节中的对应元音，但深层上存在着潜在的变异。在重音缺失的情况下，轻读饱满元音始终处在动态的变化中，这种变化不仅体现在表层结构上，而且隐含在深层结构中。所谓表层变化是指轻读音节配置弱化元音，而深层变化是指轻读音节在表层上配置饱满元音，但隐含着弱化，遇到合适时机就会跨入弱化音节的行列（许曦明，1997，2004a，2008：185）。

8.3.2 弱化元音的生成

在英语节奏变化中，重音和元音配置之间的不平衡、不协调是变异之源。重读音节指派饱满元音、轻读音节配置弱化元音是英语语音结构的和谐布局。从历时角度看，轻读音节指派饱满元音原本是英语语音格局的本源，但日后出现的大量 /ə/ 音则是英语重音缺失的直接结果。它在英语元音总量中之所以复现率最高，无疑与重音缺失密切相关。譬如英语中有些双音节词，其重音可以置于词首音节，也可以置于词尾音节，表征的是语法或语义功能。然而，重音如果移位，相关音节的元音配置会随之发生明显的变化，轻读音节有可能变为 /ə/ 或 /ɪ/。例如：

(25)　　　　　　A 栏　　　　　　　　　　　　B 栏

    a. absent　　/ˈæbsənt/　　形容词　　/əbˈsent/　　动词

    b. perfect　　/ˈpɜːfɪkt/　　形容词　　/pəˈfekt/　　动词

    c. entrance　/ˈentʃəns/　　名　　词　　/ɪnˈtʃɑːns/　　动词

    d. subject　　/ˈsʌbdʒɪkt/　名　　词　　/səbˈdʒekt/　动词

我们还可以观察到因重音移位而导致的元音变异。例如 Halle（1998）给出的几个词例（音标系笔者所加）：

(26)　　A 栏　　　　　　　　　B 栏

    a. ˈfamous　/ˈfeɪməs/　　ˈinfamous　/ˈɪnfəməs/　或 /ˈɪnfṃəs/

    b. ˈpotent　/ˈpəʊtənt/　　ˈimpotent　/ˈɪmpətənt/　或 /ˈɪmpətṇt/

    c. conˈfide　/kənˈfaɪd/　　ˈconfident　/ˈkɒnfɪdənt/　或 /ˈkɒnfɪdṇt/

    d. reˈside　/rɪˈzaɪd/　　ˈresident　/ˈrezɪdənt/　或 /ˈrezɪdṇt/

A 栏中的重读音节无论在词首还是在词尾，配置的都是双元音。但它们在 B 栏全部弱化为 /ə/ 或 /ɪ/，甚至省略元音，成为辅音成音节，起因就是音节由重读变为轻读。再看例（27），由单音节词构成的双音节复合词，第二个音节失去重音后，其元音由饱满变为弱化。

(27)　单音节词　　　　　复合词　　　　正确读音　　　错误读音

    a. break / fast　　breakfast　　→　/ˈbrekfəst/　　/ˈbreɪkfɑːst/

    b. cup / board　　cupboard　　→　/ˈkʌbəd/　　　/ˈkʌpbɔːd/

    c. ox / ford　　　Oxford　　　→　/ˈɒksfəd/　　/ˈɒksfɔːd/

    d. sheep / herd　shepherd　　→　/ˈʃepəd/　　　/ˈʃiːphɜːd/

我们知道，法语单词重音均在词尾音节上。许多法语词，尤其是早期借入英语的单词，大多按照英语的重音模式，将重音移至词首音节。随着重音位置的前移，第二音节均配置弱化元音 /ə/ 或 /ɪ/。由此推断，这种音变并非一下子到位，其间必然有个过渡期。在过渡期间，重音按照英语规则前置词首音节，但仍然保留着法语单词的原有读音，在此称之为过渡音。例如：

(28)　　　　　法语读音　　　　过渡音　　　　英语读音

　　a. college　/kɔ:lɛ:ʒ/　→　/ˈkɔ:lɛ:ʒ/　→　/ˈkɒlɪdʒ/

　　b. village　/vilɑ:ʒ/　→　/ˈvilɑ:ʒ/　→　/ˈvɪlɪdʒ/

　　c. olive　/ɔli:v/　→　/ˈɔli:v/　→　/ˈɒlɪv/

　　d. manner　/mɑ:njɛ:r/　→　/ˈmɑ:njɛ:r/　→　/ˈmænə/

由于法语借词的过渡音是一种不伦不类的读音，英国人在心理上难以接受，因此早期的此类借词已被同化为英语式读音，失去重音的词尾大多已经弱化为 /ə/ 或 /ɪ/。但后来从法语借入的词或不常用的词，大多仍然保留着法语的重音模式，重音位于词尾音节。

garage 和 restaurant 是两个颇具说服力的例词，它们在法语中分别读作 /garɑ:ʒ/ 和 /rɛstərɑ̃/。由于借入英语的时期较晚，按说重音应在后一音节上，读为 /gaˈrɑ:dʒ/ 和 /rɛstəˈrɒŋ/。但在现代英语中，它们是出现频率很高的熟词，重音居于词尾音节显得不伦不类，于是两个词的重音前移词首。但因人因地域而异，便形成了 /ˈgærɑ:dʒ/、/ˈgærɪdʒ/ 和 /ˈrɛstərɒŋ/、/ˈrɛstrɒnt/ 甚至 /ˈrɛstrənt/ 并存的现象，使失去重读的词尾元音处在饱满和弱化之间往返穿越的语音结构。我们可将 /ˈgærɑ:dʒ/ 和 /ˈrɛstərɒŋ/、/ˈrɛstrɒnt/ 视为从法语向英语的过渡音。法语借词之所以发生如此读音变化，关键是重音移位使然。这种动态视角可以从 Cruttenden（2001：65）的分析中得到印证。他的例子是 hotel 和 machine，两个词均属后期的法语借词，重音仍居词尾音节，词典标注分别为 /həʊˈtel/ 和 /məˈʃiːn/。他的假设是，两个词借入英语后，根据名词重音规则，重音应前移词首音节，元音配置也当发生对应变化，分别为 /ˈhəʊtəl/ 和 /ˈmætʃɪn/ 或 /ˈmeɪtʃɪn/，甚至是 /ˈhəʊtl̩/ 和 /ˈmætʃn̩/ 或 /ˈmeɪtʃn̩/。Bolinger & Sears（1981：23）给出的例词 formidableness 也很典型，其读音为 /ˈfɔ:mədəbəlnəs/。下面再举一组元音字母均为 a 的例词：

(29) 双音节词   三音节词   四音节词

salad /ˈsæləd/   Canada /ˈkænədə/ Alabama /ˌæləˈbæmə/

amass /əˈmæs/   banana /bəˈnɑːnə/ balaclava /ˌbæləˈklævə/

panda /ˈpændə/   Panama /ˌpænəˈmɑː/

无论是在双音节、三音节单词中，还是在四音节单词中，也无论重音是在词首、词中还是词尾，音节如果重读，元音配置为 /æ/ 或 /ɑː/；音节如果轻读，则元音几乎全部弱化为 /ə/。再以 abracadabra 为例，如果我们不知道该词的重音位置，那么只能望"形"哀叹。该词为五个音节，可以假设它有多达六种的重音指派模式，当然也由此衍生出多达六种不同的元音配置。请看：

(30) a. abracadabra /ˈæbrəkədəbrə/

  b. abracadabra /ˈæbrəˌkædəbrə/

  c. abracadabra /ˈæbrəkəˈdæbrə/

  d. abracadabra /əˈbrækəˌdæbrə/

  e. abracadabra /ˌæbrəˈkædəbrə/

  f. abracadabra /ˌæbrəkəˈdæbrə/

（许曦明，2008：176）

这种让人眼花缭乱的假设旨在说明，随着重音位置的移动，相关的元音必然会发生动态的变化，即重读元音配置 /æ/，轻读元音配置 /ə/，不然就会出现不和谐的语音格局。当然，在我们确认该词的重音指派只能是例（30）f，即 ˌabracaˈdabra 时，才能最终给出正确的元音配置 /ˌæbrəkəˈdæbrə/。此例再一次说明，"元音的配置并不完全取决于单词的拼写形态，而是取决于重音的位置指派"（许曦明，2008：176）。

8.3.3 弱化元音的脱落

上文主要考察了轻读饱满元音生成 /ə/ 的语音现象。然而，弱化元音 /ə/ 和 /ɪ/ 并不是音变连续体的终端，脱落才是轻读元音达到极致的变异结果。元音脱落有的还可以保留音节，即辅音成音节（syllabic consonant），简称成音节，但大多会造成整个音节的消失，由此成全了辅音连缀。当然，音位脱落既包括辅音，又包括元音，但从历时发展的视角看，脱落主要发生在元音层，辅音层的脱落很少。脱落的原因在于，/ə/ "比其他元音更易于弱化、短化、浊音化、音幅衰减乃至元音省略"（Shockey，2003：22-27）。根据 Dalby（1986）的"咨询谈话"调查，英语中有 9% 的 /ə/ 音脱落，其中 18% 在词中，9% 在词首，2% 在词尾。当受访者被要求快速重复句子时，/ə/ 的脱落平均高达 43%。下面分别谈谈词尾、词首和词中的 /ə/ 音脱落：

第一，词尾 /ə/ 音脱落。/ə/ 音脱落最容易产生成音节。这种结构大多出现在词尾轻读音节，也可以出现在词中和词首轻读音节。成音节指鼻辅音 /n, m, ŋ/、边辅音 /l/、闪音 /r/ 与前邻辅音构成的音节，原因在于鼻辅音和边辅音具有较高的响度值（详见表 2-1），且伴有半元音的性质，因而可以充当音节核的作用。其实，成音节也是 /ə/ 和 /ɪ/ 脱落的结果，而脱落的音值又回馈给前邻的重读音节。例如：

(31)　a. button　　/ˈbʌtən/　　→　　/ˈbʌtn̩/

　　　b. rhythm　　/ˈrɪðəm/　　→　　/ˈrɪðm̩/

　　　c. bacon　　　/ˈbeɪkən/　　→　　/ˈbeɪkŋ̩/

　　　d. people　　　/ˈpiːpəl/　　→　　/ˈpiːpl̩/

另外，鼻辅音、边辅音和闪音之间也可以构成成音节。例（32）引自 Upton *et al*（2003）：

(32)　a. balance　　/ˈbæləns/　　→　　/ˈbælṇs/

　　　b. current　　/ˈkʌrənt/　　→　　/ˈkʌrṇt/

　　　c. parent　　　/ˈpɛːrənt/　　→　　/ˈpɛːrṇt/

　　　d. utterance　/ˈʌtərəns/　　→　　/ˈʌtərṇs/

在英语习得中，中国英语学习者常常因为"望形读音"而出错，即根据单词拼写形态而读音，而英语的发音通常取决于重音位置。请比较例(33) 中 -ain 的读音变化：

(33) A 栏　　　　　　　　　　　　　　　　　　B 栏

　Britain　　/ˈbrɪtən/　→　/ˈbrɪtn̩/　　　contain　　/kənˈteɪn/

　certain　　/ˈsɜːtən/　→　/ˈsɜːtn̩/　　　detain　　/dəˈteɪn/

　captain　　/ˈkæptən/　→　/ˈkæptn̩/　　　obtain　　/əbˈteɪn/

　mountain　/ˈmaʊntən/　→　/ˈfaʊntn̩/　　constrain　/kənˈstreɪn/

  显然，A 栏中的 -ain 处在词尾轻读位置，发音为 /-ən/，省去 /ə/ 后，/n/ 与前邻辅音 /t/ 组成成音节 /-tn/。B 栏中的 -ain 处在词尾重读位置，读音均为饱满元音 /-eɪn/。同样的字母组合 -ain 出现如此大的读音反差，都是重音或在场或缺场惹的祸。在中国英语学习者中，诸如此类的"望形读音"错误可谓层出不穷。例如，common 读成 /ˈkɒmən/ 没错，complete 读成 /kɒmˈpliːt/ 就有问题，词首音节读成 /kəm-/ 才是正确发音；congress 读成 /ˈkɒŋgres/ 没问题，而 control 读成 /kɒnˈtrəul/ 在英美人听来就很刺耳，词首音节读成 /kən-/ 才符合规范。四个单词均为双音节，拼写形态相似，前两个单词的首音节都是 com-，后两个单词的首音节都是 con-，为什么元音配置会产生如此反差呢？因为元音读成强读式 /ɒ/ 还是弱读式 /ə/，在很大程度上并非完全取决于单词拼写形态，而是取决于所在音节的重读程度。当然也有例外情况，Cruttenden（2001：223）举例说，在英国北部的英语方言中，人们趋向于保留词首轻读位置的饱满元音，如将 obtain、contain、continue 和 expect 分别读作 /ɒbˈteɪn/、/kɒnˈteɪn/、/kɒnˈtɪnjuː/ 和 /ekˈsept/。但无论如何，这些都是不规范的方言读音。

  词尾音节除了例（31）、（32）和（33）之外，一般不允许省略，如 better /ˈbetə/、city /ˈsɪtɪ/、cupboard /ˈkʌbəd/ 和 governor /ˈgʌvənə/，决不允许读为 */ˈbet/、*/ˈsɪt/、*/ˈkʌbd/ 和 */ˈgʌvən/，以免引起词义误读。显然，词尾音节 /ə/ 脱落有个前提，即必须保留音节的最低限度，否则不可随意省略。

  第二，词首 /ə/ 音脱落。例如：

	A 栏		B 栏
(34) a. today	/təˈdeɪ/	→	/tʰˈdeɪ/
b. police	/pəˈliːs/	→	/pʰˈliːs/
c. correct	/kəˈrekt/	→	/kʰˈrekt/
d. suppose	/səˈpəuz/	→	/sʰˈpəuz/

  这里，第一音节均为轻读，本来应该配置弱化元音 /ə/，如 A 栏。元音省去后，整个单词看似少了一个音节，但从重音标记符号看，例词仍为双音节，如 B 栏。不同的是，第一音节由送气音符 [ʰ] 所取代，权作一个准音节或半音节。或者说，保留重音标记的目的在于区分双音节词与单音节词的不同，譬如 police 如果标记为 /pliːs/，那么就非常容易与 please /pliːz/ 的读音相混淆。例

（34）讨论的是词首轻读音节始于清辅音，其实也有以浊辅音开头的词首轻读音节，如 Davidson（2006）和 Geng *et al*（2010）给出的例子：balloon → blloon, believe → blieve, demolish → dmolish。仅从形态上看，词首音节变成了辅音连缀，双音节词成了单音节词。如果将变异后的拼写分别改为 b'lloon, b'lieve, d'molish，似乎还可以观察到双音节词的痕迹。还有学者甚至称之为辅音成音节，如将 suppose /sə'pəʊz/ 和 forgot /fə'ɡɒt/ 之类的词首音节分别表征为 [ş'pəʊz] 和 [f̣'ɡɒt]（Ladefoged, 2009：238；Bonilla, 2003；Shockey, 2003：25）。

　　第三，词中 /ə/ 音脱落。因音节结构使然，词中 /ə/ 音脱落最为频繁，常常发生在三音节或三音节以上，且重音置于词首音节的单词中。脱落的结果有可能保留音节，也有可能省略音节。例如：

（35）　a. carpenter　　/'kɑːpɪntə/　　→　　/'kɑːpn̩tə/

　　　　　b. ignorant　　/'ɪɡnərənt/　　→　　/'ɪɡn̩rn̩t/

　　　　　c. certainly　　/'sɜːtənlɪ/　　→　　/'sɜːtn̩lɪ/

　　　　　d. parenthood　/'peərənthʊd/　→　　/'peərn̩thʊd/

如果三音节词首承载重音，后跟两个载有弱化元音的音节，且词中是鼻音节，那么其中的元音可能省略，成为成音节，如例（35）a；如果两个均为载有弱化元音的鼻音节，那么其中的两个元音都有可能省略，成为两个成音节，如例（35）b。双音节词尾音节为辅音成音节且紧跟一个后缀，那么就有可能产生词中辅音成音节，仍是三音节，如例（35）c 中的 certain 后跟 -ly 和例（35）d 中的 parent 后跟 hood。再以四音节词 ordinary /'ɔːdɪnərɪ/ 为例，因词中分别省略两个弱化元音 /ɪ/ 和 /ə/，促成两个词中音节缩减为一个成音节 /'ɔːdn̩rɪ/，因而 ordinary 由四音节变读为三音节。英语确有许多固化性的辅音连缀，但在快速语流中，词中 /ə/ 和 /ɪ/ 的省略必然造成相关音节的结构性变化，产生动态性的辅音连缀。例如：

　　　　　A 栏　　　　　　　　B 栏

（36）　a. Victor　/'vɪktə/　victory　/'vɪktərɪ/　→　/'vɪktrɪ/

　　　　　b. sensor　/sensə/　sensory　/sensərɪ/　→　/sensrɪ/

　　　　　c. chocker　/tʃɒkə/　chocolate　/tʃɒkəlɪt/　→　/tʃɒklɪt/

　　　　　d. murder　/'mɜːdə/　murderous　/'mɜːdərəs/　→　/'mɜːdrəs/

A 栏中的双音节例词加上后缀后，本该成为三音节，如 B 栏。如果词中 /ə/ 音脱落，势必省略一个音节，三音节词变为双音节，随之生成词中辅音连缀 -ktr-、-nsr-、-kl- 和 -dr-。

Kager（1999：179）从优选论的角度分析说，相邻音节中的元音脱落会不可避免地产生三个或更多的辅音连缀。如果不是从根本上违反非支配音节和谐构建的制约机制，这些长辅音是无法构建音节的（ibid, 187）。元音脱落必然造成相关音节结构的变化，这种现象叫作"内音割弃"（syncope），指词内元音删除之后，通常与音节首或音节尾割弃，如例（35）。再以英国英语 secretary /ˈsekrətərɪ/ 为例，第三音节 /ə/ 脱落后，导致整个音节消失，而后跟辅音 /r/ 依然保留，并与前邻 /t/ 一起构成辅音连缀 /tr/，整个单词由四个音节变为三个音节，成为 /ˈsekrətrɪ/。又如英国英语中的四音节词 temporary /ˈtempərərɪ/ 可以脱落词中一个 /ə/，读为 /ˈtemprərɪ/ 或 /ˈtempərɪ/；在快速的口语中，词中两个 /ə/ 甚至都可能省略，造成两个音节全部脱落，四音节词成为双音节读音 /ˈtemprɪ/。三个轻读音节仅剩一个，这是最低限度，必须到此为止，否则会引起词义误读。不过在美国英语中，该词可将次重音置于第三音节上，元音由 /ə/ 升格为 /ɛ/，甚至由零音节升格为载重音节，即 /ˈtempəˌrerɪ/，依据当然是词的拼写形态。

英语多音节词的 /ə/ 音脱落非常频繁，音节脱落随之也非常频繁。Johnson（2004）的统计数据显示，在美国英语中，三音节词、四音节词、五音节词和六音节词中脱落一个音节的比例分别达到 32%、26%、33% 和 59%。多音节词通常发生在快速口语中，多为动态脱落。但也有可能成为固化脱落，如 every 和 evening 的词典标注分别为 /ˈevrɪ/ 和 /ˈiːvnɪŋ/，它们分别来自 ever /ˈevə/ 和 even /ˈiːvən/ 或 /ˈiːvn̩/ 加后缀 -y 和 -ing。如果按照 every 和 evening 的拼写读为三音节，即 /ˈevərɪ/ 和 /ˈiːvənɪŋ/，虽不至于全错，反倒显得画蛇添足。由此可见，固化脱落源自动态脱落，抑或动态脱落有可能成为固化脱落。

无数例证说明，在重读音节和轻读音节的交替中，载重音节的突显引发了轻读音节的弱化，而弱化元音则有可能脱落，结果扩张了辅音连缀的数量，也扩张了英语辅音的总量，即辅音占到音素总数的三分之二，而元音仅为三分之一（Denes, 1963）。然而，任何问题都有两面性，由于脱落大多发生在元音层，而辅音层相对稳定，因此造成英语拼写与读音之间的不协调，显然这给英语学习者甚至英语母语者带来了不少麻烦。

8.3.4 弱化元音的升格

的确，音节一旦失去重音，必然会为元音变化提供契机，使轻读音节中的饱满元音成为不平衡、不稳定的成分，且处于积极的变异状态中。遇到合适的机会，它们就有可能成为弱化元音。反之，如果音节由轻读升格为重读，那么其中的弱化元音必然要升格为饱满元音，即变 /ə/ 为饱满元音，使其获得承载重音的资格，抑或轻读的饱满元音成为真正意义上的饱满元音。先来分析 story 和 history 之间的戏剧性音变，前者的读音为 /ˈstɔːrɪ/，词首重读元音为 /ɔː/，后者的读音为 /ˈhɪstərɪ/ 或 /ˈhɪstrɪ/，第二音节因重音缺失，/ɔː/ 变为 /ə/，类似于例 (25)、(26) 和 (27)；/ə/ 还可以省略，导致整个音节脱落，又类似于例 (36) 中的 B 栏变化，重音的主导作用由此可见一斑。假如采用逆向思维和换位解读的视角，即去除 history 的词首音节，就会重现 story 的原形。在词首音节指派重音的情况下，*/ˈstərɪ/ 的词首音节明显不符合音理，因而必须据其拼写形态提升元音值的资格，变 /ə/ 为饱满元音 /ɔː/，即回到 /ˈstɔːrɪ/ 的元音配置才能顺理成章。如此音变的往返解读无疑也适用于例 (33)。再如：

(37) A 栏 B 栏

a. observe	/əbˈzɜːv/	observation	/ˌɒbzəˈveɪʃn̩/
b. acquire	/əˈkwaɪə/	acquisition	/ˌækwɪˈzɪʃn̩/
c. propose	/prəˈpəʊz/	proposition	/ˌprɒpəˈzɪʃn̩/
e. preserve	/prɪˈzɜːv/	preservation	/ˌprezəˈveɪʃn̩/
f. require	/rɪˈkwaɪə/	requisition	/ˌrekwɪˈzɪʃn̩/

在 A 栏双音节词中，第一音节均为轻读，元音配置均为 /ə/ 或 /ɪ/；第二音节均指派重音，元音配置为长元音或双元音。但在 B 栏中，因加后缀 -ation 或 -ition 使 A 栏对应的动词变成名词，双音节词因此变成四音节词，形成重轻／重轻交替的节奏模式。戏剧性的变化是，第一音节因指派次重音，全部成为重

音节和饱满元音，第二音节却因失去重读全都变为 /ə/ 或 /ɪ/。最为极端的变化是，如果成音节指派重音，那么相关的音值也必须配置饱满元音。例如：

(38)　A 栏　　　　　　　　　　　　　　　　　　　B 栏

　　　a. rational　/ˈræʃənəl/　或 /ˈræʃn̩l/　　rationality　/ˌræʃəˈnælɪtɪ/

　　　b. personal　/ˈpɜːsənəl/　或 /ˈpɜːsn̩l/　　personality　/ˌpɜːsəˈnælɪtɪ/

　　　c. hospital　/ˈhɒspɪtəl/　或 /ˈhɒspɪtl̩/　　hospitality　/ˌhɒspɪˈtælɪtɪ/

A 栏单词中的第三音节为轻读，其元音为 /ə/ 或成音节。但在 B 栏中，第三音节指派主重音，构成一个重音节，元音据其拼写形态 a 而升格为 /æ/。因重音移位而伴随元音强弱变化的例子比比皆是。

(39)　A 栏　　　　　　B 栏　　　　　　　　　　C 栏

　　　a. confer /kənˈfɜː/　conference /ˈkɒnf(ə)rəns/　conferential /ˌkɒnfəˈrenʃəl/

　　　b. infer　/ɪnˈfɜː/　inference　/ˈɪnf(ə)rəns/　inferential　/ˌɪnfəˈrenʃəl/

　　　c. refer　/rɪˈfɜː/　reference　/ˈref(ə)rəns/　referential　/ˌrefəˈrenʃəl/

　　　d. prefer /prɪˈfɜː/　preference /ˈpref(ə)rəns/　preferential /ˌprefəˈrenʃəl/

A 栏都是双音节动词，重音居尾，第一音节因轻读配置弱化元音 /ə/ 或 /ɪ/；在 B 栏中，动词加后缀 -ence 构成名词，本该为三音节，但重音置于句首，词首音节随之成为重音节，元音由弱化而饱满，第二音节失去重音，原来的 /ɜː/ 全部弱化为 /ə/，甚或省略 /ə/，三音节变为双音节。再看 C 栏，添加后缀 -tial 后，B 栏由名词变为形容词。饶有趣味的变化应运而生，第三音节指派主重音，原本为 /ə/ 的弱化元音随即升格为重音节 -ren-；第一音节则由主重音变为次重音，而第二音节的弱化元音 /ə/ 倒成了不可或缺的成分，原因是它与词首重读音节构成一个分支韵。

　　同一音节中的元音因轻读而弱化为 /ə/ 或成音节，或者同一音节中的元音因重读由 /ə/ 或成音节升格为饱满元音 /æ/，可以视为重音或缺失或指派的结果。这种语音变化好比电视机的音量开关及其视频符，声音可大可小，视频符可高可低。从最大（高）到最小（低），或从最小（低）到最大（高），随着音量的调整，中间呈现许多不同的音变连续体。从音理上说，重音就像控制音量的开关，它一旦移位，必然破坏原有音系结构的内部平衡；要实现新的平衡，必须进行音位重组。由于 /ə/ 音节或成音节没有资格承载重音，因而必须提升音节资格，调整的手段就是配置饱满元音。只有强化元音音值，才能整合、平衡相关的音系结构（许曦明，2008：189-190）。

8.4 小结

综上所述，英语语音实现无疑受到英语音系类型的制约。重音好比射体，它投射到的音节好比射标，获得投射的音节必须是重音节，并配置饱满元音，而没有获得重音投射的音节则处在动荡变化中，其元音可能表层上是饱满的，但极有可能弱化甚至丢失。元音由饱满到弱化，再由弱化到省略，抑或弱化升格为饱满，都是为了突显重读音节的强者身份。这种解释与 Bolinger & Sears（1981：23）的以下论述相吻合：英语弱化元音的时长借自前邻重读音节的饱满元音。或者说，轻读音节数目的增加会削弱前邻重读音节的时长。我们据此还可以作出反向假设：/ə/ 音脱落后的时长至少部分返还给了前邻重读音节。

重读音节催生饱满元音，轻读音节孕育弱化元音，二者之间的动态变化显然与英语多音节结构和重音指派密切相关。元音从饱满到弱化乃至省略，这种音变过程是一个连续体，虽然可以感知，但难以描述（Flemming，2009），其间有许许多多的音位不可能也没有必要进行标记。故此，轻读音节中的饱满元音并非真正意义上的饱满元音，而是打了折扣的过渡音。因为，轻读音节中的饱满元音淡化了重读音节与轻读音节之间的界线，难以体现强者更强、弱者更弱的节奏诉求。尽管英语生成大量的弱化元音，但一直存在着避免弱化这种反趋势（Lass，1999：135），由此呈现轻读音节兼有饱满元音与弱化元音的语音格局。无论如何，弱化乃至脱落是节奏驱动使然，表现出音系结构的平衡性与省力原则；避免弱化是交际的需要，体现出音系结构的多样性以及读音与拼写之间的一致性。显然，如将轻读元音读得过于清晰，反倒弄巧成拙，不仅有悖英语的节奏特征，而且极易传递错误信息。轻读元音如果全部弱化为 /ə/ 或 /ɪ/，元音配置就会变得单调乏味，语言也就失去了生命力。/ə/ 在连续体中时隐时现，"隐身"（脱落/省略）时似乎可有可无，"现身"时又显得不可或缺。不过，动态把握轻读音节中饱满元音的度，诚然不容忽略。它貌似饱满，实则趋于弱化，但又没有抵达弱化的节点上，这就是连续体中某个难以确定的模糊音位。许多例证说明，所谓重与轻、强与弱、长与短、清楚与模糊，体现出既相互对立又相互依存的平衡关系。已如许曦明所述：

> 重音是英语节奏的催化剂，它一旦移位，必然催生出节奏的多彩变化。重音是英语节奏的稳压器，它一旦定位，轻重音节中的元音会各就各位，各得其所。重音又是英语节奏的操控手，音节如果重读则音高趋高，元音音段趋长，音质趋于清晰；音节如果轻读则音高趋低，元音音段趋短，音质趋于模糊甚至脱落。这种变化不仅体现在表层结构上，而且隐含在深层结构中。（许曦明，2008：i）

也许，这一描述较为抽象，却道出了重音指派与元音实现之间动态变化的理据，而且已为一些实验数据所证实（如郭兴荣、陈晓湘，2017 等）。

第九章　汉语节奏的语音实现

已如前述，英语节奏体现在重读音节与轻读音节的交替上，这种"君主式"的音步结构表现出强弱分明的节奏模式。与之相反，汉语节奏大多体现在载调音节的交替上，这种"民主式"的音步结构易于形成音高对立及其整齐匀称的节奏模式。由于重音和声调的作用域不同，即重音是间隔音节指派，而声调是相邻音节指派，因而英语产生大量弱化元音，汉语产生大量饱满元音。反过来说，"由于重音和声调具有不同的语音实现，所以重音系统和声调系统具有不同的音节值标准"，并且"显示出不同的音系分布"（Gordon，2004）。

9.1 声调的作用

汉语被公认为"孤立语"类型，其重要特征是拥有独立而又自由的单音节词素，但没有形态变化。汉语声调的作用是使音节饱满，音值不易弱化，主因是载调音节承载的意义必须是首先兼顾的要素。因此，声调对汉语的所谓词重音具有较强的反作用，难以出现有规律的重音模式。本节主要谈谈声调指派与音节值和声调指派的分界作用。

9.1.1 声调指派与音节值

比较而言，英汉语的相同点主要体现在音长方面；相异点主要在于，汉语声调直接作用于音高，而音强则是重音作用的必然结果。另外，两种语言在音质方面的表现有同有异，原因是音质的强弱变化会受到重音支点与声调支点的影响，同时还会受到音节结构和元音音位分布的制约。

汉语一字一音节，而且音节的元音（即韵母）占有绝对优势，但汉语单音节总量只有 410 多个，如果没有声调的参与，很难满足话语交际的需要。正是得益于音节加声调的有机结合，才使元音音质趋于饱满且具聚合性特征，也才使汉语音节结构呈现出丰富多彩的语音变化和意义空间。正如王士元（1983：

99）所述，"世界上的声调语言虽然很多，但是像汉语这样每个音节都有固定的声调，不但有高低之分，还有升降曲折之别，却是不多的"。原因如赵元任（1968/1979：17）所言，汉语中声调不同的音节（字）其音高是不同的，它不仅表现在元音的高低上，而且贯穿在音节的浊音部分，即音节里包括浊辅音在内的部分都有声调。如果声母是浊音，那么声调则贯穿整个音节；如果声母是清音，那么声调就贯穿于韵母中。由于载调音节的核心成分是元音或浊音，因此汉语音节几乎从起点到终点全被声调所包络。声调和音节的相互依存关系使汉语音节长度相等或相似于声调长度。尽管四个调类有长短之别，调值有高低之分，但所有载调音节都是清晰度很高的语音单位，具有很强的抗干扰能力，因为它"是一种调频信号，声调信息遍及言语频谱各个谐波成分"（张家騄等，1981）。

Sapir（2002：189-190）在谈到不同的语音系统时多次提到"动力"一词，它体现在如音量（音长）、重音和声调及其特有的音节结构上，表现出不同的"动力基础"（dynamic basis）和"动力特点"（dynamic features），而且母语者会在潜移默化中养成一种无意识的"动力习惯"（dynamic habits）。基于 Sapir 的论述，潘文国（2002：130-132）认为汉语语音的"动力特点"应包括声韵调结构和内紧外松的拼合方式。这里简要谈谈前者，后者下文再述。潘先生认为，汉语声韵调结构表现在三个层面：1）汉语是音高敏感型语言，这决定了声调对它的重要性；2）在构成音节的方式上，汉语以汉字为音节单位；3）汉语音节结构非常简单，表现在没有复辅音，只有两个韵尾鼻音 [n] 和 [ŋ]，而且双元音和三元音十分有限。第三层意思已在第二章论及，第一层谈到声调对音高的敏感性，其中又折射出汉语母语者对声调的敏感性，而第二层提及的汉字又与音节密切相关。

汉语声、韵、调，三个要素凝聚成一个三维空间，聚合的平台就是音节。尤其是韵调关系密切，相互依存。各个音节自成一体，相对封闭，形成颇受制约的"内在"语音系统。与之协调搭配的是，一个个相对独立的音节又对应于一个个汉字，而每个汉字都是自足的意义单元[1]。已如徐通锵（2003）所言，音

---

1 汉语绝大部分单音节都是自足的意义单元，也有极少是多音节的意义单元，如"疙瘩、逍遥、琵琶、巧克力、奥林匹克"等，其中多为音译外来词。

义关联是汉语音节结构的一个重要特点，汉语音节在汉语中起着非常重要的作用，主要是因为汉语的音节与语义之间具有强制性的对应关系。"语义同音节同时发生，一个语音团块同时就是一个语义团块"（潘文国，2002：183）。汉语音节的附义性减轻了它对线性结构关系的依赖，一个音节的载义功能主要靠音形义的意指链来实现，而不是线性结构上音节之间的差异。"在华夏汉语中，单音节和语义结合得如此紧密，以致离开语义就无以论音，离开音节则无从说义，音节与意义二者如影随形，难以分离"（李葆嘉，1998：5）。说到底，"语言节奏的本质就是基频、音长、音量、音质这些变项的循环往复与句法和语义组织的互动"（Kohler，2009）。

上文谈到，作为字调的汉语音节其结构非常简单，大多为声母和韵母，韵尾仅有浊音性鼻辅音 [n] 和 [ŋ]，所以音节中的元音占有绝对优势。在声调的作用下，汉语话语构成了"字正腔圆"的节奏诉求，力求做到字音准确，腔调圆润，音值饱满。正因为字要"正"，腔要"圆"，元音才不易弱化，才会形成语言表达掷地有声，铿锵有力的语音效果。声、韵、调、音、形、义，这一聚合体彰显出汉语"内在"的理想系统，也是对"字正腔圆"最贴切的脚注。正是在这一潜移默化的语言环境中，音义同构的和谐统一才牢牢模铸在汉语母语者的心理机制中。

9.1.2 声调指派的分界作用

我们知道，汉语对音节敏感，而英语对音位敏感，音节包孕着音位，一旦指派声调，一个音节就有资格独立成为一个基本节奏单位（沈家煊、柯航，2014）。英语音位并非如此，重读音节可与轻读音节构成一个基本节奏单位，而轻读音节因其弱而不能独立存在，必须依附在相邻的重读音节上，从而形成对重读音节的音位非常敏感，而对轻读音节的音位不甚敏感，甚至丢弃音位的语音现象。由于英语音节与意义没有直接的制约关系，元音的核心作用就有可能打破原有音节的界限，重新进行组合。这种组合就是将同一意群内的辅音和元音，甚至元音和元音连接起来，其间再添加相关辅音，使之成为

CV+CV+CV……之类的语音序列 [1]。如此结构可以超越词界，犹如链条把不连贯的相邻成分串联起来，呈现出开放的格局，使话语讲起来流畅，听起来自然。如在 Tell us all about it. 中，前一单词的尾辅音应该与其后单词的词首元音相连，读为 /ˈtel_əz_ˈɔːl_əbaut_ɪt/；再如 over and over again，读作 /ˈəuvə ənd ˈəuvə əˈgeɪn/ 非常别扭，原因是音节之间元音相邻，其间应该添加 /r/，读为 /ˈəuvər_ənd_ˈəuvə_rəˈgeɪn/。英语词间的这种衔接叫作"连读"（liaison）。连读的结果是节奏单位可以跨越音节乃至单词之间的界限。

事实上，汉语也有音节连读现象，但连读只能发生在无调音节中。譬如，"天啊"中的"啊"可以读成"哪"，即 tian-a → tianna，但载调音节之间不允许连读，这种现象也是汉语声调的作用，声调使每个"带调"音节彼此独立而不能相互侵犯（冯胜利，2001）。与英语音节形成的反差是，绝大部分音节自成一体，相对封闭，音节之间界限分明，形成离散性的组合，为此，江荻（2011）将汉语音节标记为 CV (T) 和 CVC (T)（C 表辅音，V 表元音，T 表声调），客观地表现出汉语音节的特征。如"变"[biàn] 与"彼岸"[bǐ àn]，在没有汉字和声调指派的情况下，人们很难判断它究竟是一个字，还是一个词。原因就是两个相邻元音 [i] 和 [a] 究竟是双韵母，还是两个分离的单韵母。音节判断的依据就是声调，如果指派一个声调，它就是一个音节，一个字，即"变"[biàn]；如果指派两个声调，它就是两个音节，一个词，即"彼岸"[bǐ àn]。显然，在连贯的语流中，音节的界限常常表现在声调之间的分界上。从一个声调过渡到另一个声调，也必然是从一个音节过渡到另一个音节。声调的分界作用非常明显，这也是汉语被称"音节语"的原因所在。

汉语除了"啊"之外，是不允许随意连读的，即使词首出现元音，即词首为零声母（零辅音）也是如此。"零"声母并非真正的"零"，而是辅音性的

1　如果前一个词尾以 /iː/ 或 /ɪ/ 结尾，如 /aɪ/、/eɪ/、/ɔɪ/ 等，那么它们可以与后续词首元音相连，中间插入滑音 /j/，如 Hurry_up to the_evening party. /ˈhʌrɪ ˈjʌp tə ðɪ ˈjiːvnɪŋ ˋpɑːtɪ/. 如果前一个词尾以 /uː/ 或 /ʊ/ 结尾，如 /au/、/əu/ 等，那么它们可以与后续词首元音相连，中间插入滑音 /w/，如 That's too_early to row_away. /ˈðæts tu ˈwɜːlɪ tə ˈrəu wə ˈweɪ/. 不过，这里的 /j/ 和 /w/ 只是过渡音，读得非常轻，决不能刻意突显，以免弄巧成拙。此外，如果前一个词尾以鼻辅音 /n/ 结尾，而后续词首为元音，则后者可以前加 /n/，如 Can_I run_out_of here? /kən naɪ ˈrʌn naut əv ˋhɪə/？

成分，它使字间有一短暂停顿，其作用就是保持前后音节各自的封闭独立状态，以区分字义或词义。不连读也许不那么流畅，但不会引起歧义，如果强行连读，则有可能扭曲意义。以"恩爱"[ēn ài]、"翻案"[fān àn]、"感恩"[gǎn ēn]、"棉袄"[mián ǎo]为例，这些零声母音节组合，中国人读起来很自然，西方人感到很别扭，极有可能把它们连读为 *[ēn nài]、*[fān nàn]、*[gǎn nēn]、*[mián nǎo]。如此连读，节奏上显得不伦不类，应有的词义不复存在。与此形成鲜明对比的是，中国英语学习者在该连读的地方往往断开，或者加上 /ʔ/，好像有个短暂的停顿，听起来断断续续，结结巴巴。还以 Tell us all about it. 为例，不少中国学生读为 */'tel ʔəs ʔ `ɔːl ʔəbaut ʔɪt/，结果也会偏离英语节奏模式。

汉语音节内部诸多成分的拼合痕迹微乎其微，好像某种东西把它们凝聚为难以分割的"音块"，形成"块"内的封闭性，从而造成载调音节的敏感性。这就是声调的作用，它"使同一音节中的各个要素具有一种向心力，内聚为一个整体，从而能清楚地与其他音节区别开来"（徐通锵，2001：57）。潘文国（2002：132）称这种"块状"音节为"内紧"，即音节内结合较紧，又论及"外松"，指音节之间的关系较松。王洪君（2004）也曾谈到汉语音节的"内紧外松"，"内紧"指音步（即双音节单位）内部结合紧凑，音步之间结合较松。就间隔的松紧程度而言，从音节结构到音步结构，再到短语结构直至话语结构，其间是一个松紧连续体。即音节一旦载调，内部结合最紧；两个载调音节组成音步，其间结合较紧；两个音步组成短语，其间结合较松；两个短语组成话语，其间结合最松。潘文国（2010：46）曾经这样分析"内紧外松"的原因，"汉语音节之间的辅音声母或带辅音性质的零声母保证了汉语音节之间的离散，而声调又以音高变化的方式保证了音节内部的凝聚"。

英语音节较为开放，造成音节的复杂性与依附性；汉语音节较为封闭，形成音节的简洁性与自主性。可见，多音节组合具有开放的机制，单音节支点具有封闭的理据，不过所谓开放和封闭应当视为一种相对视角。

9.2 轻声音节的表现

作为单音节声调系统，汉语一个个载调音节形成"一个个大致'等音长'的节奏单位"（沈家煊、柯航，2014）。尽管如此，载调音节之间也会显示不同的突显度，即通过声调对比表现突显音节与趋弱音节之间的差异。或者说，声调对比使某些音节趋于重读，某些音节趋于轻读，进而出现声调弱化乃至轻声，进而产生深层对比的中和化。

9.2.1 轻声音节的调值

在一定条件下，汉语的四种基本声调有可能失去原来的声调（原调），读成轻声。我们知道，轻声音节不能独立存在，必须依附在四声字调上。当然也可以解释为，声调对比使轻声成为一种特殊的音节。轻声音节虽然也有声调，但音高较低，调值全都低于四声调。赵元任（1933/2002）指出，"轻音字有中、高、低三种读法"，阴平、阳平后的轻声读半低音2；上声后是半高音4，"和前面半截子上声一起构成一个完整的上声"；去声后低音1。后来赵先生归纳说，"轻声在半三声后高，在其他声调后（相对地）低"（赵元任，1979：26）。徐世荣（1980：120-121）谈得更具体，"低调，听起来仿佛是轻短的去声·|₂"、"又轻又短的中调 ·|₃"、"又轻又短的半高调 ʼ|₄，听起来仿佛是轻短的阴平"、"又轻又短的最低调 ·|₁，听起来仿佛是特别低降的轻短的去声"。Xu/许毅（1997，1998）将汉语轻声音节界定为"浮游调"。王洪君（2008：242）将轻声的调值描述为"或来自前接字调浮游部分的漂移，或来自默认调的填入"。学界形成的共识是，在汉语普通话中，阴平调55后的轻声调值为2，阳平调35后的轻声调值为3，上声调214后的轻声调值为4，去声调51后的轻声调值为1。例如：

(1) a. $(zhu^{55}zi^2)$　　珠·子　　　b. $(zhu^{35}zi^3)$　　竹·子

　　 c. $(zhu^{214}zi^4)$　　主·子　　　d. $(zhu^{51}zi^1)$　　柱·子

可以看出，轻声的调值与前邻载调音节密切相关。五臺（1986）分析说，"在语流中，每两个停顿之间的语言片段就是一个语音词"，每个语音词都有一个独立的声调，而一个声调可以涵盖两个或更多音节的语音词。石汝杰（1988）进而将语音词称作"轻声语音词"，认为其中前字的重读声调已经超越了音节间的界限，把轻声后字也包容在其声调曲线范围内，因而轻声只是这一声调曲线的一个组成部分，其音高当然就是这一曲线的末尾音高。轻声的音高取决于前字声调，其实质就在于此。如果一个语音词是前重后轻，那么词尾音节会失去原调，与词首重读音节共用一个声调，而词首载调音节则按一定的规律向右扩展，直到覆盖住整个语音词。这样的声调是形状一定的、平滑的曲线。

王洪君（2008：239）认为，轻声的调值取决于前字的字调，轻声调值是可预测的，而正常字调的调值却不能仅仅根据相邻字调或轻声而推测，因此是不可预测的。此外，她还借助自主音段音系理论的浮游调概念，考察了汉语轻声的本质及其调型。根据她的解释，轻声的本质特点是失去自己的调型，前字调向后延伸，不过有无浮游调的前字调，其延伸是不同的：前字调中的浮游部分将脱离前字，游向后面的轻声。如曲折调214和降调51，其后半部分是浮游的，因此脱离前字改由后面的轻声音节承担，形成21—34、53—21的态势。没有浮游调的前字调，如平调55和半升调35，则沿着收音调尾的走向延长：平调的收尾一般略微趋降；半升调因为升到顶，所以调尾开始转向降。

林华（1998）曾经归纳出普通话多调值的综合分析模型，揭示了困扰学界多年的轻声调值问题。轻声在深层结构中有本调值，其表层调值则是历经三个阶段的产物：调素脱落阶段、轻声变调阶段和前调延伸阶段。这种解释廓清了普通话轻声调值的脉络，而且将轻声和三声变调有机地结合起来。就是说，轻声也有变调，而且变调的原因与三声变调相同，都是为了声调求异。"调素"是最小的声调单位，它有两个功能，一是表示音高，二是表示音长。二者在调素上都有不可分的属性。声调可由一个或若干个调素构成。普通话四个声调的调素可以表示如下：

(2)　　　　普通话四声的调素表征

阴平	阳平	上声	去声
/|\	/|\	/|\	/|\
HHH	MHH	LLM	HML

根据林文的分析，如果这些声调不出现在词尾、短语尾或句尾，其音长就会缩短。在一般语速的话语中，它们的尾部调素就会脱落，显示为如下形式：

(3) 普通话四声的调素脱落

阴平	阳平	上声	去声
/＼	/＼	/＼	/＼
H H	M H	L L	H M

在林文看来，轻声是有本调的，是一个低而短的声调，可用调素 L 来表示。这样，首先遇到的问题是，轻声跟在上声之后会有连续三个相连的低调素 L，根据"低调制约规则"，轻声的 L 会变调为 H。在表层结构中，由于协同发音的缘故，前调调尾调素的调值向后延伸，于是轻声实现的调值即为阴平 HL、阳平 HL、上声 LH 和去声 ML，这与一般听感和语音实验的结果是一致的。

9.2.2 轻声音节的时长

冯隆（1985）的实验结果显示，普通话正常语速的音节平均时长在 200 至 300 毫秒之间。它们会受到音节结构和语音环境等因素的影响，"声调的时长在句中与在句末明显不同，句中阳平最长，其他三声基本相同，句末则上声最长，阳平次之，阴平较短，去声最短"（冯隆，1985：188）。此外，声调的长短差别不受韵素数目的影响（冯胜利，2001：31）。反过来说，声调的消失必然会伴随着时长趋短，音高趋低，元音趋弱。扎多延柯（1958）是对汉语轻声音节进行数据分析的最早学者之一。请看他的两个实验数据结果：

表 9-1 成对词重读、轻读的时长比较

成对词	整个词的长度 （时间单位 1/40 秒）	前一音节的长度 （时间单位 1/40 秒）	后一音节的长度 （时间单位 1/40 秒）
东西 dōngxī	44	20	24
东西 dōngxi	25	15	10
生活 shēnghuó	50	23	27
生活 shēnghuo	25	15	10
多少 duōshǎo	52	17	25
多少 duōshao	24	14	10
兄弟 xiōngdì	44	25	19
兄弟 xiōngdi	23.5	16	7.5

比较表 9-1 可以看出，重读对音节的影响表现在三个层面：一是成对词的总长度不同，两个音节都载调的成对词要比含有一个轻声音节的成对词长约一倍，如"生活"和"生·活"，甚至更长，如"多少"和"多·少"。二是在两个音节都载调的情况下，三个成对词"东西""生活""多少"的后一音节均长于前一音节，仅有"兄弟"一词前一音节长于后一音节。三是轻声音节的时长在自然会话语速中明显缩短，不足载调音节的二分之一，甚至更短，如"兄·弟"中的"弟"。有趣的是，在含有轻声音节的成对词中，不仅轻声音节缩短了，而且载调音节也有不同程度的短化。重读对时长的影响不仅体现在韵母变化上，而且还表现在声母变化上。

表 9-2　重读观照下的声母、韵母时长比较

成对的词	后一音节的长度 （时间单位 1/40 秒）	声母的长度 （时间单位 1/40 秒）	韵母的长度 （时间单位 1/40 秒）
（东）西（dōng）xī	24	8	16
（东）西（dōng）xi	10	4	6
（生）活（shēng）huó	27	6	21
（生）活（shēng）huo	10	3	7
（多）少（duō）shǎo	35	7	23
（多）少（duō）shao	10	4	6
（兄）弟（xiōng）dì	19	4	15
（兄）弟（xiōng）di	7.5	1.5	6

表 9-2 显示，在后一音节中，载调音节要比轻声音节长一倍多，甚至超过两倍。韵母的时长变化最为突出，载调时比轻声时长达两倍，甚至接近三倍。与此同时，声母载调时也比轻声时明显延长。

林焘（1985）曾对"鸭头""马头""大义"等"重重"型和"丫·头""码·头""大·意"等"重轻"型双音节词进行比较。两组词的音长合成结果如下：

(4) a. 重＋重：210ms + 240ms = 450ms

　　 b. 重＋轻：210ms + 140ms = 350ms

例（4）显示，前字的音长全部合成为 210 毫秒（ms），差别在后字，载调时为 240 毫秒，轻声时仅有 140 毫秒，比同一位置的载调音节时长短约 58%，说明后字时长越短，听成轻音的比率就越高，这趋势十分明显。曹剑芬（1986）得出大致相同的实验结果，"轻声音节的时长约为前音节长度的 60%，但二者之间没有始终一致的比例关系"。

汉语轻声的表层结构非常相似于英语的重轻结构。按照 Hogg & McCully（1987：228）的节律分析，英语单音节词与重轻格的双音节词，其音长大致相等。譬如，单音节词 child /tʃaɪld/ 和双音节词 childish /'tʃaɪldɪʃ/，两个单词的音长大致相等，这显然意味着后缀 -ish 从 child 处借出部分音长，其长度并非占去 child 的一半，而是大约三分之一（许曦明，2008：167）。从上述数据看，轻声音节的时长也有依附于前邻载调音节的特征，这一点显然与轻声的调值密切相关。正如林焘（1962）所述，汉语声调的调值有超出一个音节的范围而把后面轻声音节包括进去的趋势。即前字声调分解为两段，后半段由轻声音节承担，如上声在轻声前一般读半上 21，后面的轻声音高是 4，两个音节正好构成一个全上声 214。就是说，轻声音节缺乏独立性，只能依附于前邻载调音节，并与之构成一个完整的声调模型，不仅表现在与前邻载调音节的融合度上，而且音长上也有显著的缩减。

9.2.3 轻声音节的功能

通常，学界所称的"语法轻声"和"结构轻声"是有规律的，也是汉语语法化的结果。轻声往往是非焦点化、虚词化和非词化的产物（叶军，2001：77）。非焦点化就是某些成分因意义的虚化和功能的语法化而失去了承担焦点的资格，形成某些句法成分的轻读，如趋向补语、副词和能愿动词等；虚词化是原来充当句法成分的实词，变成只有语法意义的虚词，如介词、连词、助词、量词和语气词等；非词化则指原来可以单独使用的词虚化为不能单独使用的词缀或形式标记。

其实，轻声也可以与前字一起构成语法、表义功能或语用功能。先看鲁允中（2001：8）给出的两个例子：

(5) 前几天他写了一份报告（bàogào）准备向领导报告（bàogao）调查的情况。

(6) 作买卖（mǎimai）的要讲买卖（mǎimài）公平。

根据鲁著解释，例（5）中前一个"报告"不读轻声是名词，后一个"报告"读轻声是动词。例（6）中前一个"买卖"读轻声，指"生意"义，是一个词，后边的"买卖"不读轻声，指"买"和"卖"，是个短语。

例（5）和例（6）说明，汉语轻声音节有时会起到非常重要的作用，这无疑应该纳入音系属性的范畴，汉语的轻声音节不同于英语的轻读音节。英语的重轻结构属于重音型，汉语的重轻结构属于声调型，其"重"是声调音系层上的重，"轻"也是声调对比下的轻，音系上不同于重音节律下的重轻概念。在英语重轻交替的节奏模式中，重读音节起到主导作用，轻读音节起到辅助作用，有时处于可有可无的地位。何善芬（1999）将轻读音节和轻声音节的差异归纳为三点：第一，两种语言的轻音虽然都是一种语音弱化现象，但英语轻音与语法没有联系，而汉语轻音在语句层面上与句法结构和语调关系甚为密切；第二，英语轻音具有举足轻重的韵律作用，它形成了一个以重音间隔大致相等、重轻音节交替出现的节奏模式，从而增强了话语的表现力和韵律美，而汉语的这种韵律机制则相对较弱；第三，英语轻音只是作为重音的反衬，以突出重音词的意义。与此相反，汉语轻音在语言中所起的作用要大得多，它与相应的重音构成对立，因而能区别某些词的词义或词性，在语句中可以表示说话人的语气，而且与语言结构的层次分析密切相关。

梁磊（2008：109-111）试图从语法上区分上声的轻声变调为 21+4 和 35+2 之间的差异。第一，变调为"姐姐"21+4 的轻声词主要有两个识别标记，一是上声的名词叠音词，例如"宝宝""姥姥""奶奶""嫂嫂""婶婶"等；二是前字为上声，且带有"子"字的名词后缀，例如"椅子""剪子"以及孩童的小名"虎子""狗子"等。两个轻声变调都有明显的识别标记，此外还有"耳朵""马虎"也属于 21+4 的轻声字，但缺乏明显的识别标志。第二，变调为"小姐"35+2 的轻声词，其轻声音节都有实实在在的语素意义或附加意义。

冯胜利（2012）认为，从语音角度研究轻声是一回事，结合语法功能进行研究又是一回事。比如"把"字句不能挂单（"*把他打"）。"把"字句的动词要有一个终结点，而"打"没有终结点，所以不行。"把他打了"就行了，因为"了"是完成标志，它让动词有了一个终结点。同样，"* 把灯关"也不好，"把灯关了"或者"把灯关上"就可以了。"了"和"上"作为轻声单位，显然把"重"支撑起来了。他把这种句式叫作"轻声的辅重作用"，并解释说，某个位置如果单音节不合法，加上一个轻音节（或者说半音节或一个韵素）就有了资格。实际上，双音节短语"打了""关了""关上"等于构成了合法的重轻音步。另外，"* 种植树"这个 [2+1] 的动宾结构不合法，但确有"喜欢钱"这样的反例。冯先生推测说，"喜欢"的"欢"字还没有到轻声的程度。但如果让"喜欢钱"成立的话，"欢"不轻是不行的，非得让"喜欢"变成 1.5 个音节不可。如果某一音节还没有轻到"轻声"的时候，但如果它不轻就不合法的话，那么韵律和句法就要让这个音节在这种环境下按照语法的这种要求，作些相应的调整和改变。在这种意义上，声调的在场与缺场往往取决于韵律、语法、词义和语用的需要，使之处在一个连续体状态。

9.3 轻声音节的语音实现

通常认为，汉语的重音节就是载调音节，含有两个莫拉，轻音节就是轻声音节，只有一个莫拉。比较而言，载重音节和载调音节均有激活饱满元音的机制，而轻读音节和轻声音节均有弱化元音的理据。基于轻声的上述特点，这里考察轻声音节的语音实现，主要包括轻声音节与饱满元音、弱化元音、元音脱落乃至音节脱落之间的动态变化，其间也形成一个音变连续体。先看轻声音节与语音弱化。

9.3.1 轻声音节与元音弱化

刘俐李（2004：64-65）认为，轻声作为一种语言范畴，必有其自身属性，表现在形式和内容两方面。在语音上，无论轻读轻声还是非轻读轻声，一律失去原声调，用相同或相类的一种或几种调型表达，其中轻读是其原发形式。轻读的结果有可能造成弱化现象。在汉语载调和轻声组成的双音节词中，后者会产生弱化元音，主要表现是韵腹元音变得趋于含混，而且有可能出现模糊央元音 [ə]。[ə] 大多来自一些语法轻声，如"的""呢""了""吗"，动词后缀如"一着"。此外，载有低元音 [ɑ] 的词汇轻声也有可能弱化为 [ə]。例如：

(7) a. [xīguɑ]　　　→　　　[xīguə]　　　西·瓜

　　b. [tóufɑ]　　　→　　　[tóufə]　　　头·发

　　c. [máfɑn]　　　→　　　[máfən]　　　麻·烦

　　d. [bànfɑ]　　　→　　　[bànfə]　　　办·法

　　e. [dàfɑng]　　　→　　　[dàfəng]　　　大·方

轻声音节中的低元音 [ɑ] 弱化为模糊央元音，郑锦全（1973：74）认为这是深层低元音变松的结果，并称之为"低元音弱化规则"（Low Vowel Reduction Rule），不过是否变为 [ə] 是有选择的，主要取决于语速、随意性、频率以及特定语境等语言行为因素，显示出语用功能。

轻声音节中的复韵母也有可能弱化，但不是弱化为 [ə]，而是变读为非弱化的单元音，不过应该仍然视之为轻音或单莫拉。例如：

(8) a. [huílai]　　　→　　　[huílɛ]　　　回·来

　　b. [rènao]　　　→　　　[rènɔ]　　　热·闹

　　c. [bǎobei]　　　→　　　[bǎobe]　　　宝·贝

　　d. [mùtou]　　　→　　　[mùto]　　　木·头

然而，"轻音不是汉语一切方言都具备的，只有北京话和北方某些地区有轻音"（王力，1980：198）。林焘、王理嘉简要勾勒出汉语轻音的地域分布，而且描述得很具体：

> 汉语大多数方言存在轻音现象，只是范围和数量有很大差别。成都、昆明等西南方言的轻音比普通话少得多，语气词、后缀和助词等一般都不轻读；广州话则基本上不存在轻音现象。北京话可能是汉语中轻音最多的方言，在一段语流里，平均每六七个音节就可能出现一个轻音音节。轻音和儿化韵的频繁出现可以说是北京话语音的两大特色，这些特色在普通话也有一定程度的体现，但地位远不如在北京话里突出。（林焘、王理嘉，1992：182）

尽管北京话出现轻音的频率最高，"平均每六七个音节就可能出现一个轻音音节"，但较之英语，汉语仍然是小巫见大巫，原因在于英语重读音节仅占三分之一稍多，而非重读音节将近三分之二，故此弱化元音 /ə/ 和 /ɪ/ 几乎占到英语元音总量的三分之一。

比较而言，轻声是汉语的音系属性，而轻音则是其语音属性，但并不是一回事。梁洁（2012）的声调感知实验证据显示，听辨人具备语音能力和音系能力这两个关键因素，前者是听辨人的基本能力，属于人的生理能力，这种能力可以识别不同的音高；后者是高级能力，属于人的语言能力，这种能力具有对音高进行声调范畴分类的语言知识。音系能力在上，语音能力在下，两者独立存在又相互依赖，这种关系是成功识别声调的必要条件。她的结论显示，如果仅有语音能力而缺失音系能力，那么很难成功识别声调，反之亦然。张洪明（2014a）的解释表明，"语音上音调、音强、音高、音长、音重等参数不易区分 tone, stress, pitch-accent 的不同，三者的类型区分是音系学的，而非语音学的"。就是说，声调衍生的轻声与重音衍生的轻读，具有音系上的类型差异，但在语音实现上可能有相似或相同之处，只是汉语轻音通过轻声而实现，英语轻音通过轻读而实现。

9.3.2 轻声音节与元音脱落

人所共知，英语有大量轻读音节和弱化元音，因而产生不少元音脱落。汉语也有元音脱落，其中涉及为数不多的成音节、词尾轻声音节和词中轻声音节。分别讨论如下：

在快速的普通话口语中，某些以鼻音居尾的轻声音节，其 [ə] 音省略后，也会产生成音节。例如：

(9) a. [wǒmen]　　→ [wǒmən]　　→ [wǒmŋ]　　我·们

　　b. [dǎbɑn]　　→ [dǎbən]　　→ [dǎbn̩]　　打·扮

　　c. [zhǐwɑng]　→ [zhǐwəng]　→ [zhǐwŋ̍]　　指·望

　　d. [xiàngsheng]　→ [xiàngshəng]　→ [xiàngshŋ̍]　　相·声

汉语成音节例子虽然不多，但说明响度层级中的鼻辅音均有承担音节的性质与功能，详见 2.1.3。比较而言，英语成音节源自大量的非重读音节，而汉语成音节则得益于轻声音节，二者表层上虽然相似，但音系属性上存在着差异。另外，英语成音节是得到学界认可的音节类型，而汉语成音节因人因时因地而异，仍有不少进一步分析的空间。

在快速的语流中，汉语词尾轻声音节的高元音或模糊元音有时易于脱落，同时也伴随着音节脱落。例如：

	脱落前		脱落后	
(10) a.	[xīnsi]	→	[xīns]	心·思
b.	[tiānqi]	→	[tiānq]	天·气
c.	[bāofu]	→	[bāof]	包·袱
d.	[suíhe]	→	[suíh]	随·和
e.	[huópo]	→	[huóp]	活·泼
f.	[dòufu]	→	[dòuf]	豆·腐

在这些轻声词中，"思""气""袱""和""泼"和"腐"仅仅保留了辅音 [s, q, f, h, p, f]，而元音已经不复存在。从组合形态上看，"心思""天气""袱""随和""活泼"和"豆腐"仍是双音节词，但在读音上却变成了非鼻音辅音作韵尾的单音节词，意指词尾音节已经丢失。不过，汉语母语者在心理上仍然视之为音节。此外，这也得益于汉语辅音的发音特点，即无论是清是浊，无论送气与否，汉语辅音单念时，似乎后跟一个短暂的 [ə] 音，如 [bᵊ]、[pᵊ]、[mᵊ]、[fᵊ]、[dᵊ]、[tᵊ]、[nᵊ]、[lᵊ]、[gᵊ]、[kᵊ]、[hᵊ]。类似的脱落还会发生在普通话三音节词中，词中轻声音节如果处在高元音位置，常常会伴有元音弱化和音节脱落的现象。例如：

(11) a.	[tūji shǒu]	→	[tūj shǒu]	突·击手
b.	[yézi shù]	→	[yéz shù]	椰·子树
c.	[bùzhi dào]	→	[bùzh dào]	不·知道
d.	[diànshi tái]	→	[diànsh tái]	电·视台
e.	[jìshu kē]	→	[jìsh kē]	技·术科
f.	[dòufu gān]	→	[dòuf gān]	豆·腐干

在某种意义上，词尾元音脱落成全了汉语这种不规范的音节。英语双音节词尾音节却不允许发生如此省音。虽然词尾音节因弱化可能省略元音，但前提是词尾必须为鼻辅音和边辅音，省音而不失音节，由此成就了辅音成音节。除了鼻辅音、边辅音和闪音之外，英语双音节词尾音节的弱化元音决不允许脱落，否则会扭曲词义。如 dollar /ˈdɒlə/ → */dɒl/、worker /ˈwɜːkə/ → */wɜːk/、governor /ˈgʌvənə/ → */ˈgʌvən/。

9.3.3 音变连续体的层级

英语音节因缺失重音指派而产生"音变连续体"，汉语也有类似音变。郑锦全（1973）曾经详细讨论过轻声音节的语音变化，尽管他没有使用"音变连续体"这个术语。先看例（12）：

载调音节		轻声音节（i）	轻声音节（ii）	轻声音节（iii）	
(12) a. [xiàohuà]	笑话	[xiàohua]	[xiàohuə]	[xiàohuo]	笑·话
b. [miánhuā]	棉花	[miánhua]	[miánhuə]	[miánhuo]	棉·花
c. [huángguā]	黄瓜	[huánggua]	[huángguə]	[huángguo]	黄·瓜
d. [zhuāngjià]	庄稼	[zhuāngjia]	[zhuāngjiə]	[zhuángjie]	庄·稼
e. [xiāngxià]	乡下	[xiāngxia]	[xiāngxiə]	[xiāngxie]	乡·下
f. [zhījiǎ]	指甲	[zhījia]	[zhījiə]	[zhījie]	指·甲

（郑锦全，1973：75-76）

例（12）所指的载调音节和轻声音节均为第二音节。根据郑先生的解释，轻声音节（i）获自"元音松化规则"，轻声音节（ii）源自前者，但产生于"低元音弱化规则"，而轻声音节（iii）中的 a、b、c 和 d、e、f 又分别来自"ə → o / u ＿＿＿ +"规则和"ə → e / i ＿＿＿ +"规则。说到复韵母的轻声弱化元音时，郑著给出例（13）：

载调音节		轻声音节（i）	轻声音节（ii）	轻声音节（iii）	
(13) a. [huílái]	回来	[huílai]	[huíləi]	[huílei]	回·来
b. [nǎodài]	脑袋	[nǎodai]	[nǎodəi]	[nǎodei]	脑·袋

载调音节	轻声音节（i）	轻声音节（ii）	轻声音节（iii）	
c. [liángkuài] 凉快	[liángkuai]	[liángkuəi]	[liángkuei]	凉·快
d. [méimáo] 眉毛	[méimao]	[méiməu]	[méimou]	眉·毛
e. [lāodāo] 唠叨	[lāodao]	[lāodəu]	[lāodou]	唠·叨
f. [zhīdào] 知道	[zhīdao]	[zhīdəu]	[zhīdou]	知·道

（郑锦全，1973：76-77）

根据郑先生的分析，例（13）的轻声音节（i）和（ii）分别获自"元音松化规则"和"低元音弱化规则"，而轻声音节（iii）中的a、b、c来自"ə→e/___ i"规则，d、e、f则来自"ə→o/___ u"规则。

郑著采用生成分析法，详细论述了汉语轻声的诸多弱化元音，他的研究是开创性的，应该得到充分肯定。不过，从音变连续体的视角看，"低元音弱化规则"似乎应该和轻声音节（iii）的规则颠倒顺序。理由如第八章所述，高元音 /ɪ/ 和 /ʊ/ 以及边缘元音如 /e, ɛ, o, æ/ 等具有较高的音值，如果后跟辅音，就有资格成为重音节。即使它们因缺失重音而变得松且趋于短化和弱化，但其音值要比 [ə] 音清晰，因此 [ə] 被认定为完全弱化元音，而且是所有元音中唯一没有资格承载重音的弱化元音。它的弱化音理在所有语言中都是如此，当然也应该包括汉语，只是汉语的模糊央元音源自声调对比下的弱化现象。故此，按照音变连续体的层级排列，上述轻声音节（iii）应置于（ii）之前。这样的改动体现了语音变化的共性特征，也有助于分析汉语轻声的音变规律。

9.4 音变连续体的思考

重音和声调作为英汉两种语言的节奏支点，虽然音系不同，但都对音节值产生举足轻重的影响。如果音节指派重音和声调，语音配置分别是重音节和双莫拉，均为饱满元音；反之，二者均有可能出现从饱满元音到弱化元音，再到元音脱落乃至音节脱落的现象，其间显示出一个音变连续体。这是它们的相同点，下面主要讨论音变连续体的差异及其理据。

9.4.1 音变连续体的差异

无论音变是简单还是复杂，英语和汉语都有饱满元音和弱化元音之别。当然，两种语言确有相似或者相同的语音表征，但也有不同的音变差异，主因还是受到音系类型的制约。

前文谈到，重音是导致英语音位，尤其是元音变异的动因。音节如果指派重音，理当配置饱满元音，稳固而持久；音节如果失去重音，就等于失去了音节重心，其中的元音必然会发生或隐或显的变化。重音的缺失看似微不足道，但随着时间的变迁和其他诸多因素的直接或间接作用，导致了英语弱化元音 /ə/ 的极度膨胀，使英语轻读音节演变为饱满元音和弱化元音并存的复杂格局。汉语通过声调对比，也有可能使音节失去声调，产生弱化元音。差异在于重音指派与多音节息息相关，声调指派与单音节密不可分，这种差异非常微妙，却是两种音系上的内部属性差异。其结果，英语产生了大约三分之一的重读音节和三分之二的轻读音节，也产生了大约三分之一的弱化元音 /ə/ 和 /ɪ/。由于汉语的单音节性以及绝大多数音节载调，因此在组字成词中仅有不足 9 % 的音节变为轻声，而 90% 多仍然保留着饱满元音。

重读既控制重音和声调，又与词层突显的载重音节和载调音节相重叠。关键是，英语重读指派的作用域是多音节，汉语重读指派的作用域是单音节。重读可以指派给汉语的每一个载调音节，但只能指派给英语的间隔载重音节，意指轻读音节不允许或者没有资格承载重读，由此形成重读渗漏。获得重读指派的音节必然配置饱满元音，没有获得指派的音节则处在动荡变化的状态中，其元音有可能饱满，也有可能弱化，甚至脱落。由于作用域有差异，英语相当一部分轻读音节成为弱化元音，而汉语只有极少轻声音节载有弱化元音。

英汉两种语言均有音变连续体现象，但在重音原型的观照下，英语多音节在节律层级上排列为相对的重轻关系，因而呈现出万花筒式的音位变化。就英语 /ə/ 音而言，当它处在萌芽状态时，被斥为粗俗，不合规范，以致在语音系统中没有其合法地位；后来逐步得到认可，以至大范围扩展，最终成为英语复现频率最多的元音。/ə/ 音的出现，触发了一系列的连锁反应，经过时间的磨合以及其他因素的作用，使英语元音发生了巨大变化，给英语语音系统造成颇为复杂的格局。从历时角度看，当 /ə/ 成为轻读音节的和谐配置之后，它的出场就为英语节奏模式提供了发展契机。如果所有轻读音节全都配置 /ə/ 音，英语重音系统的语音变化就不会如此错综复杂。但又会引发其他问题，比如多音节词如果拼写没有什么变化，而轻读音节一概配置 /ə/ 音，势必会造成更多读音偏离拼写的问题。

由于声调原型的制约，汉语绝大多数音节相邻载调，其间虽然受到变调的影响，但音变大多出现在饱满元音之间，弱化元音远远没有英语那么多、那么复杂。除了受到多音节组合与单音节支点的制约外，英汉语的音变差异及其成因还体现在如下几个方面：

第一，资源上的制约。英语含有丰富多彩的字母组合，有大量缺失重音指派的前缀、后缀以及虚词，形成多音节组合的绝对优势，因而产生相当多的弱化元音，而汉语以单音节为基础，没有英语那样的原材料，也没有产生大量弱化元音的词重音机制。再者，英语的元音音位分布比较均衡，高元音 /i, ɪ, uː, ʊ/、低元音 /æ, ʌ, ɑː, ɒ/ 和不高不低的元音 /e, ɜː, ə, ɔː/ 各有四个。汉语高元音有三个 [i、u、ü]（其中 [i] 有变体 [ɿ] 和 [ʅ]），低元音仅有一个 [a]，不高不低的元音有三个 [o、e、ê]。第八章例（12）显示，包括长元音和双元音（/ɔɪ/ 除外）在内的所有元音都有可能弱化为 /ə/，而汉语除了语法轻声和含有低元音 [a] 的轻声音节，如例（7）外，其他元音鲜有弱化为 [ə] 的现象，如复韵母虽有可能弱化，但并非弱化为 [ə] 音，如例（11）所示。

第二，语法、词义、语用的制约。英语重读音节起到语法语义的核心作用，而轻读音节仅仅起到辅助作用，有时必不可少，有时可有可无，因而造成大量弱化元音、元音省略乃至音节省略。与此相反，汉语载调音节受到字义、语法和语用因素的制约，因而组字成词时轻声音节数量偏低，而轻声音节也会受到词义或语法的影响。如在"搭话"[dāhuà]、"答话"[dáhuà]、"打话"[dǎhuà]、"大话"[dàhuà] 这组载调双音节例子，以及"珠·子"[zhūzi]、"竹·子"[zhúzi]、"主·子"[zhǔzi]、"柱·子"[zhùzi] 这组轻声音节例词中，前字声调不同，构词意义也不同。再如王桂珍（1990）给出的一个例子，如果"吴大妈"被人叫成"吴大麻"、"吴大马"或者"吴大骂"，她一定会非常恼火，因为载调意义泾渭分明，调错意也错。而英语双音节词 'grandma，无论是用平调、升调、降调还是降升调，虽有感情意义，但词义都不会发生变化。显然，字义／词义制约着汉语调类，不可随意变化，也不可随意退场，更不可随意弱化。从节奏单位上看，重读音节和载调音节均由重音节或双莫拉指派，且由饱满元音所吸纳，而轻读音节和轻声音节则有可能导致元音弱化、元音脱落乃至音节脱落。但在英语重音节律音步中，轻读位置上的重音节因缺失意义负载，其饱满元音是可选项，不是必选项，如第八章例（11）所示。而汉语声调音步中的两个载调音节，因字调均有附义性，因此饱满元音都是必选项，如"老李"和"李老"以及"搭话""答话""打话""大话"等等。

第三，英语是音义型语言，汉语是形义型语言。索绪尔曾将世界上的语言分成两大类：表意文字和表音文字，并把汉语划归表意文字。顾明栋（2013）据此论证说，包括英语在内的"西方字母语言重音、义，轻形体，而汉语则重形、义，轻语音"，认为"相对于语音文字来说，汉字具有视觉表征性，以语义为基础而非语音"（顾明栋，2015）。上文谈到，汉语音节总量偏少，只有410多个，即使加上四个声调，载调音节也只有1300个左右。如此少量的音节难以满足话语交际的需要，于是汉语通过大量的同音字和同调字来弥补音节偏少的短板。音节载调和字形载义，这就是汉语母语者为何对载调音节和汉字非常敏感的原因。在他们的心理现实中，音节、声调和字义就是一个完整的聚合单元，须臾不可分离。

9.4.2 音变连续体的理据

音变连续体在英汉语中均有体现，但有差异。面对错综复杂的音变现象，我们常常有种雾里看花的朦胧与困惑，但似乎又能够理出个中的端倪与理据。人们会用不同的视角阐释英汉语的音变现象，我们在此试用对称与平衡的原理进行解读。

李政道（2000：19）认为，从宏观世界到微观世界，普遍存在着对称和不对称现象，"对称的世界是美妙的，而世界的丰富多彩又常常在于它不那么对称。有时，对称性的某些破坏，哪怕是微小的破坏，也会带来美妙的结果"。从历时的角度看，无论是重读音节还是轻读音节，配置饱满元音曾经是一种对称、平衡的结构。/ə/音的滋生与蔓延，看似微小的破坏，却打破了原有结构的对称与平衡，带来的是省力省时，属于一种美妙的东西。随着时间的推移，已经被结构所接受，为人们所享用。从现时的角度看，重读音节配置饱满元音、轻读音节配置弱化元音反倒是一种对称、平衡的结构，而轻读音节配置饱满元音却是一种不对称、不平衡的结构。然而，结构本身需要这种不和谐，正是因为这种不对称、不平衡，才使人们感到英语音系结构的活力与生命力。原因在于，"绝对的对称会显得呆板而无生气，对称中有一点不对称，往往给人一种美的享受"（李政道，2000：9）。事物总是在对称中孕育着不对称，平衡中潜藏着不平衡，正是不对称、不平衡才促使音系结构不断地发生变化。如果说轻读音节配置弱化元音属于有序变化，那么配置饱满元音又使轻读音节处于一种无序的混浊状态。可以说，轻读音节中的饱满元音是语音的变化之源，而且一直处于或显或隐的变异过程中。

英语重音的演变结果似乎使它处于一种有序无序的朦胧状态。说它无序，它确有一些规律可循；说它有序，它的变化既繁琐又灵活。然而，看似混浊无序的语言系统仍然具有一定的变化方向。对于语言系统的复杂多变，辛刚/徐盛桓运用耗散结构与协同学理论进行了如下阐释：

> 系统的演变过程，是一个自组织的过程……系统内外的某些变动，动荡了系统原来的结构，由相对有序变成一定程度的无序，系统就会自行重组，恢复秩序，恢复功能。系统的演变，就是为了进行合理的自组织；所以，系统的自组织性，体现了系统演变的目的性。系统的自组织运动，从系统的内部制约着系统演变的方向和目的。因此，演变是有方向的、有目的的，不会完全是随意的、任意的、完全由外部因素决定的……变异是在语言系统原先结构格局的基础上进行的，变异的结果是要实现结构的合理重组，而且是以原先的结构为依据。（辛刚，1991）

根据徐盛桓先生的观点，系统结构的不完整部分、不平衡部分往往是结构中不稳定的部分，而不稳定会成为触发变异的契机。变异的目的是为了使系统实现自我调整，在自组织过程中使整个结构向较为完整、较为平衡、较为稳定的方向演变。在一个要素众多的复杂体系中，如有不稳定的要素存在，系统结构会为这些不稳定要素所驱使而动荡重组，直至产生新的稳定结构，但以原先的结构为依据。

英语原本没有模糊央元音 /ə/，但词重音为它提供了生机；汉语原本都是载调音节，但重读驱动下的声调对比产生了轻声音节和弱化元音。基于此，英语重音系统的自组织过程可以解读为：重音的指派或移位"动荡了系统原来的结构"，在一定程度上造成语音结构的无序与混乱。以 absent 为例，如果将重音指派给词首音节，那么 /'æbsənt/ 或 /'æbsn̩t/ 就是其相对有序的语音结构；如果将重音转移到词尾音节，那么 */æb'sənt/ 或 */æb'sn̩t/ 则成了一个无法认可的无序、混乱结构。因此必须对此进行重组，使结构回归有序与和谐，即 /ˌæb'sent/ 或 /əb'sent/ 才是重组的合理格局。汉语的声调对比会产生一些词汇轻声，如 shí·tou（石头）和 dòu·fu（豆腐），但在语义或语用的作用下，它们有可能回归载调，如 shítóu 和 dòufǔ，其词尾音节的"韵母由弱化回归原位"（王旭东，1992）。"回归原位"就是回归载调，但可能伴随着重读（许希明，2013）。如果回归重音，也会使汉语音系陷入无序的混浊状态。

于根元（1999：115）认为，语言是静态的，也是动态的。静态和动态是一组互相对立而又相辅相成的概念，并且这对概念因对立或视角的不同，静态和动态的内涵和外延也不一样。他还认为，世界万物是动静结合的，但静是相对的，动是绝对的。因此从这个意义上说，语言是一个动态系统而不是静态系统，是一个开放系统而不是封闭系统。正是这种动态而又开放的系统，才使语言的不同结构处于永不停息的自组织运动中。我们知道，汉语每个音节都载调，这是静态特征，但载调双音节词如果都用原声调，其读音就会显得不伦不类，因此需要变调。根据规则，如有两个上声相邻，前一个上声就要自动变为阳平，如"老李"[lǎolǐ] 须变为 [láolǐ]，"李老"[lǐlǎo] 须变为 [lílǎo]。此外，变调还会由载调音节演变为轻声音节，如"老虎"[lǎohǔ] 的前字先由上声变为阳平 [láohǔ]，然后声调对比使后字产生弱化，去除上声，变为轻声，即 [láohu]。由此观之，双音节词的变调抑或轻声，体现的是汉语声调动态的开放系统，而不是静态的封闭系统。

再看英语，它从其他语言，尤其是从法语借入许多词汇，初始阶段还带有借入的痕迹，但随着时间的推移以及使用频率的传播，借词逐渐融入英语词汇。除了拼写变化不大外，法语的早期借词几乎完全按照英语的模式进行改造，不仅读音和语调英语化了，而且重音也仿照英语的指派规则，大多从词尾音节移到词首音节，且词尾轻读音节配置弱化元音，如第八章例（28）。再如，breakfast 读作 /'brekfəst/ 而不是 */'breɪkfɑːst/、twopence 读作 /'tʌpəns/ 而不是 */'tuːpens/，forehead 读作 /'fɒrɪd/ 而不是 */'fɔːhed/，waistcoat 读作 /'weskət/ 而不是 */'weɪskəʊt/，也是很有说服力的例证。如此读音，约定俗成，既符合经济原则，又不会在交际中引起误解。但因词而异，对于那些不太常用的复合词，人们仍然倾向于选择非变异的饱满元音，以免影响交际效果。

从辩证的角度看，汉语调类和调值是一对矛盾统一体，调类是矛盾的主要方面，占有支配地位，调值是矛盾的次要方面，处于从属地位，但有时又会因语法语义的需要对调类产生反作用。对英语而言，重音移位和元音变异是一对矛盾统一体，重音指派是矛盾的主要方面，占有支配地位；元音变异是矛盾的次要方面，处于从属地位。随着调类变化或重音位置的移动，必然会给语音层面带来不平衡、不对称，使音值处于一种动荡、重组的状态。不平衡可能会趋于平衡，而平衡中可能孕育着不平衡。二者在平衡与不平衡的变异过程中相互影响，相互补充。但"语言之间的节奏区分不是语音自身的特征，而是语言音系之间的差异，主要与音节结构、元音弱化和词重音有关"（Dauer，1983）。症结是，单音节是词声调的支点或作用域，而多音节则是词重音的支点或作用域，由此产生词层突显及其元音弱化上的数据反差。

9.5 小结

本章首先考察了汉语声调指派的音节值、分界作用和重轻结构，然后分析了轻声音节的构成、调值、时长和功能。在此基础上讨论了轻声音节的语音实现，包括元音的弱化与脱落，最后对英汉语的音变连续体现象进行了动态思考。

从音系类型的角度看，重音和声调不仅仅是超音段音位，而且更是英汉语节奏的基础。据此，英语重音指派促使元音强弱搭配，汉语声调指派孕育大量饱满元音。在重音的作用下，英语元音的配置原则是"强者更强，弱者更弱"，重音指派和元音配置体现出重与轻、强与弱、长与短、清楚与模糊这种相互对立、相互依存的动态平衡关系。音节如果重读则音高趋高，元音趋长，音质趋于清晰；音节如果轻读则音高趋低，元音趋短，音质趋于模糊甚至脱落。如果节奏出现不协调现象，就会受到音系规则的操控和干预。英语节奏主要靠重音来整合，调控重音的分布是为了满足英语节奏的需要。与英语节奏模式相反，汉语在声调的作用下，绝大多数音节配置的是饱满元音，以彰显"字正腔圆"的节奏诉求。汉语节奏主要靠声调来调节，变调是为了满足汉语节奏的需要。但是，字调无论如何变化，只要不失四声，元音总是饱满的。汉语节奏声、韵、调三位一体，聚合的平台就是音节。一个个音节又对应于一个个汉字，而每个音节又是一个自足的意义单元，因此每个音节都有很强的附义性和意指关系，较之英语音节结构，汉语音节不仅是一个结构差别单位，而且还是一个功能性的意指单位，即通过意义关联使自己成为能指。汉语音节之间的意义相互指涉，相互映衬，互为语境，形成相对自足的意义语境和意指空间。

英汉语音实现的差异性说明，由于间隔音节是重音指派的作用域，所以英语产生大量弱化元音；由于相邻音节是声调指派的作用域，因此产生大量饱满元音，只有极少轻声音节载有弱化元音。这种语音实现上的数据差异是两种音系类型作用的结果。音变连续体的理据在于，重音指派和元音变异以及声调指派与音值变化，均在动态过程中相互制约，相互依存。重音系统和声调系统无不遵循动态平衡的原理，不断推动着各自音系结构的调整与发展。

第十章 结语

人所共知，西方生成音系学已经取得了显著成就，但对汉语来说，"音系学作为舶来之品，如何洋为中用？"（张洪明，2014b），这是学界同仁必须思考的问题。关键是，"既要钻得进去，更要跳得出来"，钻进去不易，跳出来更难。英汉语言属于两种不同的系统，二者的差异必然会体现在各自的音系类型中。因此，汉语节奏类型研究只能在吸纳西学理论和研究方法的基础上，聚焦汉语的本体资源和基本事实。Liberman & Prince（1977）的下述观察很有启示意义，"英语是重音语言，不是声调语言或者音高语言"。他们正是遵循英语作为重音语言类型的属性，才探索出英语节奏的本体特征。同理，汉语作为声调语言系统，其节奏类型研究只能选择声调作为立论基础。为此，本研究围绕重音支点和声调支点来考察英汉语的节奏属性及其表现。主要观点概括如下：

第一，重音节奏属性与声调节奏属性的界定。传统的节奏观将语言划分为重音定时型和音节定时型（人称二分法），前者以英语为代表，后者以法语为代表，汉语划归法语之列。我们认为，法语属于重音系统，汉语属于声调系统，相似的音节定时只是一个表象，二者的差异还应该体现在声调和重音的音系类型上。根据 Hyman（2009）的属性驱动观，重音原型指"一种带有词层节律结构的语言，如英语"，声调原型指"一种带有词层音高特征的语言，如汉语普通话"。重音是一种结构属性，其音节在节律层级上排列为相对的重轻结构，呈现出对比性的组合关系。声调是一种特征属性，指的是对比性的相对音高，载调单位（高调、低调、中调和曲折调）表现出聚合关系。据此，在总体认可汉语作为音节定时型的前提下，我们将声调界定为汉语的节奏支点和音系属性，作为它的亚类或者对它的补充。

第二，重音与重读的概念区分。英语指称突显概念的术语有"重音"（stress）和"重读"（accent），重音指词层突显，可以预测，而重读不可预测，一般用于句层突显，但通常与词层突显相重叠。二者属于互补关系，但常被误解为互换关系，因而引发一些误读与误判。我们讨论了重音与重读的概念差异，并据此将汉语的词层突显、短语突显和语用突显定义为重读，而不是重音。理由是：1）汉语"词概念难以界定"（赵元任语），"词界难以分清"（吕叔湘语）；2）词以字为基础，字既是单音节，又是独立的意义单元，组字成词后的轻重位置不可预测，缺失范畴化的判断标准。

第三，重音重读与声调重读的音系区分。英语重音指派大多为间隔音节，显示其间的节奏匹配；汉语声调大多为相邻音节指派，彰显其间的变调与节奏契合。多音节词是重音指派的作用域，单音节字是声调指派的作用域。鉴于重读是声调语言和重音语言的共享特征，我们提出汉语的声调重读（tone accent）属性，简称声调节奏属性，以对接英语的重音重读（stress accent）属性，简称重音节奏属性。这种框架层次清晰，结构分明：将重读假设为控制重音和声调的较高音层，它可能与载重音节和载调音节相重叠，或显示词层突显，或构成话语组织的语用功能。其次将较低音层的重音和声调看作各自音系的"内部系统"（Sapir 语）或"内部证据"（沈家煊语），将重读分析为"外部证据"。重音和韵律词是英语音系的内部系统，而声调和韵律字是汉语音系的内部系统，前者表现在重音规则及其制约，后者体现出变调规则及其制约（详见《英汉语重音的音系差异》2016 年第 5 期）。变调规则以字调为基础，轻声既是重读对比下的变调衍生物，反过来又为变调增添了复杂变数。英语多在间隔音节指派重音，汉语几乎每个音节都有声调，由此造成内部证据上的音系差异。而重读通常落在载重音节和载调音节上，从而导致英语的轻读音节多达三分之二，汉语的轻声音节不足 9%。

第四，节律音步与声调音步的音系差异。英语节奏单位已被定义为节律音步（Bolinger 称之为"君主式"），它允许指派一个重读音节，而轻读音节通常为一个（有时多个），由此构成重轻交替的节奏模式。如果音步层、词层、短语层和句层缺失和谐的突显层级，必须进行重音调控，重新构建节奏单位。调控手段包括添加零音节、去除重音和抑扬颠倒，使相对突显的节律结构体现在每个层级。汉语双音语词常被定义为基本音步，但缺失英语那种重轻交替的机制，常常捉襟见肘。基于"重音是激活英语节奏的动力"（Hyman 语），我们将声调看作激活汉语节奏的动力，并将汉语的节奏单位称作声调音步。它以单音节为基本音步，以双音为衍生音步（沈家煊语）。理据在于"单"这一不争事实，如"音节定时""音节支点""单音节性""字调""韵律字""聚合关系"等，所谓"单"就是"话语中出现的大量节奏单音调"，"倾向于一种均匀的节奏"（赵元任语），显示出"突显单位之间可感觉到的整齐和匀称"（Crystal 语），或者"民主式"（Bolinger 语）的节奏模式。质言之，汉语的二字组合本来就是1+1 的等重式，它不仅存在，而且是原型。不过因语法、语义和语用需要，重读驱动下的声调对比会使某些音节趋重，某些音节趋轻，然后出现右重式和左重式。先后顺序决不能倒置，否则就会出现逻辑判断失误，很难自圆其说。将汉语单音节定义为基本音步，将双音节分析为衍生音步或普通音步，这种划分并不矛盾。因为汉语声调音步的支点就是单音节，而且 90% 多的音节都载调，但有多达 75% 甚至更多的双音节形式（吕叔湘语），说明单双音节具有互换的弹性机制。

第五，音变连续体的动态思考。英语重音指派和元音变异是一对矛盾统一体，重音指派是矛盾的主要方面，占有支配地位；元音变异是矛盾的次要方面，处于从属地位。汉语调类和调值是一对矛盾统一体，调类是矛盾的主要方面，占有支配地位，调值是矛盾的次要方面，处于从属地位，但有时会因语法和语义对调类产生反作用。重音指派表现出重与轻、长与短、清楚与模糊的动态平衡关系以及"强者更强，弱者更弱"的节律特征。在声调的作用下，汉语绝大多数音节配置饱满元音，体现出"字正腔圆"的节奏诉求。一个个音节对应于一个个汉字，而每个音节又是一个自足的意义单元，因此每个音节都有很强的附义性和意指关系。音变连续体的理据在于，重音指派和元音变异以及声调指派与调值变化，均在动态平衡中相互制约，相互依存，从而模铸各自的音系类型和节奏属性。

本书存在的不足以及尚待研究的问题：

第一，我的专业是英语，虽然对英语节奏模式略知一二，并据此考察汉语且对二者进行对比研究，但作为一个门外汉，我对汉语节奏的把握难免挂一漏万，相关问题分析得还不够透彻，甚至有偏颇之处。

第二，由于文献庞杂，加上自己能力有限，相关资料可能梳理筛选不当，造成某些章节内容分配不尽合理。

第三，拙作虽然试图通过 Praat 等语音软件对研究结果进行定量评估，但由于种种原因，所用定量分析的实证数据大多引自其他学者，这的确是一个不小的遗憾。好在已有学者通过实证分析验证了笔者的一些观点，但愿有更多此类研究弥补这一缺憾。

拙作只是英汉语节奏类型对比研究方面的一个尝试，其中仍有许多尚待补充完善之处。相信通过音系类型学的研究视角，相关研究一定会结出更多的丰富成果。

参考文献

Abercrombie, D. 1967. *Elements of General Phonetics*. Edinburgh: Edinburgh University Press.

Adams, C. 1979. *English Speech Rhythm and the Foreign Learner*. The Hague: Mouton Publishers.

Allen, G. D. 1975. Speech rhythm: Its relation to performance universals and articulatory timing. *Journal of Phonetics*, (3): 75-86.

Allen, G. D. & S. Hawkins. 1978. The development of phonological rhythm. In A. Bell & J. B. Hooper (eds.), *Syllables and Segments*. Amsterdam: North-Holland. 173-185.

Altman, H. 2006. *The Perception and Production of Second Language Stress: A Cross-Linguistic Experimental Study*. University of Delaware.

Bacon, F. 2010. *The New Organon*. Beijing: Foreign Language Teaching and Research Press.

Bao, Z. M. (包 智 明). 2003. Tone, accent and stress in Chinese. *Linguistics*, (39): 147-166.

Beckman, M. E. 1986. *Stress and Non-Stress Accent*. Dordrecht: Foris Publications.

Bertinetto, P. M. 1988. Reflections on the dichotomy "stress" vs. "syllable-timing". *Quaderni del Laboratorio di Linguistica* [Pisa], (2): 59-85.

Blake, N. 1992. *The Cambridge History of the English Language* (Volume II). Cambridge: Cambridge University Press.

Bloomfield, L. 1933/2002. *Language*. New York: Holt, Rinehart & Winston.

Bolinger, D. 1972. Accent is predictable (if you are a mind-reader). *Language*, (48): 633-644.

Bolinger, D. & D. Sears. 1981. *Aspects of Language*. New York: Harcourt Brace Jovanovich.

Breen, M. & C. Clifton Jr. 2011. Stress matters: Effects of anticipated lexical stress on silent reading. *Journal of Memory and Language*, (64): 153-170.

Chao, Y. R. (赵元任). 1968. *A Grammar of Spoken Chinese*. Berkeley and Los Angeles: University of California Press.

Chao, Y. R. (赵元任). 1975/1976. Rhythm and structure in Chinese word conceptions. In Yuenren Chao (ed.), *Aspects of Chinese Sociolinguistics*. Stanford: Stanford University Press. 275-292.

Chen, C. Y. (陈重瑜). 1984. Neutral tone in Mandarin: Phonotactic description and the issue of the norm. *Journal of Chinese Linguistics*, (12): 299-333.

Chen, Y. D. (陈玉东). 2007. From tone to accent: The tonal transfer strategy for Chinese L2 learners of Spanish. *Proceedings ICPhS XVI*. Saarbrücken. 1645-1648.

Chen, M. Y. (陈渊泉) 2000. *Tone Sandhi: Patterns across Chinese Dialects*. Cambridge: Cambridge University Press.

Cheng, C. C. (郑锦全). 1973. *A Synchronic Phonology of Mandarin Chinese*. The Hague: Mouton.

Cheng, R. L. (郑良伟). 1966. Mandarin phonological structure. *Journal of Linguistics*, (2): 135-158.

Chomsky, N., Halle, M., & F. Lukoff. 1956. On accent and juncture in English. In H. Morris et al (eds.), *For Roman Jakobson*. The Hague: Mouton. 65-80.

Chomsky, N. &. M. Halle. 1968. *The Sound Pattern of English*. New York: Harper and Row.

Clark, J. & C. Yallop. 2000. *An Introduction to Phonetics and Phonology*. Beijing: Foreign Language Teaching and Research Press & Oxford: Blackwell Publishers Ltd.

Classe, A. 1939. *The Rhythm of English Prose*. Oxford: Blackwell.

Cruttenden, A. 2001. *Gimson's Pronunciation of English* (6th edn.). Beijing: Foreign Language Teaching and Research Press & London: Edward Arnold.

Cruttenden, A. 2002. *Intonation*. Beijing: Peking University Press & Cambridge: Cambridge University Press.

Crystal, D. 1997. *A Dictionary of Linguistics and Phonetics* (4th edn.). Oxford: Blackwell.

Cutler, A. & D. M. Carter. 1987. The predominance of strong initial syllables in the English vocabulary. *Computer Speech and Language*, (2): 133-142.

Dalby, J. 1986. *Phonetic Structure of Fast Speech in American English*. Bloomington: Indiana University.

Dauer, R. M. 1983. Stress timing and syllable-timing reanalyzed. *Journal of Phonetics*, (11): 51-62.

Davidson, L. 2006. Schwa elision in fast speech: Segmental deletion or gestural overlap? *Phonetica*, (63): 79-112.

Delattre, P. 1965. *Comparing the Phonetic Features of English, German, Spanish and French*. Heidelberg: Julius Groos.

Delattre, P. 1966. A comparison of syllable length conditioning among languages. *International Review of Applied Linguistics*, (4): 183-198.

Dell, F. 2004. On recent claims about stress and tone in Beijing Mandarin. *Cahiers delinguistique-Asie orientale*, (1): 33-36.

Denes, P. B. 1963. On the statistics of spoken English. *Journal of the Acoustical Society of America*, (35): 892-904.

Dik, S. C. 1997. *The Theory of Functional Grammar*. Berlin and New York: Mouton de Gruyter.

Duanmu, S. 2000/2007. *The Phonology Standard Chinese*. Oxford: Oxford University Press.

Evans, N. & S. C. Levinson. 2009. The myth of language universals: Language diversity and its importance for cognitive science. *Behavioral and Brain Sciences*, (32): 429-448.

Flemming, E. 2009. The phonetics of schwa vowels. In D. Minkova (ed.), *Phonological Weakness in English: From Old to Present-Day English*. Basingstoke and New York: Palgrave Macmillan. 78-95.

Flemming, E. & S. Johnson. 2007. Rosa's roses: Reduced vowels in American English.

Journal of the International Phonetic Association, (37): 83-96.

Fowler, H. W. 1983. *Oxford Dictionary of Modern English Usage*. Oxford: Oxford University Press.

Fromkin, V. & R. Rodman. 1983. *An Introduction to Language* (3rd edn.). New York: CBS College Publishing.

Fry, D. B. 1955. Duration and intensity as physical correlates of linguistic stress. *Journal of Acoustical Society of America*, (27): 765-768.

Fry, D. B. 1958. Experiments in the perception of stress. *Language & Speech*, (1): 126-152.

Garrett, A. & K. Johnson. 2011. Phonetic bias in sound change. *Annual Report of the UC Berkeley Phonology Lab*. 9-61.

Geng, C. *et al*. 2010. Schwa deletion under varying prosodic conditions: Results of a pilot study. In S. Fuchs et al (eds.), *Between the Regular and the Particular in Speech and Language*. Frankfurt am Main: Peter Lang. 145-169.

Gimson, A. C. 1980. *An Introduction to the Pronunciation of English*. London: Edward Arnold.

Goldsmith, J. A. 1976. *Autosegmental Phonology*. Bloomington: Indiana University Linguistics Club.

Gordon, M. 2004. Syllable weight. In B. Hayes et al (eds), *Phonetically-based Phonology*. Cambridge: Cambridge University Press, 277-312.

Grabe, E. & E. L. Low. 2002. Durational variability in speech and the rhythm class hypothesis. In C. Gussenhoven & N. Warner (eds.), *Papers in Laboratory Psychology* (7). Cambridge: Cambridge University Press, 515-546.

Grant, L. 1993. *Well Said: Advanced English Pronunciation*. Boston: Heinle & Heinle Publishers.

Greenberg, J. H. & D. Kaschube. 1976. Word prosodic systems: A preliminary report. *Working Papers on Language Universals*, (20): 1-18.

Gussenhoven, C. 1983. Focus, mode, and the nucleus. *Journal of Linguistics*, (19): 337-419.

Gussenhoven, C. & H. Jacobs. 1998. *Understanding Phonology*. London: Edward Arnold Publishers Ltd.

Gussenhoven, C. 2004. *The Phonology of Tone and Intonation*. Cambridge: Cambridge University Press.

Hagège, C. 1992. *Morphological Typology*. Oxford International Encyclopedia of Linguistics, vol. 3. 7-8.

Halle, M. & J. Vergnaud. 1987. *An Essay on Stress*. Massachusetts: MIT Press.

Halliday, M. A. K. 1985/2000. *An Introduction to Functional Grammar*. Beijing: Foreign Language Teaching and Research Press & London: Edward Arnold.

Harris, J. 1994. *English Sound Structure*. Oxford: Blackwell.

Hayes, B. 1981/1985. *A Metrical Theory of Stress Rules*. New York: Garland.

Hayes, B. 1995. *Metrical Stress Theory: Principles and Case Studies*. Chicago: Chicago University.

Heuven, V. J. van & L. Menert. 1996. Why stress position bias? *Journal of Acoustical Society of America*, (100): 2439-2451.

Heuven, V. J. van & M. de Jonge. 2011. Spectral and temporal reduction as stress cues in Dutch. *Phonetica*, (68): 120-132.

Hockett, C. F. 1958. *A Course in Modern Linguistics*. New York: The MacMillan Company.

Hogg, R & C. B. McCully. 1987. *Metrical Phonology: A Course Book*. Cambridge: Cambridge University Press.

Hulst, H. van der. 1999. Word accent. In Harry van der Hulst (ed.), *Word Prosodic Systems in the Languages of Europe*. Berlin and New York: Mouton deGruyter, 3-116.

Hulst, H. van der. 2011. Pitch accent systems. In C. Ewen et al (eds.), *Phonological Compendium,* vol. 2. Oxford: Blackwell. 1003-1026.

Hulst, H. van der. 2012. Deconstructing stress. *Lingua*, (122): 1494-1521.

Hulst, H. van der. 2014. The study of word accent and stress: past, present, and future. In H. van der Hulst (ed.). *Word Stress: Theoretical and Typological*

Issues. Cambridge: Cambridge University Press. 3-55.

Hyde, B. 2001. *Metrical and Prosodic Structure on Optimality*. Rutgers University, New Jersey.

Hyman, L. M. 1977. On the nature of linguistic stress. In L. M. Hyman (ed.), *Studies in Stress and Accent. Southern California Occasional Papers in Linguistics 4*. Los Angeles: University of Southern California. 37-82.

Hyman, L. M. 2006. Word-prosodic typology. *Phonology*, (23): 225-257.

Hyman, L. M. 2008. Universals in phonology. *The Linguistic Review*, (25): 83-137.

Hyman, L. M. 2009. How (not) to do phonological typology: The case of pitch-accent. *Language Sciences*, (31): 213-238.

Hyman, L. M. 2014. Do all languages have word accent? In H. van der Hulst (ed.), *Word Stress: Theoretical and Typological Issues*. Cambridge: Cambridge University Press. 56-82.

Iwata, R. 2001. Tone and Accent in the Chinese Dialects. In Shigeki Kaji (ed.), *Proceedings of the Symposium: Cross-Linguistic Studies of Tonal Phenomena. ILCAA*. Tokyo: Tokyo University of Foreign Studies. 267-291.

Jespersen, O. 1934. *Language: Its Nature, Development and Origin*. London: George Allen and Unwin LTD.

Johnson, K. 2004. Massive reduction in conversational American English. In K. Yoneyama & K. Maekawa (eds.), *Spontaneous Speech: Data and Analysis. Proceedings of the 1st Session of the 10th International Symposium*. Tokyo: The National International Institute for Japanese Language. 29-54.

Kager, R. 1989. *A Metrical Theory of Stress and Destressing in English and Dutch*. Dordrecht: Foris.

Kager, R. 1995. The metrical theory of word stress. In J. Goldsmith (ed.). *The Handbook of Phonological Theory*. Oxford: Basil Blackwell. 367-402.

Kager, R. 1999. *Optimality Theory*. Cambridge: Cambridge University Press.

Kahn, D. 1976. *Syllable-based Generalizations in English Phonology*. Cambridge: Massachusetts Institute of Technology.

Kaisse, E. M. 1985. *Connected Speech: The Interaction of Syntax and Phonology*. Orlando: Academic Press.

Karlgrem, B. (高本汉). 1949. *The Chinese Language: An Essay on its Nature and History*. New York: The Ronald Press Company.

Kehoe, M. & C. Lleó. 2003. A phonological analysis of schwa in German first language acquisition. *The Canadian Journal of Linguistics*, (48): 289-327.

Kelly, M. H. & J. K. Bock. 1988. Stress in time. *Journal of Experimental Psychology*, (14): 389-403.

Kijak, A. 2009. *How Stressful is L2 Stress? A Cross-Linguistic Study of L2 Perception and Production of Metrical System*. PhD dissertation. Utrecht: LOT.

Kim, Y. K. 2006. Schwa in Old and Middle English. *Language and Linguistics*, (37): 67-99.

Kohler, K. J. 2009. Rhythm in speech and language: A new research paradigm. *Phonetica*, (66): 29-45.

Ladefoged, P. 1982/2009. *A Course in Phonetics*. Beijing: Foreign Language Teaching and Research Press & Boston: Cengage Learning.

Lass, R. 1999. *The Cambridge History of the English Language* (Vol. 3). Cambridge: Cambridge University Press.

Laver, J. 1994. *Principles of Phonetics*. Cambridge: Cambridge University Press.

Leech, G. & J. Svartvik. 1974. *A Communicative Grammar of English*. London: Longman Group Ltd.

Leech, G. N. 2001. *A Linguistic Guide to English Poetry*. Beijing: Foreign Language Teaching and Research Press.

Lehiste, I. 1973. Rhythmic units and syntactic units in production and perception. *Journal of Acoustical Society of America*, (54): 1228-1234.

Liberman, M. 1975. *The Intonational System of English*. PhD dissertation. MIT.

Liberman, M. & A. Prince. 1977. On Stress and Linguistic Rhythm. *Linguistic Inquiry*, (8): 249-336.

Lin, H. (林华) & Wang, Q. (王倩). 2007. Mandarin rhythm: An acoustic study.

Journal of Chinese Language and Computing, (17): 127-140.

Lloyd James, A. 1940. *Speech Signal in Telephony*. London: Pitman & Sons.

McCawley, J. 1968. *The Phonological Component of a Grammar of Japanese*. The Hague: Mouton.

Miller, M. 1984. On the Perception of Rhythm. *Journal of Phonetics*, (12): 75-83.

Minkova, D. 1991. *The History of Final Vowels in English: The Sound of Muting*. Berlin: Mouton de Gruyter.

Nespor, M. 1990. On the rhythm parameter in phonology. In I. M. Roca (ed.), *Logical Issues in Language Acquisition*. Dordrecht: Foris. 157-175.

O'Connor, J. D. 1973. *Phonetics*. Harmondsworth: Penguin Books.

Oostendorp, M. van. 1998. Schwa in phonological theory. *GLOT International*, (5): 3-8.

Peperkamp, S. & E. Dupoux. 2002. A typological study of stress "deafness". In C. Gussenhoven & N. Warner (eds.), *Laboratory Phonology 7*. Berlin: Mouton de Gruyter. 203-240.

Pike, K. L. 1945. *The Intonation of American English*. Ann Arbor: University of Michigan Press.

Prince, A. & P. Smolensky. 1993. *Optimality Theory: Constraint Interaction in Generative Grammar*. Oxford: Blackwell.

Quirk, R. *et al.* 1972. *A Grammar of Contemporary English*. London: Longman.

Quirk, R. *et al.* 1985. *A Comprehensive Grammar of the English Language*. London: Longman.

Roach, P. 1982. On the distinction between "stress-timed" and "syllable-timed" languages. In D. Crystal (ed.), *Linguistic Controversies*. London: Edward Arnold. 73-79.

Roach, P. 2003. *Phonetics*. Shanghai: Shanghai Foreign Language Education Press.

Roach, P. 2008. *English Phonetics and Phonology: A Practical Course*. Beijing: Foreign Language Teaching and Research Press.

Roach, P. & J. Hartman. 1997. *English Pronouncing Dictionary*. Cambridge:

Cambridge University Press.

Sapir, E. 1921/2002. *Language: An Introduction to the Study of Speech*. Beijing: Foreign Language Teaching and Research Press.

Saussure, F. de. 1972. *Course in General Linguistics*. London: Gerald Duckworth & Co. Ltd.

Selkirk, E. O. 1982. On the major class features and syllable theory. In M. Aronoff & R. Oehrle (eds.), *Language Sound Structure: Studies in Phonology Presented to Morris Halle by his Teaching and Students*. Dordrecht: Foris. 107-136.

Selkirk, E. O. 1984. *Phonology and Syntax: The Relation Between Sound and Structure*. Cambridge, Massachusetts: MIT Press.

Selkirk. E. O. & T. Shen. (沈同). 1990. Prosodic domains in Shanghai Chinese. In S. Inlelas & D. Zec (eds.), *The Phonology-Syntax Connection*. Chicago: The University of Chicago. 313-338.

Shen, X. S. (沈晓楠). 1992. Mandarin neutral tone revisited. *Acta Linguistica Hafniensia*, (24): 131-152.

Shen, X. S. (沈晓楠). 1993. Relative duration as a perceptual cue to stress in Mandarin. *Language and Speech*, (36): 415-433.

Shih, C. L. (石基琳) 1986. *The Prosodic Domain of Tone Sandhi in Chinese*. San Diego: University of California.

Shockey, L. 2003. *Sound Patterns of Spoken English*. Oxford: Blackwell.

Silverman, D. 2011. Schwa. In Van Oostendorp et al (eds.), *Companion to Phonology*. Chichester, UK: Wiley-Blackwell. 41-53.

Sluijter, A. M. C. & V. J. van Heuven. 1996. Spectral balance as an acoustic correlate of linguistic stress. *Journal of Acoustical Society of America*, (100): 2471-2485.

Tajima, K. et al. 1997. Effects of temporal correction on intelligibility of foreign-accented English, *Journal of Phonetics*, (25): 1-24.

Trask, R. L. 2000. *Historical Linguistics*. Beijing: Foreign Language Teaching and Research Press.

Upton, C. *et al*. 2001. *Oxford Dictionary of Pronunciation for Current English*.

Oxford: Oxford University Press.

Wayland, R. P. & S. G. Guion. 2004. Training English and Chinese listeners to perceive Thai tones: A preliminary report. *Language Learning*, (54): 681-712.

White, Laurence & A. E. Turk. 2010. English words on the procrustean bed: Polysyllabic shortening reconsidered. *Journal of Phonetics*, (38): 459-471.

Wilson, R. A. & F. C. Keil. 2000. *The MIT Encyclopedia of the Cognitive Sciences*. Shanghai: Shanghai Foreign Language Education Press.

Xu, Y. (许毅). 1998. Consistency of tone-syllable alignment across different syllable structures and speech rate. *Phonetica*, (55): 179-203.

Xu, Y. (许毅). 1999. Effects of tone and focus on the formation and alignment of f_o contours. *Journal of Phonetics*, (27): 55-105.

Xu, Y. (许毅). 2006. Principles of tone research. In *Proceedings of International Symposium on Tonal Aspects of Languages*. La Rochelle, France. 3-13.

Yip, M. 1980. *The Tonal Phonology of Chinese*. Ph.D. dissertation. Cambridge: MIT.

Yip, M. 2002. *Tone*. Cambridge: Cambridge University Press.

巴维尔，1987，北京话正常话语里的轻声，《中国语文》(5): 330-345。

包智明、曹炉文，2014，汉语声调和生成音系学理论，《当代语言学》(3): 255-272。

包智明、侍建国、许德宝，1997/2007，《生成音系学理论及其应用》，北京：中国社会科学出版社。

曹剑芬，1986，普通话轻声音节特性法分析，《应用声学》(4): 1-6。

曹剑芬，2002，汉语声调与语调的关系，《中国语文》(3): 195-202。

曹正义，1994，《通志·七音略》"重""轻"探疑，中国音韵学研究会编，音韵学研究（第三辑），北京：中华书局，49-56。

陈其光，1999，河州话的声调重音，《中国语言学报》(9): 249-265。

陈玉东，2006，《传媒有声语言实验研究》，北京：中国传媒大学出版社。

戴问天，2003，《为什么是英语》，北京：东方出版社。

邓　丹，2010，《汉语韵律词研究》，北京：北京大学出版社。

端木三，1999，重音理论和汉语的词长选择，《中国语文》(4): 246-254。

端木三，2000，汉语的节奏，《当代语言学》(4): 203-209。

端木三，2014，重音理论及汉语重音现象，《当代语言学》(3): 288-302。

冯　隆，1985，北京话语流中声韵调的时长，林焘、王理嘉编，北京语音实验录，北京：北京大学出版社，131-195。

冯胜利，1996，论汉语的"韵律词"，《中国社会科学》(1): 161-176。

冯胜利，1998，论汉语的"自然音步"，《中国语文》(1): 40-47。

冯胜利，2000，《汉语韵律句法学》，上海：上海教育出版社。

冯胜利，2001，汉语双音化的历史来源，史有为主编，从语义信息到类型比较，北京：北京语言文化大学，22-47。

冯胜利，2005，《汉语韵律语法研究》，北京：北京大学出版社。

冯胜利，2012，北京话的轻声及其韵律变量的语法功能，《语言科学》(6): 586-595。

冯胜利，2016，北京话是一个重音语言，《语言科学》(5): 449-473。

高名凯、石安石，1963，《语言学概论》，北京：中华书局。

宫　琪，1993，韵律音系学概述，《外语教学与研究》(4): 10-17。

顾明栋，2013，西方语言哲学理论是普适性的吗？——中西关于汉语汉字悬而未决的争论，《北京大学学报（哲学社会科学版）》(6): 144-154。

顾明栋，2015，走出语音中心主义——对汉民族文字性质的哲学思考，《复旦学报（社会科学版）》(3): 80-89。

辜正坤，2001，《英文名篇》，天津：天津人民出版社。

关子尹，1994，从洪堡特语言哲学看汉语和汉字的意义建构，关子尹编，从哲学的观点看，台北：东大出版社，269-340。

桂灿昆，1978，汉英两个语音系统的主要特点比较，《现代外语》(1): 44-50。

桂灿昆，1985，《美国英语应用语音学》，上海：上海外语教育出版社。

郭沫若，1926/1995，论节奏，匡汉、刘福春主编，中国现代诗论，广州：花城出版社，111-117。

郭绍虞，1938/1985，中国词语之弹性作用，载郭绍虞，照隅室语言文字论集（之二），上海：上海古籍出版社，73-111。

郭兴荣、陈晓湘，2017，北京话和粤语背景学习者英语词重音产出研究，《外语教学与研究》(2): 188-201。

哈特曼，R. R. K. & 斯托克，F. C.，1981，语言与语言学词典，黄长著等译，上海：上海辞书出版社。

何善芬，1999，英汉轻重音对比研究，《外语与外语教学》(12): 9-11。

何善芬，2002，《英汉语言对比研究》，上海：上海外语教育出版社。

黑格尔，2011，《美学（第三卷下册）》，朱光潜译，北京：商务印书馆。

洪堡特，2001，《洪堡特语言哲学文集》，姚小平译，长沙：湖南教育出版社。

胡明扬，1987，《北京话初探》，北京：商务印书馆。

贾　媛，2011，普通话同音异构两音组重音类型辨析，《清华大学学报（自然科学版)》(9): 1307-1312。

江　荻，2011，重音、重调和声调，《语言教学与研究》(4): 73-80。

蒋冀骋，2013，论近代汉语并列结构词的语素间声调关系，《古代汉语》(3): 37-41。

金立鑫，2011，《什么是语言类型学》，上海：上海外语教育出版社。

劲　松，1992，北京话的语气和语调，《中国语文》(2): 113-123。

克里斯特尔，D.，1997/2004，现代语言学词典，沈家煊译，北京：商务印书馆。

拉波夫、王士元，2014，语音变化前沿问题演讲录，《语言教学与研究》(1): 1-12。

劳·坡林，1985，《怎样欣赏英美诗歌》，尹宝书编译，北京：北京出版社。

劳允栋，1986，《英语语音学纲要》，北京：商务印书馆。

李葆嘉，1998，《当代中国音韵学》，广州：广东教育出版社。

李　兵、王晓培，2014，《Blackwell 音系学指南》介绍，《当代语言学》(3): 372-375。

李西安，2001，汉语诗律与汉族旋律，《音乐研究》(3): 3-12。

李学金，2002，语言的词重音研究，《广西广播电视大学学报》(1): 24-27。

李政道，2000，《对称与不对称》，北京：清华大学出版社。

李智强，1997，生成音系学的音节理论，《外语教学与研究》(4): 4-11。

厉为民，1981，试论轻声和重音，《中国语文》(1): 35-40。

梁华祥，1996，句子重音研究，《广西大学学报》(3): 68-75。

梁　洁，2012，汉语失语声调损伤感知实验，《当代语言学》(1): 24-36。

梁　磊，2008，《汉语中和调的跨方言研究》，天津：南开大学出版社。

林　华，1998，"调素论"及普通话连续变调，《中国语文》(1): 31-39。

林茂灿，2004，汉语语调与声调，《语言文字应用》(3): 57-67。

林茂灿、颜景助，1980，北京话轻声的声学性质，《方言》(3): 166-178。

林茂灿、颜景助、孙国华，1984，北京话两字组正常重音的初步实验，《方言》(1): 57-73。

林　焘，1962，现代汉语轻音和句法结构的关系，《中国语文》(7): 301-311。

林　焘，1985，探讨北京话轻声性质的初步实验，林焘、王理嘉编，北京语音实验录，北京：北京大学出版社，1-27。

林　焘，1996，语音教学与对外汉语教学，《世界汉语教学》(3): 18-21。

林　焘、王士元，1984，声调感知问题，林焘编，林焘语言学论文集，北京：商务印书馆，2001，142-155。

林　焘、王理嘉，1992，《语音学教程》，北京：北京大学出版社。

林燕慧，2014，音节与汉语音段音系，《当代语言学》(3): 328-345。

刘丹青，2003，语言类型学与汉语研究，《世界汉语教学》(4): 5-12。

刘　娟，2004，Perceiving the boundary between the lexical rising tone and the falling-rising tone，石锋、沈钟伟编，乐在其中——王士元教授七十华诞庆祝文集，天津：南开大学出版社，222-233。

刘俐李，2004，《汉语声调论》，南京：南京师范大学出版社。

刘俐李，2007，近八十年汉语韵律研究回望，《语文研究》(2): 5-12。

刘现强，2007，《现代汉语节奏研究》，北京：北京语言大学出版社。

鲁允中，2001，《轻声和儿化》，北京：商务印书馆。

罗常培、王均，1981/2002，《普通语音学纲要》，北京：商务印书馆。

吕叔湘，1963，现代汉语单双音节问题初探，《中国语文》(1): 10-22。

吕叔湘，1979，《汉语语法分析问题》，北京：商务印书馆。

吕叔湘，1980/1999，《语文常谈》，北京：生活·读书·新知三联书店。

马秋武，2001，后 SPE 音系学理论的发展取向，《外国语》(3): 15-22。

马秋武，2006，音系学综观：历史与现状，《中国外语》(2): 8。

马秋武，2008，《优选论》，上海：上海教育出版社。

马秋武，2015，《什么是音系学》，上海：上海外语教育出版社。

马秋武、辛玲，2005，《优选论中的音节》述评，《当代语言学》(3): 268-273。

毛泽东，1937/1971，矛盾论，毛泽东选集，北京：人民出版社，274-312。

聂珍钊，2007，《英语诗歌形式导论》，北京：中国社会科学出版社。

潘文国，1997/2005，《汉英语对比纲要》，北京：北京语言大学出版社。

潘文国，2002，《字本位与汉语研究》，上海：华东师范大学出版社。

潘文国，2010，《汉英语言对比概论》，北京：商务印书馆。

培　根，2008，《新工具》，陈伟功编译，北京：北京出版社。

桥本万太郎，2008，《语言地理类型学》，北京：世界图书出版公司。

沈家煊，2012，怎样对比才有说服力——以英汉名动对立为例，《现代外语》
　　(1): 1-13。

沈家煊，2017a，汉语"大语法"包含韵律，《世界汉语教学》(1): 3-19。

沈家煊，2017b，《〈繁花〉语言札记》，南昌：二十一世纪出版社集团。

沈家煊、柯航，2014，汉语的节奏是松紧控制轻重，《语言学论丛》编委会编，
　　语言学论丛（第 50 辑），北京：商务印书馆，47-72。

沈　炯，1985，北京话声调的音域和语调，林焘、王理嘉编，北京语音实验录，
　　北京：北京大学出版社，73-130。

沈　炯，1992，汉语语调模型刍议，《语文研究》(4): 16-24。

沈　炯，1994，汉语语调构造和语调类型，《方言》(3): 221-228。

沈晓楠，1989，关于美国人学习汉语声调，《世界汉语教学》(3): 158-168。

石　锋，1994，关于声调分析的几个问题，石锋编，语音丛稿，北京：北京语
　　言学院出版社，111-122。

石　锋、王萍，2006，北京话单字音声调的统计分析，《中国语文》(1): 33-40。

石佩雯，1981，语调和语义，《语言教学与研究》(3): 54-64。

石汝杰，1988，说轻声，《语言研究》(1): 98-109。

侍建国，2006，轻声：北京话声调的空调类—兼论生成规则的语言学依据，《当
　　代语言学》(4): 311-323。

松浦友久，1995，《节奏的美学——中日诗歌论》，石观海等译，沈阳：辽宁大

学出版社。

孙金城等，1996，普通话声调及其组合的统计特性，《声学学报》(1): 72-83。

汤朝菊，2015，《Blackwell 音系学指南》核心观点综述，《当代语言学》(2): 227-234。

王安红，2003，普通话语调音高降势现象研究，北京大学博士学位论文。

王安红，2006，汉语声调特征教学探讨，《语言教学与研究》(3): 70-75。

王宝童，1993，《金域行——英诗教程》，开封：河南大学出版社。

王彩豫、王群生，2007，论普通话双音节词语的轻化现象等，《汉语学报》(3): 74-84。

王桂珍，1990，汉英音幅与基频模式的特点及其对英语语音教学的启示，《现代外语》(1): 39-48, 54。

王洪君，2001，音节单双、音域展敛（重音）与语法结构类型和成分次序，《当代语言学》(4): 241-252。

王洪君，2004，试论汉语的节奏类型——松紧型，《语言科学》(3): 21-28。

王洪君，1999/2008，《汉语非线性音系学》，北京：北京大学出版社。

王　晶、王理嘉，1993，普通话多音节词音节时长分析模式，《中国语文》(2): 112-116。

王　力，1943/1985，《中国现代语法（王力文集第 2 卷)》，济南：山东教育出版社。

王　力，1959，中国格律诗的传统和现代格律诗的问题，《文学评论》(3): 1-12。

王　力，1980，《汉语史稿》，北京：中华书局。

王　力，2000，《诗词格律》，北京：中华书局。

王士元，1983，关于声调语言，《语言学论丛》编委会编，语言学论丛（第 11 辑），北京：商务印书馆，98-103。

王士元，1987，声调的音系特征，《国外语言学》(1): 1-11。

王旭东，1992，北京话的轻声去化及其影响，《中国语文》(2): 124-128。

王雪松，2011，中国现代诗歌节奏原理与形态研究，华中师范大学博士学位论文。

王韫佳，1995，也谈美国人学习汉语声调，《语言教学与研究》(3): 126-140。

王韫佳等，2003，连续语句中双音节韵律词的重音感知，《声学学报》(6): 534-539。

王志洁、冯胜利，2006，声调对比法与北京话双音组的重音类型，《语言科学》(1): 3-22。

魏钢强，2000，调值的轻声和调类的轻声，《方言》(1): 20-29。

文　炼，1994，汉语语句的节律问题，《中国语文》(1): 22-25。

文　炼、陆丙甫，1979，关于新诗节律，语文教学与研究（第 2 辑），昆明：云南人民出版社，170-181。

吴洁敏、朱宏达，2001，《汉语节律学》，北京：语文出版社。

五　臺，1986，关于"连续变调"的再认识，《语言研究》(1): 1-10。

吴为善，2005，平仄律、轻重音和汉语节律结构中"弱重位"的确认，《语言研究》(3): 90-94。

吴宗济，1982，普通话语句中的声调变化，《中国语文》(6): 439-449。

吴宗济，1996，赵元任先生在汉语声调研究上的贡献，《清华大学学报（哲学社会科学版)》(3): 58-63。

吴宗济，1997，试论"人—机对话"中的汉语语音学，《世界汉语教学》(4): 3-20。

辛　刚，1991，语言变异和语言系统，《现代外语》(1): 1-9。

邢福义，2011，《现代汉语》，北京：高等教育出版社。

熊子瑜，2009，普通话语流中的声调音高特征分析，《中国语音学报》(2): 155-161。

许慧娟，2006，再论汉语的声调与重音，《语言暨语言学》(1): 109-137。

徐世荣，1982，双音节词的音量分析，《语言教学与研究》(2): 4-19。

徐世荣等，1980，《普通话语音讲话》，北京：文字改革出版社。

徐通锵，2001，《基础语言学教程》，北京：北京大学出版社。

徐通锵，2003，音节的音义关联和汉语的变音，《语文研究》(3): 1-7。

徐通锵、张宜，2004，徐通锵教授谈语言理论研究，《外语教学与研究》(4): 305-310。

许曦明，1994，英语音长均衡浅论，《外语教学》(3): 28-31, 74。

许曦明，1997，重音和元音之间的动态变化，《外语研究》(2): 41-44。

许曦明，2004a，英语节奏与汉腔英语，杨自俭编，英汉语比较与翻译（5），上海：上海外语教育出版社，206-223。

许曦明，2004b，英汉诗序变位的音美配置比较，《宁波大学学报》(5): 65-68。

许曦明，2008，《英语重音动态研究》，上海：上海交通大学出版社。

许希明，2011，英语次重音的解读，《外语与外语教学》(4): 6-9。

许希明，2013，汉语声调支点节奏与英语重音支点节奏，《解放军外国语学院学报》(5): 1-5。

许希明、沈家煊，2016，英汉语重音的音系差异，《外语教学与研究》(5): 643-656。

许希明、杨成虎，2011，《语音学与音系学导论》，上海：上海交通大学出版社。

许　毅，1989，音节与音联，吴宗济、林茂灿编，实验语音学概要，北京：高等教育出版社，193-220。

颜　宁，2009，《非线性音系学》，北京：人民出版社。

叶　军，2001，《汉语语句韵律的语法功能》，上海：华东师范大学出版社。

殷作炎，1982，关于普通话双音常用词轻重音的初步考察，《中国语文》(3): 168-173。

于根元等，1999，《语言哲学对话》，北京：语文出版社。

张洪明，1987，语言的对比与诗律的比较，《复旦学报（社会科学版）》(4): 51-56。

张洪明，2014a，韵律音系学与汉语韵律研究中的若干问题，《当代语言学》(3): 303-327。

张洪明，2014b，他山之石，如何攻玉？《当代语言学》(3): 253-254。

张家騄等，1981，汉语声调在言语可懂度中的重要作用，《声学学报》(4): 237-241。

张隆溪，1986，《二十世纪西方文论述评》，北京：生活·读书·新知三联书店。

扎多延柯，Т. П.，1958，汉语弱读音节和轻声的实验研究，《中国语文》(12): 581-587。

赵　杰，1995，清初满语京语重音前移及其对京腔汉语的影响，《满语研究》(1):

21-30, 68。

赵元任，1932/2002，国语语调，吴宗济、赵新那编，赵元任语言学论文集，北京：商务印书馆，426-434。

赵元任，1933/2002，《汉语的字调跟语调》，吴宗济、赵新那编，赵元任语言学论文集，北京：商务印书馆，734-749。

赵元任，1979，《汉语口语语法》，吕叔湘译，北京：商务印书馆。

赵元任，1980，《语言问题》，北京：商务印书馆。

赵元任，2002，《赵元任全集（第1卷）》，丁邦新译，北京：商务印书馆。

赵忠德，2006，《音系学》，上海：上海外语教育出版社。

朱　川，1997，对外汉语中介音类型研究，第五届国际汉语教学讨论会论文选，北京：北京大学出版社，591-600。

朱德熙，1982/1998，在香山语法会议上的讲话，《语言文字应用》(1): 27-34。

朱光潜，2004，《诗论》，桂林：广西师范大学出版社。

朱晓农，2012，《音法演化——发声活动》，北京：商务印书馆。

附　录

汉语词概念的节奏与结构 *

赵元任著　许希明译

I. 概说

本文题目《汉语词概念的节奏与结构》（Rhythm and Structure in Chinese Word Conceptions）多少有点缩略（abbreviated）或者套叠（telescoped）的意味。我想讨论汉语口语的词结构，以及节奏成分在词和短语构成及使用时所起的作用。自然引起的首要问题是，"什么是汉语词？"要回答这一提问，我们需要花点儿时间考察一般的定义。思想史常常提出定义的问题，而许多无谓的争议缘于无法区分词的定义和概念的形成，遗憾的是，概念的表达又必须通过词。某个民族的某一语言，其实际用词都有各自用法的明确记载，可以通过文献研究加以澄清。这是词典编纂者给词下定义时设法记载的内容，词典标记只记载事实，不必有自己的思想，也不应该有自己的思想。相反，哲学界和自然界的思想家都注意到，词的自然用法存在着混乱与矛盾的现象。他们希望清晰地构

---

* 赵元任（Chao Yuenren）先生的论文"Rhythm and Structure in Chinese Word Conceptions"原载《台湾大学考古人类学报》（第 37-38 期合刊，1975 年第 1-15 页）。本文英语文献选自 1976 年版 *Aspects of Chinese Sociolinguistics*: *Essays by Yuen Ren Chao*, Selected and Introduced by Anwar S. Dil.（Stanford: Stanford University Press. 275-292）。王洪君教授的汉译本《汉语词的概念及其结构和节奏》（叶蜚声校）原载《中国现代语言学的开拓与发展——赵元任语言学论文集》（袁毓林主编，清华大学出版社，1992 年，第 231-248 页），后来收入吴宗济、赵新那主编的《赵元任语言学论文集》（商务印书馆，2002 年，第 890-908 页）。本译系重译本，拟作为国家社科基金项目"英汉语节奏类型对比研究"（11BYY011）一个重要的理论依据。曾就译本某些概念的理解与表达向沈家煊先生请教，王文斌教授曾对译文提出一些修改建议，在此一并致谢。译文不当之处概由本译者负责。

另外，尾注系原文的内容，脚注系译者所加；再者，原文的汉语例子均用国际音标，本译均改为汉语拼音加声调，谨此说明。

建特殊用途的限定概念，以阐明自己的思想。由于只能用词来表达这些概念，所以他们不得不常常偏离流行词，代之以迥异用法，以获得始终如一的结论。故此，物理学家一定会说，钢的弹性（elasticity）是橡胶的一千倍。在心理学家看来，热觉（hotness）等于暖觉（warmness）加冷觉（coldness）。哲学家和科学家似乎专门乐用逆向法给词下定义。事实上，他们并非尝试给词下定义，而是构建精确的概念，并且只想用最贴切的词来标记这些概念。一旦确认新用法，编撰者当然会收入词典。由于他们必须紧贴事实，因而偏差总是存在。词典家永远也赶不上思想家的步伐，而思想家可以不顾事实，随时造出新词来。譬如，根据昏弟敦弟（Humpty Dumpty）[1]，impenetrability（不可入性，不可贯穿性）的意思是，"咱们刚才那个题目谈够了，这会儿你要是说一声你还要做什么也可以说了，因为我料想你不预备一辈子坐在这儿待着吧"[2]。

　　C. K. Ogden & I. A. Richards 在其合著《意义的意义》（*Meaning of Meaning*, New York, 1959: 216）中，对定义的归纳令人钦佩，"在讨论中，我们必须经常区分两种人，一种人是在所指意义出现大量乱象时才会改变自己的词汇，另一种人则自由改变用词符号以适应场景。智力行为的所有层次都会发现这样一些人，要他们改变自己符号的任何建议如同要他们放弃自己的信仰。在他们看来，说话不同就是思想不同，因为其用词就是参照语境的基本要素。对于那些不拘用词符号的人来说，这种说辞通常不过是一种古怪而又狭隘的愚昧行为而已"。

　　那么，所有这些与汉语词有何相干呢？我用不少篇幅谈到了定义的一般问题，只是为回答什么是汉语词作个铺垫。现代语言学的学者都同意，在语言研究中，我们不该搜寻恰巧在已知语言里发现的熟悉事物，而应该确定实际发现的是何物，并给它们以适当的术语[①]。如果发现之物非常类似于我们熟悉的东西，那么最为便捷的方法就是用同一名称，来指称自己语言的对应物。因而准确地说，汉语有名词，汉诗有韵脚（rhyme），甚至说，《诗经》有阴韵（feminine rime）。在这种非常相似的情况下，显然只有老学究才会另觅新术语，无论是希腊语还是汉语都是如此。但其他许多概念不可能发现如此密切的对应物。印

1　Humpty Dumpty 是《阿丽思漫游奇境》中的小怪物。

2　译文引自赵元任所译《阿丽思漫游奇境记》（英汉对照），商务印书馆，1988 年第 293 页。

欧语的词单位（word unit）是汉语中没有确切对应物的概念之一。在古汉语时期，即伟大的古典和早期哲学家的语言中，汉语单音节与西方意义上的词（word）或许非常类似。但在现代汉语中，这种情况已经大不相同。读者可能会在此提出，无论是笔语还是口语，现代汉语都有大量多音节词。然而，已如下文所述，这种看法过于简单化了。

为方便讨论，我把词的问题分为两个方面，一是单位大小的问题，即一个词有多少话语成分（或者说，我们在汉语里发现了何种单位或者何种类型的单位）？二是同一性问题，即词在什么情况下是同一个词，什么情况下是不同的一个词？

II. 单位大小的问题

如果观察某一语言（如英语）的大量话语，用来解释其中的小部件，以此来比较汉语的类似话语，那么我想，汉语"字"这个名称——如此措辞意在汉语中暂时避用 word 这个词——其作用相当于英语"词"，即在大多数场合，英语母语者口说的"词"相当于汉语母语者口说的"字"。但这绝不是说，"字"的结构特征等于甚或近似于英语"词"。"字"和 word 的关系等于 jú·zi（橘子）[②]对译 orange 的关系。"橘子"的形状是"红橘"（tangerine），不同于"柑橘"（orange）[1] 之类的植物。但红橘是中国迄今最为常见的橘类水果，一如柑橘在其他一些国家也很常见，于是"橘子"这一名称就扮演了"常见橘类水果"的角色。所以"字"这个词，严格地说是"字"这个字，只是话语里普通的短小成分。字，讲授于课堂，注释于词典，书写为隔离的单元字。尤其是人们对语言的细微变化恍然大悟时，"字"又成为他们最常见的谈资。事实上，粗懂英语的中国人用汉语议论英语词时，无论是对是错，通常都把每个英语词称为"字"。

什么是一个"字"？一个字就是一个单音节，通常附有意义，至少对识字者来说是如此。字在结构上与其他语言里的成分大不相同，而英语讲话者和写作者管这些成分叫作词，所以我们不想称字为词。在汉语的早期，这些差

1　"红橘"（tangerine）个头较小，色呈橘红，果汁较甜；"柑橘"（orange）个头较大，色呈橘黄，果汁酸甜。

异微乎其微，高本汉（Karlgren）据此才能撰写出《汉语字族》（*Word Families in Chinese*）[3]。就现代汉语而言，Denzel Carr 用术语 logoid[4] 并将其比作 pyrochemical（高温化学制品）和 pyrometer（高温计）中 pyr（"表"、"火"、"热"的前缀）之类的单位，即一个有意义但又不是词的音节。George A. Kennedy 和李方桂在讨论这一问题时，将汉语这种小单位比作电解质中的离子。在合适的条件下，它们可能独自或者相互结合而成独立的化学成分。Peter A. Boodberg 则将汉语的这种单位称作音义素（phonosemanteme），记作 SP[5]。如果不宜用汉语名称"字"的话，那么姑且干脆称之为"音节词"（word-syllable）[6]。

如果观察现代汉语的话语结构，并尝试在其他语言里找到像词的亚单位（sub-units），那么我们会发现，音节词有时像一个词，有时两个或更多音节词的组合才像一个词。意识到其他语言里的词单位之后，当代汉语学者一直在为此寻找一个新术语。语法学家马建忠主要从事古汉语研究，他虽然仍把术语"字"用作其词类（parts of speech），却将术语"词"，即"措词"（diction）、"词语"（expression）、"短语"（phrase）和"词组"（phraseology）[7] 作为某种功能的词类。因此，含有一个"字"的动词可能用作一个"词"的谓语[8]。再晚些时候，黎锦熙有意识地将汉语"词"等同为英语词 word，并将术语"词"定义为"口语表达的一个概念"[9]。但是，既然还没有一种客观看待概念的方法，语言学家们只好满足于采用标记词的形式标准。换言之，他们只能发问，何种语音成分或者何种配列特征可以看作词单位的标记？这种术语标记的单位，我们管它叫"结构词"（structural word）。

陆志伟在其《国语单音词词汇》序言中谈到北平话单词音节的词汇，相当认真地尝试为汉语词的大小作出形式上的界定[10]。他将自己的方法叫作同形替代式（substitution by isotype）。例如，问题是"说话"是一个结构词还是两个结构词，首先要找到许多使"话"保持不变的同形结构，然后再找到使"说"保持不变的同形结构。如果有可能发现如下例子：

shuo¹ hua⁴	说话	shuo¹ hua⁴	说话
t'ing¹ hua⁴	听话	shuo¹ mêng⁴	说梦
chiang³ hua⁴	讲话	shuo¹ shu¹	说书

那么 shuo¹（说）和 hua⁴（话）就是两个词而不是一个。当然，选用的替代形式必须同形，而不仅仅是替换。因此，fei⁴ hua⁴（废话）或者 shuo¹ hsiao⁴（说笑）就不是"说话"的同形结构。陆并没有给出识别同形结构的确切标准，只是认为多数人对话语部分是否同形持相同看法。此法超越形式考量，采取颇像意义的视角，这或许是唯一的漏洞。

遗憾的是，陆为之写序的词典一直未出版 [1]。序言透露，词典收录 1199 个单词音节，书写为 2731 个汉字。从语言学上看，许多词条虽然同是一个 word 或"词"，却书写为不止一个汉字。

陆的方法似乎始终如一，切实可行，但结果要比其他词的切分标准更加严格 [⑪]。问题在于，他的方法是否符合惯常用法，足以说服我们仍想将它用于术语"词"或 word。该法并非意味着可用于英语之类的其他语言。但是，如果用于 warmly、warmlish 和 coldly、coldish，那么不仅 warm 和 cold 是独立词，而且 -ly 和 -sh 也是独立词。《辞源》、《辞海》以及其他许多一般名为"词典"里的"词"，通常认为有别于《字典》即"词音节词典"里的"词"。与此相比，陆的方法同样要严格得多。山东推行的一些国语罗马字实验表明，人们可以完全不考虑拼写单位的个体识别性问题，愿意采用单音节拼写法，以便阅读和学习。尽管如此，在汉语罗马化拼音的实用系统中，拼写单位是否应该完全脱离相关定义，这也是让人质疑的。无论如何，那是另外一个问题。

除了陆氏严格的标准外，能否考虑用重音、声调等要素来标记汉语的结构词呢？这些因素似乎至少给出部分答案。在普通话紧密相连的两个音节词 [⑫] 中，除了表情语调（expressive intonation）或动态变化（dynamic change）外，还有两种重音模式。一种是类似于法语双音节词的结合体，两个音节都有重音，每个音节都有饱满调，但第二音节稍重一点儿。另一种是一个强化重音音节（a strongly stressed syllable）后跟一个极轻且无调（atonic）音节的结合体。西方学者 [⑬] 常把前一类看作轻重格单位（iambic unit） [⑭]，重音置于第二音节，由此构成一个结构词。我认为，鉴于第一音节很少完全轻读，因而称之为"准轻重格"（quasi-iamb）更为稳妥。

1　其实，该词典于 1951 年由人民出版社出版，1956 年科学出版社发行修订版。

　　然而，仅有音节的紧邻性或紧密组合的印象似乎又太宽泛。jiǎ rú（假如）像是一个词，而 liǎ hú（俩壶）虽有完全一致的节奏、声调乃至元音模式，但通常看作两个词。后一类的重轻格（trochee）组合更易于视为词或结构词，但通常轻读的词音节可能要排除在外。因此，liù · da（遛达）是一个词，而 jiù · ta（救他）似乎是两个词。ta 在这种位置上通常无调，但在特殊场合可能载有重音和饱满调，如 jiù tā（救他，而不是救别人）。同样，jì · de（记得）像是一个词，而在 zhè xìn zǎo yào jì · de（这信早要寄的）这个例子中，小品词 de 则附着在整个句子上，而不是仅仅附在"寄"上。但二者在语音上完全一样。或许，这个例子可以比作英语"this umbrella is the lady I go with's"中的 's[⑮]，其黏着形式依附在整个短语中。

　　除了重轻格与准轻重格这两种紧凑组合的双音节类型外，还有两个音节词毗邻较松的重重格（sponchee）类型，即第一音节载有重音，第二音节稍有重音，两个音节都有饱满调，而且二者结合所占的时间明显长于另外两类[⑯]。重轻格始终都是结构词，准轻重格常常是结构词，而重重格几乎都不是结构词。事实上，讲话者常常放慢重轻格的语速，且恢复第二音节的本调，于是重轻格变为重重格，目的是把一个结构词整合为一个可分析的短语，如 tián · gua shì tián ˌgua（甜瓜是甜瓜）。准轻重格 hǎo 'rén（好人）是一个紧凑的复合词，意指"脾气随和者"或者"乐善好施者"，而重重格的 'hǎo rén，字面上指"好人"，第一音节稍微延长，将定语资格的句法关系延至后面的词"人"。因此，像 'door ˌknot 和 'pan ˌcake 这种典型的英语构词节奏（word-forming rhythm），恰好组成汉语的短语节奏，而不是构词节奏。

　　形式分类加上重音和声调，这种考量能够更好地帮助我们标记结构词，但其自身并不具有明确的价值。例如 pū · gai（铺盖）兼有"铺"和"盖"，两个动词构成一个名词。但 dà xiǎo（大小）含有"大"和"小"，我却说不准它们是否已经变成一个名词。与此对应的英语是一个 size，这仅仅是翻译。人们常说厨师具有品尝 xián tián（咸甜）（"咸"或"甜"）的特长。英语恰恰没有对应的名词术语，因而"咸甜"给人的印象就是两个词。对汉语讲话者来说，这种情况和"大小"的例子完全一样。但重轻格 chǐ · cun（尺寸）源自 chǐ（"尺"，注意声调的不规则变化）和"寸"（cùn），由于声调模式有变化，因此存有差异。

从另一角度看，我们可用形式分类来辨认词。由名词、形容词或副词组成的重轻格可以相当稳妥地看作结构词，如 pū·gai（铺盖）、kè·qi（客气）和 shǐ·huan（使唤）。准轻重格复合词如果是名词或形容词，通常视为单个结构词；如果是动词，即使是两个同义的单音节动词，汉语讲话者往往把它看作动宾结构。譬如，"体操"主要是个名词，一旦用作动词，学生就开始说 tǐ·le yì táng cāo（体了一堂操）。现在的学生不会再像早期那样笑侃这一用法了。不再笑侃意味着这种用法已经确立。在真正的动宾组合例子中，分离的感觉当然更加强烈，如"吃饭""睡觉""说话"等。

上文所述可使我们检验词的离合问题。双音节组合名词一般不允许其间插入其他成分。如果第二音节无调，即重轻格组合，则完全可以确认为 word 或者词。如果是形容词组合，则常常允许两类分离。一类是双重叠韵形成的生动意义，如 xiǎo·xin（小心），由 xiǎo（小）和 xīn（心）构成，变为 xiao-xiao-xin-xin（小小心心），通常后跟小品词 ·de（的）。另一类是第一音节重叠，其间插入音节 ·li（哩），原有形容词加上表"……的样子"（-ish），通常带有贬义，如 gǔ·guai（古怪）变为 gǔ·li gǔ guài（古哩古怪），第二音节无论有调无调，在四音节形式中都会（有选择地）恢复饱满调。如果双音节组合为动宾类，而且仍然用作动词，则实际上总是准轻重格节奏，并允许插入如距离、时间、次数等各类成分。已如上述，这类组合很强，可以超越不止动宾类的组合。也许，对韵律成分、形式分类和同形替代的某些综合考量，可能会产生一种非常类似于其他语言的词概念。但正如本文开卷所言，我们为什么非要在汉语中找出存在于其他语言的实体呢？更有成效的深入研究方法应该是，确定介乎音节词与句子之间的中间单位究竟是什么类型。至于如何称呼这些单位类型，倒是次要考虑的问题。

III. 词的同一性

在口语、听话和想象（不妨说是语内对话）中，如果问起使用一个像词单位（word-like unit）的两个用例是不是"同一个词"时，就会涉及词的同一性问题。显然，即使考虑到潜意识上的不可识别性，语音和意义也绝不会出现两个完全相同的用词例子。在某种意义，即使并非十分有用的意义上，我们可以说，没有哪两个词例是同一个词。但社会学事实表明，我们确有这样一个约定俗成的概念，即"同一个词"含有相同的音位序列且有相同的"词汇意义"。人们把所有细微但可感觉到的变化看作自然的东西，看作词的同一性或个性不受影响的东西。无论科学上合理与否，语言社区确实把词具体化为存在的实体。这种词的感知方法粗糙而简单，自然会引起诸多问题。同一个词可以有两个不同的发音吗？ ['ɒfn̩] 和 ['ɒftn̩] 是同一个词吗？或者是同一个词的"不同发音"吗？为什么不称之为同义词，即不同的词载有相同或相近的同义呢？同样的复合音可以是两个不同的词吗？所有民族都有双关语，这似乎表明，他们都有同形同音异义词的概念，即不同的词具有相同的发音。人们习惯于将"同一个词的不同意义"划归引申义。对不善思考的说话者来说，为什么作为"家具"的 table（桌子）和作为"表格"的 table 是同一个词，而不是同形同音异义词[⑰]呢？为什么作为"容器"的 box 和作为"耳光"的 box 又不是同一个词，而是同形同音异义词呢？人们可能对汉语提出同类问题。通常，汉语多音节结构词的同一性问题会分解为其组成部分，即音节词的同一性问题。故此，我们主要关注音节词。

非常有趣的是，人们把音节词等同为书写的汉字，尤其是因为术语"字"本身所指模糊，它既指口语上的音节，又指书写上的文字，或者二者兼指[⑱]。一个再恰当不过的原因是，同一个字形必然是同一个词，同一个词又必然是同一个字形。无论使用何种同一标准来衡量，其间都有大量的交叉关系。[⑲]

暂未考虑的另一问题是词源。就此而言，汉字是粗略而不是精确的向导。在任何时期，来自同一源头的词无论是书写为同一个字还是不同的字，都可能是不同的词。"这"和"者"曾是"同一个词"，二者没有区别，现在是不同的音节词。另外，diàn·zi（垫子）的"垫"是中古音 tiemᵒ，而 diàn·zi（簟子，指"席"）是中古音 ᵒdiem¹，二者书写为不同的汉字，但没有区别。如果现代人把二者看作同一个词的显性引申义，那么它们现在就是同一个词。

除了字形和历史考量之外，是什么决定了一个音节词就是同一个音节

1　原文没有给出 ᵒdiem 所代表的汉字，王洪君教授（1992/2002）根据中古音、现代音及其意义将其补译为"簟"。

(syllable-word) 呢？[1] 现在让我们考察一下非结构词（astructural words）的结构类型：（1）单个音节词当然可以构成独立的单音节词，如 rén（人）、lái（来）、hǎo（好）等。用语言学术语说，每个词都是词根类词素。（2）两个或两个以上的音节词构成了多音节词，如 míng·tian（明天）、fǎn·zheng（反正）、xiān·sheng（先生）等。它们像复合词，由词根相加而成。（3）在多音节词中，最后一个音节虽然常被追溯为实词，但现在仅起后缀作用，如 zhuān·tou（砖头）、duì·zi（对子）、ní·ba（泥巴）。（4）多音节词根，如 wú·gong（蜈蚣）、kā·chi（□□，"反复刮擦"义）。后两类占比很小，至少对识字者是如此，大多数词似乎都由一个或多个单音节词根所构成[20]。据此说来，音节词不仅仅总是词素，而且几乎总是词根。如果我们厘清什么是词根，就会完全了解汉语音节词的同一性与差异性。

　　这项调查遇到的一个困难是，对语言社区代表的调查可能得不到趋同结果。我们假设，像北平方言的讲话者构成了一个相当同类的语言社区，如语音上肯定要比纽约城更加一致。有什么根据怀疑这种不同的调查结果呢？根据在于，区分第二类和第四类或者复合词，即复合词类与真正的多音节词根类之间存在着不确定性，所谓真正的多音节词根类可以追溯到比较近代的词源。一个极端是，不识字者的词汇含有更多真正的多音节，有时表现出民间流传的词源，但也留下许许多多没有词源的复合词，即多音节词根。形容词 tǐ·mian（体面）仅有"好看、美丽"义，几乎无人对此进行深入分析，许多人没有能力把它分析为"体"（"身体"义）和"面"（"脸"义），二者在常用词汇中都不是独立词。另一个极端是，受过教育的人通过了解汉字，不仅能从构成复合词的

1　原文是 … what is it that makes a word-syllable the same syllable-word? 王洪君教授将 word-syllable 和 syllable-word 均译为"音节词"。我们原想分别译为"词音节"和"音节词"，并曾就此译法请教沈家煊先生。他的邮件回复是，"word-syllable 和 syllable-word 在汉语里是指同一个东西，字，两个名称只是侧重角度有别，前者是侧重于语音单位'音节'，后者是侧重于语法单位即汉语里的 word（字）。字既是语音单位又是语法单位。如果分别翻译成'词音节'和'音节词'，好处是把两个不同的侧重面表现出来，缺点是容易让人误解为指两个不同的东西。王老师大概是怕产生后者的误解，所以她那么译法，也确有这种译法的好处"。根据沈先生的释疑，我们沿用王洪君教授的译法，在此一并向两位先生致谢。注：syllable-word 在原文里仅仅出现一次，其他的"音节词"均译自 word-syllable，谨此说明，以帮助读者了解原文的真实意义。

音节词中追溯其较古字义（即便无法追寻其原始字义），并且还能利用自己的音节词词库，颇为自由地构建新的复合词。虽然这些组合也许以前从未听说过，但也许能被具有同等层次的学人所理解，并能传授给较低层次的学人。诚然，受过教育的少数人从来就不是语言社区的理想抽样，但中国的中等教育者都会构成新的复合词，而西方只有大学毕业生才能自如地将 log- 和 -oid 构建为复合词 logoids。从历史的角度看，对复合词成分的解释是否正确并不重要。由于汉字的词源记录有瑕疵，因而很多解释并不正确。重要的是有一个很强的传统，即音节词的同一性和差异性与识字者传承的汉字有关，识字者通过很多口授的强化学习，将复合词传授给不识字者，因此我们不宜将他们的口语隔离为一种分开的语言社区。由此存在奇怪的现象，社区的语言太杂，无法形成一个典型的语言社区，但又因社区彼此交集而难以视为分离的语言社区。其结果，不可分析的多音节词根与可分析或被分析的复合词，二者之间的界限要比其他语言更加飘忽不定。

如果文字相当准确地引导受教育者的词源同一性或者某种心理同一性，从而始终把同一个字看作同一个音节词，而不同的字就是不同的音节词，那么我们仍能得到某种有据遵循的可行概念。虽然我们还不宜称之为词概念，但至少是有用的。已如上述，汉字与此毫不相干。chéng（使满）和 shèng（兴旺）都写作"盛"，è（邪恶）和 wù（讨厌）都写作"恶"。它们同根同源，但音节词使用者并非总是持此看法，这并不重要。另外，被当作同一个音节词却书写为不同的汉字，这种情况更是数不胜数。我们将跳过仅仅是初学者眼中的字形变异体，如"对"是"對"的俗体，"略"与"畧"相同，不过还没有详尽列举此类例子（比较"忙"对"忘"）的系统。更为重要的是像"個"、"箇"和"个"之类的例子，它们同为 gè（量词），还有"俯"和"頫"，二者同为 fǔ（低头）。因此，词或音节词的词源完全不同于字形推导，有些学者也常常把字形推导称作词源，由此造成不必要的混乱。二者常常并行不悖，但并非总是如此。任何年代都没有将汉字认同为音节词的一致用法。宋人给周代经典所做的注释充满了某字同于某字的说明。举个现代例子，zhǔn 这个音可指"精确"义，也可指"允许"义，因为前者字形为"準"，后者字形为"准"，所以现在通常把二者当作同音字。事实上，两种意义都表达同样的原始义"标准"。一位教育部长曾在表达"允许"义时用了完整字形"準"，他的一位下属将其"改正"过来。部长虽又改回"準"，但发现很难把大多中等教育者重新教回到将二者重新看作一个音节词的事实。

音节词的识别和区分可从三个方面进行深入研究。首先是语言学方法，我们可取普通话或者优选其他某一方言，整理一个口语词汇表，并从不识字者的多音节中获知他们识别多少单个音节的词源。如果出现一致看法，当然除了历史事实或者字形一致之外，那么这些部分就是词根。如果没有回应信息，多音节词就是单个词根。然而，获取的回应信息很可能出现很大分歧。不识字者肯定也有同音现象的概念。至于哪些是同音词，哪些是"同一个词"的引申用法，人们是否会有一致看法，这是很有趣的现象。不言而喻，必须用间接提问的方式获取这些信息。任何直接提问都会引起不识字者的反问，"你是用同一个字写出来吗？"如果反问换成汉语的通常说法，"你会把这个口说的字写成同一个字吗？"那就更糟了。

其次的调查方法就是研究当下的出版物、信件和手稿，向识字者询问汉字识别和区分的用法。尽管这并不是严格意义上的语言学研究，但无疑证明是很重要的。用汉字和音标记录现代汉语的扩展版是有用的。然而，我们希望汉字给出已知的信息范围，而不只是迄今尚未确认的信息。从公元 100 年的《说文》到公元 601 年的《切韵》，再到公元 1800 年的《字学举隅》（该著用作科举考试的候选录取标准，但名声不佳），三者都没有从汉语的视角录入当今用法的字库中。这些理当善待的汉字及其所表征的音节词，如"一 chu 戏"中的"齣"、"jiāo 石"中的"礁"，都没有收入常用字典。音节词所表征的音系位置，本该借助方言比较得以重建，却从未得到明确注解。如果汉字的当代用法列出界定清晰的清单，那么汉语记载虽说不像音标记录那样易读，但也可以像音标记录那样准确。

最后的方法是词源研究，当然它也会引起汉语或其他语言学者的关注。这种研究汇集了词族探源（高本汉）、将复合词分解为带有辅音连缀的可能原型（Boodberg）以及历史普通音系学的工作。就此而言，高本汉《分析字典》（*Analytic Dictionary*）给出的缩略式"s. w. a."，指的是完全不同于当今讲话者或写作者所用的短语"像同词"（same word as）。词源上的"像同词"与共时上的"像同词",其间也许有一个中间阶段。它在语言或字形上虽然不易界定,但对中国普通民众来说,更能准确地代表音节词的地位。要使这一想法更为明确,并在一种人工语言系统的形式(这种形式要比任何自然方言都更加自然)中付诸实施,这就是我在不久将来要做的事。我称之为"通字"(General Chinese)[1],最好简称为汉语。

IV. 词的节奏

至此,我只是偶尔提及汉语词的节奏要素。篇幅有限,不允许展开讨论这一话题,因此我只想简要谈几点。基于上述,现在是该回答汉语是单音节还是多音节问题的时候了,确切地说,也可以不回答。一个语言是单音节还是多音节,实指语言的词单位是单音节还是多音节的简略说法。既然汉语没有词但有不同类型的词概念,因此可以说汉语既不是单音节的,也不是多音节的。音节词的定义就是单音节。实证事实表明,在识字者的话语中,大多数有意义的词根都是单音节,重复这一点并非无用的赘述。另如上文所述,与其他结构词一起充当句法关系单位的结构词通常是多音节的。由于单音节是变化不大的单位,它们非常活跃且富有意义,因此连贯言语出现大量的节奏单音调(rhythmic monotony)。对此我以为,较之其他许多语言,音节与音节之间的长度和响度变化很小,这至少是我的感觉,还有待实验和数据的验证。这并不是说汉语听上去单调。它既有内容有别的风格变化,又有个人和方言的变化。当然,我的上述说法有资格假设为"其他相等因素"。不仅传统诗歌基于音节计数格式(syllable-counting scheme)(当然还要另加声调格式),甚至当代的白话诗人和自由诗模仿者依然凭借音节数进行构思。我曾将《阿丽思漫游奇境记》中的诗歌全部译为汉语[21],译文选用复合结构词,而且保留了适于原诗的所有节律格式。译诗听起来如同谈话,这让我的汉语听众惊叹不已。这并不是说它们是好诗。恰恰相反,它们非常逼真,就像照片,确切地说就像留声片。译诗的大多数音节都有饱满调,但缺少汉诗那种典型的韵律。总体上说,音节词在大多诗歌和散文中依然非常活跃,而且常常给朗读或说话以更为均匀的节奏。

1　赵元任先生将 General Chinese 译为"通字",详见《通字方案》,商务印书馆,1983。

音节词的单音节性（monosyllabism）[1]似乎常常妨碍表达的灵活性（flexibility），但实际上在某些方面反倒提供了更多的灵活空间。我甚至猜想，音节词的这种弹性已经影响到中国人的思维方式。汉语的有意义单位，其简洁性和规律性往往将结构词和短语分为两个、三个、四个、五个，有时更多音节的便捷模式。我还斗胆设想，汉语如有 male 与 female（阳 / 阴）、heaven 与 earth（天 / 地）和 rational 与 surd（有理数 / 无理数）那种节奏不对称的词，就绝不会有"阴阳""乾坤"这种意义深远的概念。两个以上的音节，其作用并不是节节俱到，而是两端节点的对立。尽管如此，它们还是形成心理跨度上易于把握的诸多方便单元。我确信，较之西方的概念 fire、air、water 和 earth 或者 pyr、aer、hydro 和 ge（火、气、水、土），"金木水火土"这些对应概念在汉语思维中所起到的作用要大得多，一个重要原因就是 jīn—mù—shuǐ—huǒ—tǔ 构成了一个更加方便的节奏单元，因而更易把握——这就好比英语常用的虚拟计数 eeny—meeny—miney—mo[2]。

节奏整齐的一个特例就是数字名称。我已注意到，较之其他国家的同龄儿童，中国学龄儿童学背乘法表更为容易，也更有把握。汉语乘法口诀多至八十一，三十秒内就能说完，既快捷又清晰。的确，仅用"impenetrability"（不可渗透性）一个词的时间，汉语就能表达整个一段话的内容。这未必是夸耀汉语的优越性。节奏的自由可能会逾越常规，成为自身的桎梏。由于任何音节都易于构成可接受甚至高雅的结构，所以中古时期的两晋六朝出现了四六音节格式的骈文。晚近时期，人们看到的散文（如章炳麟的散文），句句都是不变的四音节，表现出乏味的主题，就像丧礼上的悼词。再说，我引用这些例子并非贬低他们，只是说明这种情况可能会发生，而且已经发生。

关于节奏的影响，我再举几个例子。在此仅谈谈极为常用的陈腔滥调以及大量使用的谚语和警句。最后但同样重要的是，我还会说说对"对子"，又

1　根据现有文献，"单音节性"的英译可以是 monosyllabicity。

2　这种点数法是英美国家很流行的一种顺口溜，一般有四句。首句和尾句都是 eeny—meeny—miney—mo，构成 O o O o O o O 这种整齐的四音步重轻格律，中间两句可以任意填入节奏相同的其他词。遇上某事无人愿做或者无法确定何人何物时，主事者通常点着候选者说出这种顺口溜，点一个说一个音步，最后 mo 的落点就是选定对象。此注参考王洪君教授的译本。

称精确的对偶，"对子"是根据明确的声调规则和语法规则，展示词间或短语间的对称形式，在诗词和日常生活中起着非常重要的作用。"对子"十分常见，一如家家户户张贴的对联以及座座公共建筑悬挂的成对条幅。

最后，从语言研究的角度看，汉语"词典"收入整句形式的谚语和比喻，我想这绝不是词典编纂者的过失或疏忽。根据西方标准，词典应该只收结构词，或者再加上短语，仅此而已。已如上述，汉语"词"在日常语言中意指措词或词组。音节组合如果短而紧凑，且有节奏和释义，为什么不收入词典呢？用西方语言学家的眼光来分析汉语可能有用，将此类单位看作结构词可能也有用，一方面要区别音节词或者"字"，另一方面要区别短语和句子。我想这样做有用，而且一直在尝试这么做。但称字为词并不是中国人的思维方式，而思维方式并不受年代的影响，至少直到近代还是如此。在汉语概念中，"字"是中心主题，"词"在很多不同意义上都是辅助副题，而节奏则赋予汉语这一定式。

原文注释：

① 关于这一方法论原则，可参见 A. P. Weiss, Purposive Striving as a Fundamental Category of Psychology, *Psychological Review* 32. 2. 177（1925 年 3 月）和 L. Bloomfield 对 J. Reis 所著 *Was ist ein Satz* 的书评，发表在 *Language*, 7.3.205（1931 年 9 月）。

② 音节前的黑点指不重读和无调。

③ Bernhard Karlgren（高本汉）出版 Word Families in Chinese（BMFEA. 5.），张世禄教授译为《汉语词类》（上海，1937），意指"Chinese language diction categories"。最好直译为《汉语字族》，即"Chinese language word families"。

④ A Characterization of the Chinese National Language 见 *Bulletin de la Société Polonaise de Linguistique* Ⅲ，Krakow，1932，49。

⑤ Peter A. Boodberg, Some proleptical remarks on the evolution of Archaic Chinese, *HJAS.* 2 (1937). 333. 注 7。

⑥ 至于所有的"字"是否都有词素这一问题，见下文第二部分。

⑦ 这些注解描述了词的用法在数个世纪中的复杂分类。许慎（卒于公元 120 年）在《说文》中将"词"释义为"意内而言外也"。请注意，古汉语"词"的读音为 zi:，"字"的读音为 dz'i:'，二者没有任何关系。

⑧　马建忠，《马氏文通》，上海，1921。

⑨　黎锦熙，《国语文法》，上海，1933。

⑩　《国语单词音节词汇》，北平，1938。特别要看 7-15 页。

⑪　即使算上陆提出的几个例外也还是如此。

⑫　如果愿意，这种情况可以延伸至多音节，也可以延伸至其他方言。

⑬　譬如 H. S. Aldrich 所著 *Practical Chinese*，上海，1934 和 1938。

⑭　汉语真正的轻重格似乎相当罕见。"矣"和"不"的形式常常弱化，它们似乎与后跟的词音节构成轻重格。然而它们变调的根据是后跟的声调，这一事实表明，它们载有声调，因而不完全是非重读的因素。

⑮　见 H. L. Mencken, *The American Language* 4, 461 页。

⑯　在得到实验证实之前，这似乎是一个较为可靠的猜测。

⑰　Elise Richter, in *Ueber die Homonymie*, Festschrift fur Universittats-professor Hofrat Dr. Paul Kretschmer, Berlin, etc. 1926, 173, 的确把远的引申义看作同音词。

⑱　在不改变汉语流行用法的情况下，我建议，汉语的学术探讨可用"言"来指称口语的词音节，一如用于短语"万言书"（ten-thousand word-syllable message）中的"言"，它完全不同于任何书写汉字的所指。

⑲　详见下文例子。

⑳　可能会注意到两种非音节性语素的特殊情况。一种情况是在普通话里，功能上类似于"- 子"的后缀为非音节性的儿化音 (-r)，如"头"(tóu)，指"脑袋"；"头儿"(tóu-r)，指细长物体的一端。另一种是广东话里所谓的变调，它是一种语素调位，即一个高平调或者长的高升调（根据应用时的高降调抑或其他调型）载有比原词更为生动或更为熟悉的方式的气力。

㉑　见 *Sayable Chinese* 卷二 , 285pp., San Francisco and Ithaca, New York, 1968。

后　记

　　经过六年多的不懈努力，拙著《英汉语节奏类型对比研究》即将付梓面世，如释重负的感觉真好。2011年获批国家课题之前，拙作署名几乎全用笔名"许曦明"，拿到课题后改用真名"许希明"。我的研究主要包括两个方面，一是英汉语对比与翻译，二是语音学与音系学，范围又聚焦于英汉语节奏类型对比研究，尤其关注中国人讲英语带有汉腔汉调，外国人讲汉语带有洋腔洋调的问题。我对节奏的兴趣始于20世纪80年代末，屈指数来已近30年。虽然用功不少，但因兼顾翻译研究，时常分散精力，加之才疏学浅，故此二者产出成果均不足道。由于水平有限，拙作仍有不少疏漏甚或谬误之处，恳请专家、读者批评指正。

　　《英汉语节奏类型对比研究》完成之际，我要在此感谢很多人。首先，感谢三位学术上的引路人。第一位学者是河南大学赵帆声教授。我1985年至1987年在河南大学学习研究生课程期间，非常幸运地选读赵先生的"语言史"这门课程。赵先生学贯中西，古今融通，授课内容旁征博引，引人入胜。正是在他的鼓励下，我才走上语言节奏研究的路子；也正是他"损则益之，益则损之"的均衡观对我产生了很大影响。我要感谢的第二位学者是荷兰莱顿大学的语音学家 V. J. van Heaven 教授。2012年我在莱顿大学进修学习期间，曾在他的公寓小住一月之久，生活上得到他的多方照顾，而且多次向他讨教语言节奏方面的问题。他的真知灼见拓宽了我的学术视野，让我受益匪浅，促使我研读文献，思考问题。最后要感谢中国社会科学院语言所研究员、中国语言学会会长沈家煊先生。2014年，他应邀来宁波大学作学术报告，题目是"英汉节奏对比"（即载于2014年《语言学论丛》第50辑的论文，题目为"汉语的节奏是松紧控制轻重"）。沈先生将单音节定义为汉语的基本音步，可谓抓住了汉语节奏的关键所在，使我眼前一亮，为释疑我的研究难点提供了理论依据。2016年，我们合作发表的论文"英汉语重音的音系差异"（《外语教学与研究》2016年第5期），直面汉语将近一个世纪的重音之争问题，明确提出英语节奏是重音重读型，汉语节奏是声调重读型的观点。此外，在本书写作过程中，在重译赵元任先生的经典文献"汉语词概念的节奏与结构"（见附录）中，我曾多次向沈先生请教问题。他总是不厌其烦，为我解惑答疑，令我终生难忘。特别是，沈先生在百忙中为拙作写序，让我十分感动。

其次，感谢《英汉语节奏类型对比研究》课题组成员杨成虎、于善志、李其金、濮阳荣、应葳，尤其感谢杨成虎教授。每当有了研究心得，或者遇到疑难问题，我总会与他进行交流。六年来，我的学术讲座和学术沙龙，几乎都由他来主持。每次都有点评，或鼓励或建议，很暖心。若不是他另有句法认知方面的国家课题研究，我们可能会合作完成本书的撰写工作。再次，感谢麻省理工学院 Morris Halle 先生和台湾清华大学许慧娟教授慷慨寄赠文献；感谢华东师范大学吴君如博士以及宁波大学于善志教授、李其金和濮阳荣等老师帮助搜集文献。还要感谢宁波大学外国语学院以及宁波大学科学技术学院为我的科研工作提供的支持与帮助。特别要感谢北京外国语大学中国外语教育中心主任、博士生导师王文斌教授，感谢他多年的无私帮助和学术关怀。衷心致谢国家社科基金匿名评审专家以及外语教学与研究出版社的专家，他们的评审意见促使我重新整合书稿结构，反复修改内容。同时感谢出版社编辑老师为拙作精心校对，拨冗指误。另外，感谢妻子的悉心照顾，她的全力支持是我完成拙著的保证。

最后感恩父亲母亲的教诲，谨以此书告慰二老的在天之灵！

许希明

2017 年 5 月 12 日

于宁波大学文萃新村